艾略特波浪交易图解手册

VISUAL GUIDE TO ELLIOTT WAVE TRADING

〔美〕韦恩·戈尔曼（Wayne Gorman）〔美〕杰弗里·肯尼迪（Jeffrey Kennedy） ◎著 罗 伟 ◎译

U0912587

全国百佳图书出版单位
时代出版传媒股份有限公司
安徽人民出版社

图字：12161616 号
作品名：艾略特波浪交易图解手册
Visual Guide to Elliott Wave Trading by Wayne Gorman, Jeffrey Kennedy and Robert R. Prechter

图书在版编目（CIP）数据

艾略特波浪交易图解手册 /（美）韦恩·戈尔曼，（美）杰弗里·肯尼迪著；罗伟译 . —合肥：安徽人民出版社，2016.12
ISBN 978-7-212-09392-1

I. ①艾… Ⅱ . ①韦… ②杰… ③罗… Ⅲ . ①股票市场－市场分析－手册 Ⅳ . ① F830.91-62

中国版本图书馆 CIP 数据核字 (2016) 第 303193 号

AILUETE BOLANG JIAOYI TUJIE SHOUCE
艾略特波浪交易图解手册
[美] 韦恩 · 戈尔曼（Wayne Gorman） [美] 杰弗里 · 肯尼迪（Jeffrey Kennedy） 著 罗 伟 译

出 版 人：徐 敏
策 划：中资海派
执行策划：黄 河 桂 林
责任编辑：任 济 王大丽
特约编辑：蔡文枫 闵耀洋
版式设计：廖国兰 林卓群
封面设计：张 英

出版发行：时代出版传媒股份有限公司 http://www.press-mart.com
安徽人民出版社 http://www.ahpeople.com
地 址：合肥市政务文化新区翡翠路 1118 号出版传媒广场八楼
邮 编：230071
营销电话：0551-63533258 0551-63533292（传真）
印 制：深圳市精彩印联合印务有限公司

开 本：787mm × 1092mm 1/24 印 张：12 字 数：248 千
版 次：2017 年 7 月第 1 版 2021 年 3 月第 4 次印刷
书 号：ISBN 978-7-212-09392-1
定 价：59.80 元

如何使用这本书

彭博财经图解系列是为当今紧密相关的金融和投资主题设计的一个全面的和容易理解的手册。该手册所有图表均用大幅图的形式呈现，使读者读起来和使用起来更加容易。我们还列入了下列要素来强化关键信息和程序。

定义：在讨论中出现的术语和技术概念

关键点：摘自全文的关键思想和要点

彭博功能速查表：对彭博终端使用者而言的，所讨论的主题和工具的相关功能的书后汇总

免责声明

本书中的交易案例仅用于展示波浪理论的应用机制，盈利或者亏损的结果绝不代表或暗示某种成功率或资本回报率。

推荐序

在地雷密布的市场中，以波浪交易为生

小罗伯特·R. 普莱切特
艾略特波浪国际公司

多年以来，我一直想要我的公司出版一本基于艾略特波浪模型的交易书籍。对于市场，你有时不得不耐心等待很长一段时间，才能判断其走向。最终，时机成熟了，两个高水平的艾略特波浪交易员合著了一本关于艾略特主题的好书。

韦恩·戈尔曼曾是花旗银行和西太平洋银行的重量级交易员，现在是艾略特波浪国际公司教育资源组组长。杰弗里·肯尼迪曾经以交易为生，现负责艾略特波浪时刻和艾略特波浪国际公司教育与交易识别服务。他们都在我们的交易研讨班授课，他们的文笔也非常好。

这不是一本使用市场方法构建理论上完美交易的书籍。韦恩和杰弗里选取他们在实盘中处理过的一些交易，一步一步让你体验他们的思维过程。他们还假设一些你可能在市场上遇到的交易，并展示了处理它们的方法。它们不是一些简单的借口，而是实际的难题，需要深思熟虑的分析和谨慎的行动才能解决。韦恩和杰弗里不介意提及一些他们曾经犯过的错误，他们还讲述了自己从错误中学到的东西。当你阅读他们的讨论时，你会知道他们经历了一段艰难的过程。

其间，你还会意识到，把事情做好需要做

很多工作。即便本书让你判定交易成功需要太多努力，但它还是提供了一些帮助。那些让交易看起来似乎很容易的书籍，会让你损失一大笔钱。

绝大多数人天生不适合做交易，没有书籍能够治愈冲动、胆怯、懒惰和自我毁灭的本性。本书确实非常谨慎地向你展示了两个交易员怎样屡次跨过市场雷区，生存下来，最终成为市场上笑到最后的一方。

如果你想用自己的钱以交易为生，你想获得做交易员的资格，或者你只是想抓住偶尔出现的理想交易机会，甚至你的目标是不继续在市场上输钱，那么你读本书就对了。

交易成功需要努力、自律和头脑。如果你拥有这三样东西，那么你就接近成功了。最后，你需要的东西是知识，本书就提供了这样的知识。

目 录

前　言　交易成败背后，总有独一无二的心路　1

第一部分　寻找交易机会

第 1 章　艾略特波浪交易剖析　3

波浪理论怎样改进交易　4

最适合交易的 4 种波浪　9

调整浪，掘金快手的主场　10

倾听艾略特的市场承诺　10

被忽略的要素：风险管理　17

交易心理，持续成功的命门　18

本章测试题　21

第二部分　交易案例

第 2 章　怎样为下一个推动浪创造交易机会　25

对卡特彼勒的锯齿形进行交易　25

对泰科尼公司的扩散平台形进行交易　30

对澳元的双重锯齿形进行交易　42

对白银的锯齿形进行交易　49

联合形，理想坠入噩梦只在一念间　65

本章测试题　83

第 3 章　三角形怎样让你对下一次价格运动建仓　85

对黄金的三角形进行交易　85

对戴尔的三角形进行交易　95

本章测试题　106

第 4 章　对锯齿形的浪 C 进行交易　107

或许，你只是被情绪打败　107

侥幸逃脱草率决定的惩罚　120

本章测试题　132

第 5 章　终结倾斜三角形交易　135

道琼斯工业平均指数的 5 个示例　135

保守的交易员最容易错过　139

严格遵守数浪法则　141

小仓位测试风险　148

对欧元的终结倾斜三角形进行交易　153

本章测试题　163

第三部分　超越艾略特波浪形态

第 6 章　技术指标与波浪理论双重确认　167

对看跌的相对强弱指标背离信号进行交易　168

K 线和 MACD 支持看涨的数浪　174

用多种技术指标进行交易　187

本章测试题　193

第 7 章　使用波浪理论交易期权获利　195

本章测试题　206

第 8 章　更高级的期权交易中应用波浪理论　207
熊市梯式看涨期权抓住一次大的价格运动　207
多头跨式期权斩获浪 5 的泡沫头部　218
本章测试题　235

第 9 章　杰弗里与韦恩的祝福　237
杰弗里说：坚持交易计划，不追随大流　237
韦恩说：你也可以改进波浪交易　239

附录 A　波浪理论简介　243
附录 B　彭博功能速查表　268
附录 C　艾略特波浪术语表　270
致　谢　275
“iHappy 投资者”系列图书专家委员会名单　276

前　言

交易成败背后，总有独一无二的心路

欢迎！《艾略特波浪交易图解手册》是一本教你使用艾略特波浪理论的必备书籍。本书可以帮助你发现交易、评估交易、执行交易，以及通过提高或降低保护性止损点来管理交易和退出交易。

和象棋的策略书籍假设读者对棋子怎样在棋盘上移动有了基本认识一样，本书假设你对波浪理论的各种形态和它们怎样应用有了基本认识。

如果你是一位经验丰富的艾略特波浪实践者，你只需要一些复习资料，那么请参考附录中回顾的艾略特波浪的基本构件和结构。

如果你完全是一个新手，或者你需要更深入地复习，那么我们建议你访问我们的读者资源网站：www.elliottwave.com/wave/ReaderResources，查阅相关免费资源，以及弗罗斯特和普莱切特撰写的华尔街经典书籍《艾略特波浪理论》（*Elliott Wave Principle*）。

有时，我们的确会以交易为生。当时，我们都将艾略特波浪理论作为首选规则。《艾略特波浪交易图解手册》将会带领你体验我们每笔交易背后高度个性化的心路历程。我们看到了什么，我们忽略了什么，我们做对了什么，以及我们做错了什么。

我们没有遇到完美的案例，不能保证你能够在 30 分钟内获得足够财富，然后打高尔夫球度过余生。正好相反，我们会毫无保留地撰写一本实事求是的交易书籍。我们认识到，尽管没有一种完美的交易方法，但以波浪理论作为首选规则，你将会有多种方法实现交易成功。

我们希望你能享受阅读《艾略特波浪交易图解手册》的过程。让我们开始吧！

第一部分

寻找交易机会

一旦你掌握了波浪理论，你就可以自行拥有一种新的神奇的市场分析方法，甚至比这更多，即一种可以应用到其他生活空间的数理哲学。波浪理论不会回答你的全部问题，但它给你提供了一种视角，同时使你懂得人类行为，尤其是市场行为的奇妙哲学。

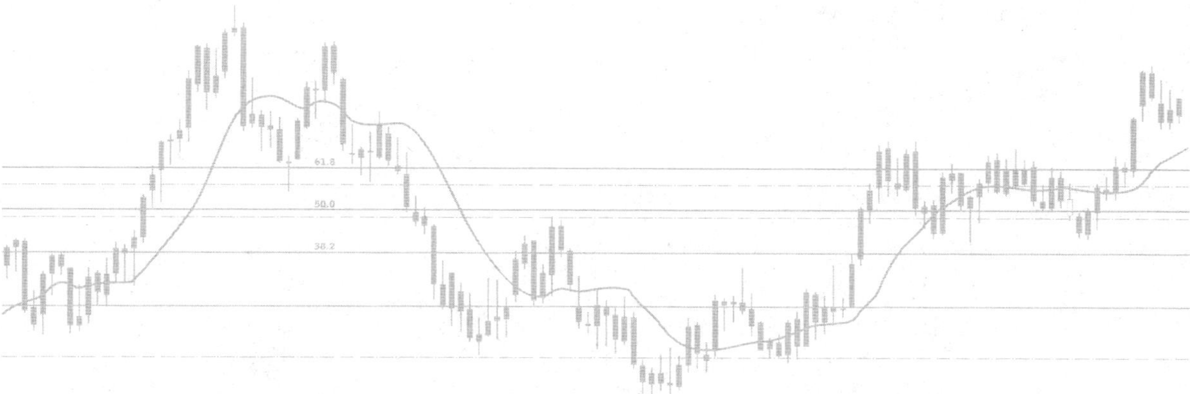

第 1 章 01

VISUAL GUIDE TO ELLIOTT WAVE TRADING

艾略特波浪交易剖析

在教授波浪理论时，我每次上课前都会告诉学员，分析和交易代表两种截然不同的技能组合。你也许是一位才华横溢的分析师，但这不意味着你就是一位成功的交易员，反之亦然。经过多年摸索，我终于发现，只需要善于观察，就能精通分析；而要交易成功，必须能够掌控自己。

其实，交易方式没有对错之分，但你一定要有自己的方式。交易员对风险的容忍程度不同，他们交易的时间范围、投资组合规模，以及交易的市场也不相同。因此，本章提供了按照艾略特波浪形态进行交易的法则，而这些法则对我多年的交易大有裨益。

当你寻找交易机会时，我能给你的最好建议，就是带着问题去寻找答案："我看到一个认识的波浪形态了吗？"你应该去寻找艾略特波浪的 5 种关键形态：推动浪、终结倾斜三角形、锯齿形、平台形和三角形。你一旦学会快速而自信地识别这些波浪形态，就具有了交易基础。

一个更简单的问题是："我看到驱动浪或者调整浪了吗？"驱动浪决定了趋势的方向，它包括两种类型：推动浪和终结倾斜三角形。调整浪的运动方向与更大一级趋势相反，它包括 3 种类型：锯齿形、平台形和三角形。如果你能做的仅仅是正确辨认驱动浪和调整浪，那么你也是能够识别一些有用的交易机会的。

本章中，我们将研究艾略特分析和交易的关键，帮助你成为一个更好的艾略特主义者和能够持续成功的交易员。具体地说，我们将研究以下 4 个方面：波浪理论怎样改进交易；哪种浪最适合交易；应该使用什么样的法则进行具体的艾略特波浪形态交易；为什么交易心理和风险管理被我称为“被忽视的要素”，却很重要。

关键点

要精通分析，只需要善于观察；而要交易成功，必须能够掌控自己。

波浪理论怎样改进交易

每位交易员、分析师和技术分析人员都有偏好的交易技术。让我们看看为什么波浪理论是适合我的。

揭示趋势终止时间，界定目标价格

技术分析方法有 3 种类型：趋势跟踪指标、振荡指标和情绪指标。趋势跟踪指标包括移动平均线（MA）、平滑异同移动平均线（MACD）和平均趋向指数（ADX）。现在，许多交易员都在使用一些比较流行的振荡指标：随机指标(KDJ)、变动率指数（ROC）和顺势指标（CCI）。情绪指标包括卖 / 买比率和交易员持仓报告。

有时，诸如此类的技术分析在解释交易员的交易方式上有良好表现，但它们都达不到我们的要求。一个重要的原因是，它们会限制交易员理解当前的价格运动，以及如何与市场整体状况相联系。比如，让我们假设股票 XYZ 的 MACD 为正，这表明趋势是向上的。这是非常有用的信息，但回答下面的问题就显得无能为力了。这是一个新趋势,还是以前的趋势？如果趋势是向上的，它能够走多远呢？

大多数技术研究根本没有揭示，诸如趋势的终止时间和可界定的目标价格等相关信息，但波浪理论做到了。

波浪理论改进交易的 5 种方式

以下是波浪理论能够改善你的交易并让你获利的 5 种方式。

1. 波浪理论能识别趋势。
2. 它能识别更大趋势中的价格调整运动。
3. 它能确定趋势的终止时间。
4. 它能提供高可信度的目标价格。
5. 它能指出哪些交易时点是无效的。

识别趋势

> ……以五浪形式形成与更大趋势的方向相一致的运动……
>
> ——摘自《艾略特波浪理论》

波浪理论能识别较大级别趋势的走向。五浪上涨能确定整体趋势是向上的。相反，五浪下跌确定更大级别的趋势是向下的。为什么这些信息很重要？因为按照更大级别趋势的走向进行交易，会更加容易。更大级别趋势是阻力最小的价格运动路线，这无疑解释了一句名言——“趋势是你的朋友”。我发现按照趋势的走向进行交易，比试图在趋势中低买高卖更加容易，后者需要付出艰辛努力，并且实际上不能够持续。

识别调整

> ……以三浪形式反作用较大趋势的运动……
>
> ——摘自《艾略特波浪理论》

波浪理论还能识别调整运动。针对前面的推动浪，三浪形态是相应的调整浪。对于交易员来说，能够理解“当前的价格运动仅仅是市场更大级别趋势中的调整浪”尤为重要，因为调整浪给了交易员按照市场更大级别趋势的走向建仓的机会。

艾略特波浪包括三种基本的调整形态：锯齿形、平台形和三角形。它们能够使你在上涨趋势出现回撤时买入，且在下跌趋势出现反弹时卖出。

这是一种被证明行之有效且能够持续成功的交易策略。如果你知道价格的调整运动是什么样的，你就能够找到机会再次进行交易。

确定趋势的终止时间

R.N. 艾略特发现，波浪形态自己会形成大浪级形态和小浪级形态。这种形式上的重复意味着，价格活动是不规则的碎片形。如图 1.1 所示，浪（1）细分成 5 个小浪，而它自己是高一浪级 5 浪形态的一部分。这一信息起什么作用呢？它帮助交易员识别趋势的终止时间。如果价格在 5 浪上涨形态的浪 5 中是上涨的，并且浪 5 已经完成了 3 个或 4 个次级浪，那么交易员就知道现在可能不是最好的加仓时机。相反，现在可能是落袋利润或上调保护性止损点的时候了。

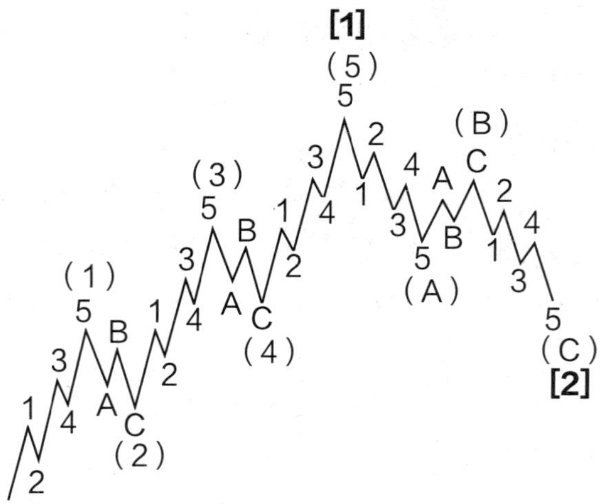

图 1.1　波浪结构

来源：《艾略特波浪理论》

既然波浪理论能够识别趋势、调整趋势的终止时间，那么波浪理论还能够指出主要趋势重新开始的时点就不足为奇了。调整运动一旦出现三浪结构（A-B-C），这个结构指出主要趋势就要重新开始了。换句话说，价格运动将超过浪 B 的极点。精确地知道什么时候趋势重新开始，能够给你带来额外的收益，即它能提高交易成功的可能性。如果我们再结合使用传统的技术研究，还可以进一步提高交易成功的可能性。

提供目标价格

传统的技术分析没有提供具有高可信度的目标价格，但波浪理论提供了。R.N. 艾略特在《自然法则》（*Nature's Law*）中提到，斐波那契数列是波浪理论的数学基础。艾略特波浪包括推动浪和调整浪，它们都遵循一些特定的斐波那契比率。比如，3 个驱动浪都倾向于与斐波那契数学相关，可能是等长、1.618 或者 2.618（1.618 和 2.618 的倒数分别是 0.618 和 0.382）。如图 1.2、图 1.3 和图 1.4 所示。

此外，调整浪经常回撤前浪的一个斐波那契百分比。通过计算斐波那契关系，交易员能

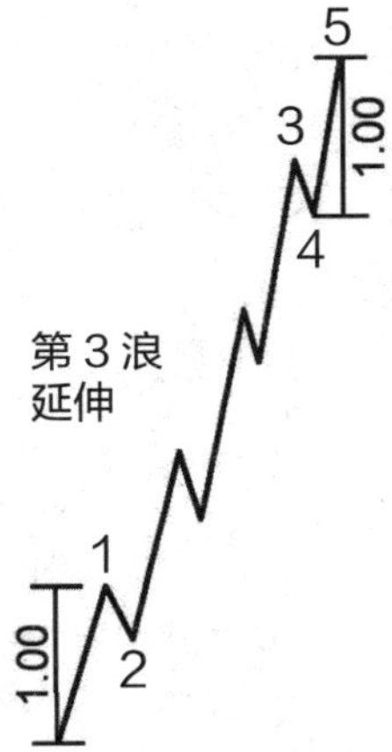

图 1.2 波浪结构

来源：《艾略特波浪理论》

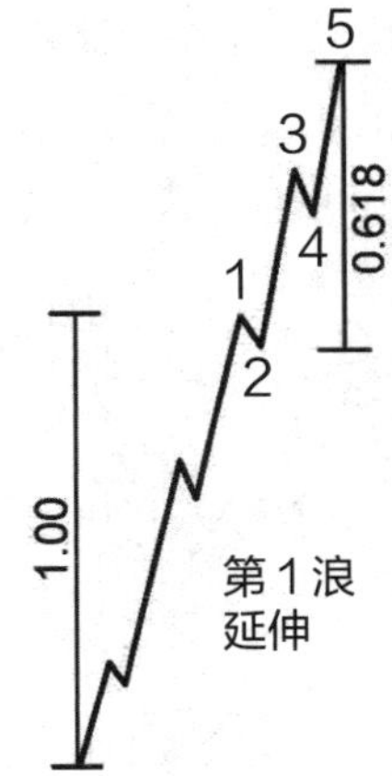

图 1.4 波浪结构

来源：《艾略特波浪理论》

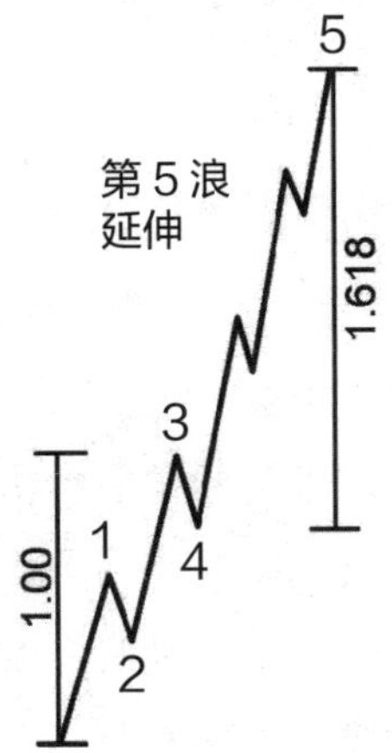

图 1.3 波浪结构

来源：《艾略特波浪理论》

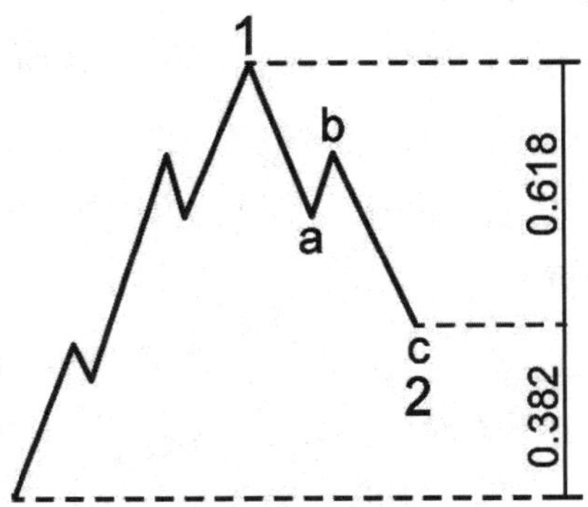

图 1.5 波浪结构

来源：《艾略特波浪理论》

够设定获利目标，并识别价格下一次可能发生变化的位置（如图 1.5 和图 1.6 所示）。

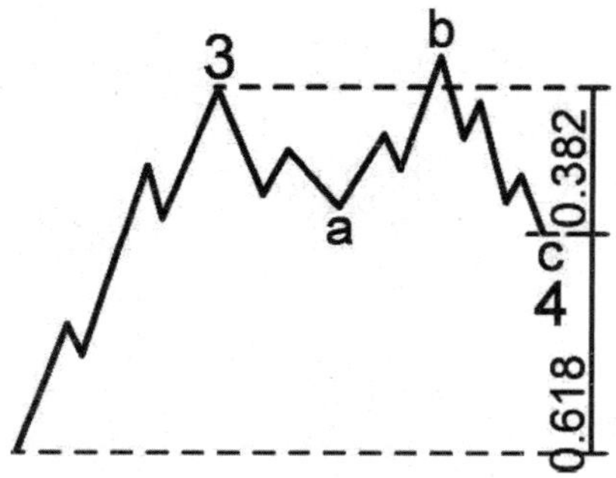

图 1.6 波浪结构

来源：《艾略特波浪理论》

指出交易无效的特定时点

波浪分析提供了交易无效的特定时点。在这个时点上，我们对波浪的解释不再可行。对交易员来说，知道什么时候是错的，也许是最重要的信息。

交易会在什么时点失败？技术分析根本没有提供答案，而许多交易员使用资金管理规则回答这个问题。然而，波浪理论用推动浪的 3 个规则就做到了。

规则 1：浪 2 的回调幅度绝对不会超过浪 1。

规则 2：浪 4 绝对不会进入浪 1 的价格区间。

规则 3：在 3 个推动浪（浪 1、浪 3 和浪 5）中，浪 3 绝对不是最短的。

关键点

知道什么时候交易会犯错，与知道什么时候交易是对的一样重要。

如果这 3 条规则中，任意 1 条规则被打破，那么，就意味着正在进行的数浪是错误的。交易员怎样利用这条信息呢？

如果一项技术指标预示价格会上涨，而波浪形态是第 2 浪回撤，交易员就能具体知道此时交易会失败：浪 2 超过浪 1 的起点。如果没有波浪理论这样的框架，我们很难获得这种类型的指南。

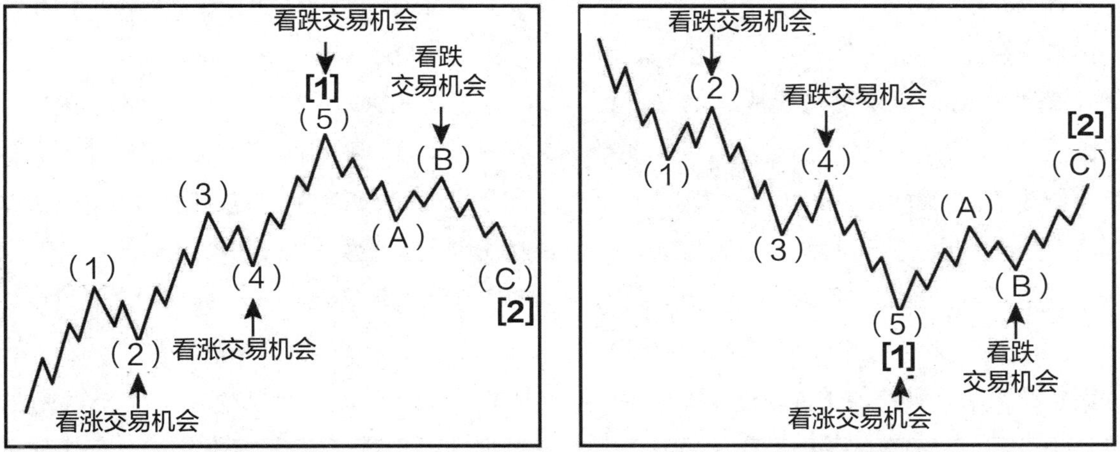

牛市交易机会　　熊市交易机会

图 1.7　艾略特波浪交易机会

最适合交易的 4 种波浪

真金不怕火炼。浪 3、浪 5、浪 A 和浪 C 是最有利可图的交易形态。它们与更大级别的趋势的走向一致。牛市中的多头（和熊市中的空头）相对于牛市中的空头（和熊市中的多头），成功的概率更大。总体而言，按照趋势的走向进行交易是阻力最小的路径。

波浪理论能够帮助交易员识别高可信度的交易机会，忽略低可信度的交易机会。请记住，5 浪运动决定了更大级别趋势的走向，而 3 浪运动为交易员提供了进入趋势的机会。正如图 1.7 所示，浪（2）、浪（4）、浪（5）和浪（B）实际上为交易员提供了利用浪（3）、浪（5）、浪（A）和浪（C）这些具有高可信度的交易机会。例如，浪（2）回撤为交易员提供了按照浪（3）方向做多的机会，浪（5）上涨提供了按照浪（A）方向做空的机会。通过比较波浪理论和传统的技术分析，交易员能够提高交易成功的可能性。

技术分析能够挑选出许多交易机会，但波浪理论帮助交易员识别更可能成功的交易机会。波浪理论是一个提供了历史与背景、现行信息和预测未来的框架。

图 1.7 展示了看涨和看跌的交易机会。在这两张图中，浪（2）、浪（4）、浪（5）和浪（B）介绍了 4 个基于艾略特波浪的主要交易机会。这些调整浪为交易员提供了再次进入主更大级别趋势的机会。在趋势交易中，交易员在上涨趋势出现回撤时买入，在下跌趋势出现反弹时卖出。

调整浪，掘金快手的主场

调整浪提供的交易机会不够令人满意，因为它们具有潜在的复杂性。推动浪是决定趋势走向的价格运动，而且价格通常运动得较远。相反，调整浪形态更有波动性，它有各种各样的形态且不能很快识别，比如锯齿形、平台形、扩散平台形、三角形、双锯齿形或者联合形。调整浪一般会振荡运行，并且不够稳定，持续时间长，还具有欺骗性。因此，对调整浪进行交易容易使人疲惫，而且在调整浪的价格运动下，交易成功的概率也不高。

尽管我认为调整浪形态提供的交易机会具有低可信度，我有时候还是会进行交易，这取决于调整浪可能持续的时间。比如，在原油 15 分钟价格走势图中，如果我发现了 5 浪上涨，我不会认为浪 2 或浪 4 是可行的交易机会。相反，我更愿意在建仓前等待浪 2 和浪 4 结束。假设我们面对的市场已经形成了一个推动浪，但推动浪持续了几周或几个月。在这种情况下，浪 2 和浪 4 可能需要几周时间才能形成，而在此期间，交易员可能会获得许多短期的交易机会。

倾听艾略特的市场承诺

在我们考察具体的艾略特波浪形态进行交易的指南之前，让我们看看对自己最重要的分析和交易规则：你对市场作出承诺之前，让市场对你作出承诺。换言之，寻找确定的价格运动。只根据迎面汽车的转向信号而调整自己汽车的行驶方向是不明智的。同样地，不能确定趋势已经变化就进行交易，也是不明智的。

以下指南体现了这种思想，并通过两种方式使交易员受益。第一，等待确定的价格运动，减少执行交易的次数。交易员的最大错误之一是过度交易。第二，它能够使交易员将精力集中于更高可信度的交易机会。如果一名交易员相信某一市场已经上涨到最高位，而且适当的价格运动确实证实了这一看法，那么他更可能执行一次成功的交易。

推动浪

每当推动浪完成时，关于调整浪深度的艾略特波浪指南都适用。

> 调整浪，尤其当它是第 4 浪时，倾向于在前面低一浪级第 4 浪的范围之内，记录下它们最大的回撤。最常见的是，调整浪结束于低一浪级第 4 浪的终点附近。
>
> ——《艾略特波浪理论》

这一指南听上去可能比较复杂，但它很容易在实时交易中遵守。交易技术就是入场时机，即在价格突破浪 5 的浪（iv）极点时入场（如图 1.8 所示）。市场之前的摆动低点已经显现出来，以此作为推动浪确实已经完成的初步证据，这样做能够避免高卖。将初始的保护性止损点设定为价格运动的极点。

精明投资者的诀窍

在你对市场作出承诺之前，让市场对你作出承诺。

精明投资者的诀窍

等待确定的价格运动能够让交易员使用一种基于证据的方法，并且让他们把精力集中于更高可信度的交易机会。

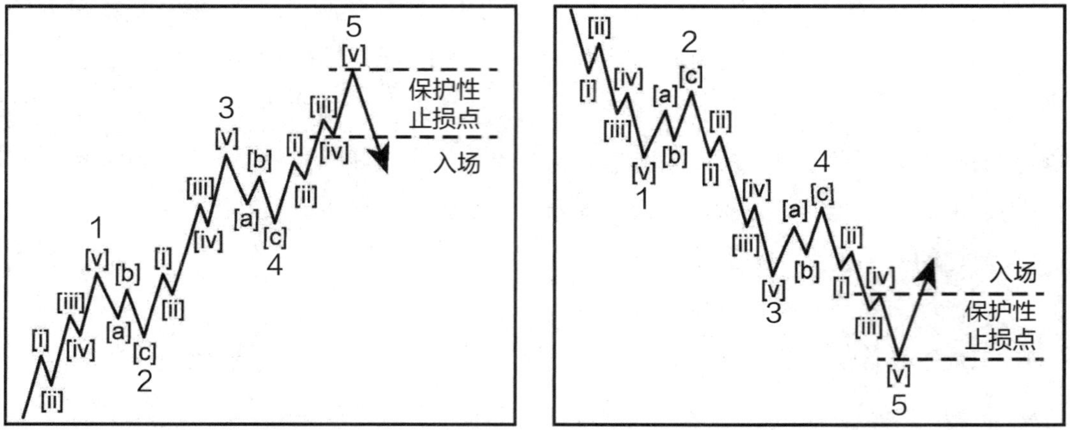

牛市交易机会　　熊市交易机会

图 1.8　推动浪

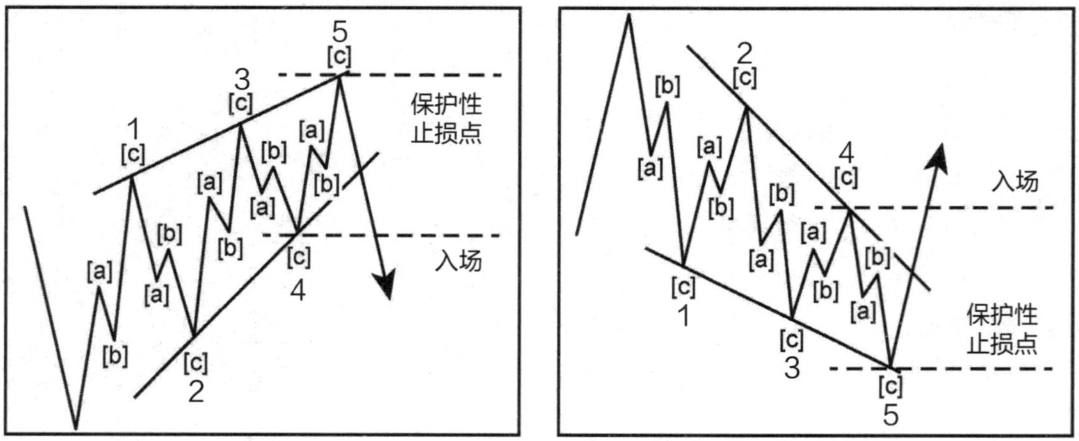

牛市交易机会　　熊市交易机会

图 1.9　终结倾斜三角形

终结倾斜三角形

终结倾斜三角形的入场和初始保护性止损点与推动浪相似：等待价格突破浪 4 的极点，并将初始的保护性止损点设定为价格运动的极点（如图 1.9 所示）。

请记住，这些入场技术展示了一种保守的方法，即我所认为的“准备、瞄准、瞄准、瞄准……开火”的交易方法。但如果你是一个更激进的交易员，你怎样在终结倾斜三角形交易机会时入场呢？当出现一个越过连接浪 2 和浪 4 趋势线的强势收盘价时，就是一种入场方法。在这种情况下，初始保护性止损点的设定不变，还是形态的极点（如图 1.10 所示）。

如果你将自己定义为一个彻底的激进交易员，这里也有一种技术适合你。通常来说，终结倾斜三角形的浪 3 比浪 1 要短。当这种情况发生时，规则表明浪 5 不可能比浪 3 长，因为在终结倾斜三角形中，浪 3 也不可能是浪 1、浪 3 和浪 5 中最短的一个。因此，当浪 5 正在形成时，你可以开始建仓或加仓。这种激进入场技术的保护性止损点是浪 5 比浪 3 长的某一点，因为波浪理论将这种情况界定为无效交易的特定时点。

锯齿形

第一个适用于在锯齿形中进入交易的指令是，当价格突破浪 C 的浪 [iv] 的极点时入场，假定价格水平超过了浪 A 的终点（如图 1.11 所示）。

第二个入场指令是，在采取行动前，等待价格突破浪 B 的极点（如图 1.12 所示）。最初的保护性止损点是浪 C 的极点。这种保守方法能够避免缺乏充分证据时低卖或高买。

理想情况下，交易员会采用这两个指南，将其融入自己的交易方式中。实际上，以锯齿形为例，一个更加保守的交易员可能会在入场前等待更长时间，他需要看到一个突破浪 B 极点的 5 浪运动，接下来是一个调整浪形态。

平台形

由于平台形调整浪的最后一浪细分为 5 个浪，建议采用与推动浪相似的入场技术：在进入交易前，等待价格超过浪 C 的浪（iv）极点（如图 1.13 所示）。尽管锯齿形的浪 C 也细分为 5 个浪，但这种方法无法适用于锯齿形。因为在看涨的锯齿形中，浪 C 的浪（iv）结束于浪 A 的极点之下，而在看涨的平台形中，浪 C

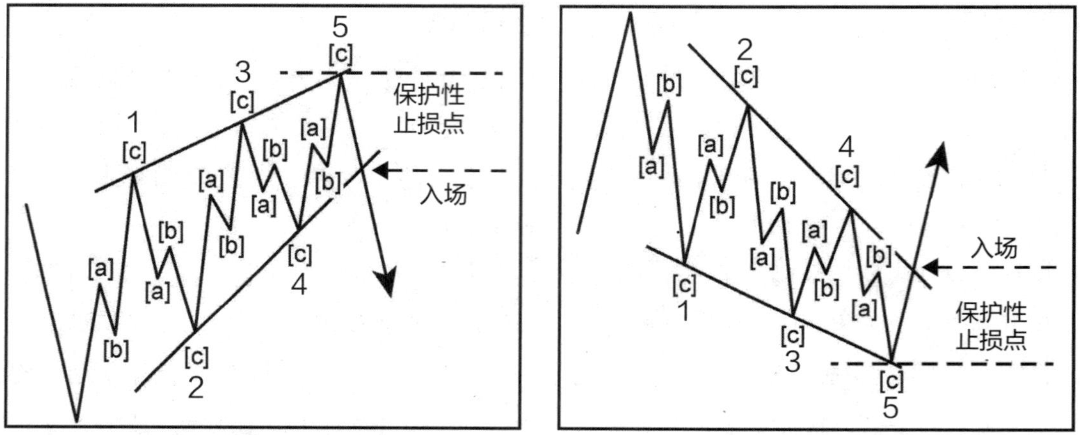

牛市交易机会　　熊市交易机会

图 1.10　终结倾斜三角形

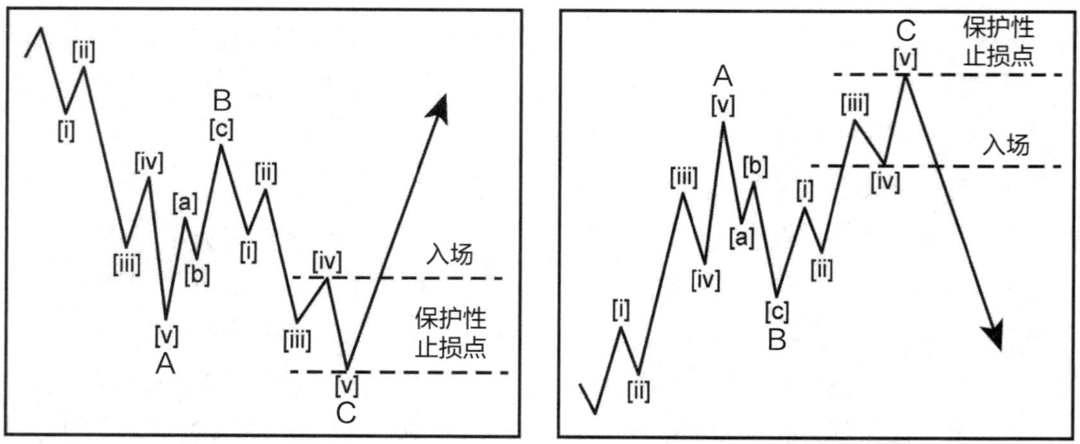

牛市交易机会　　熊市交易机会

图 1.11　锯齿形

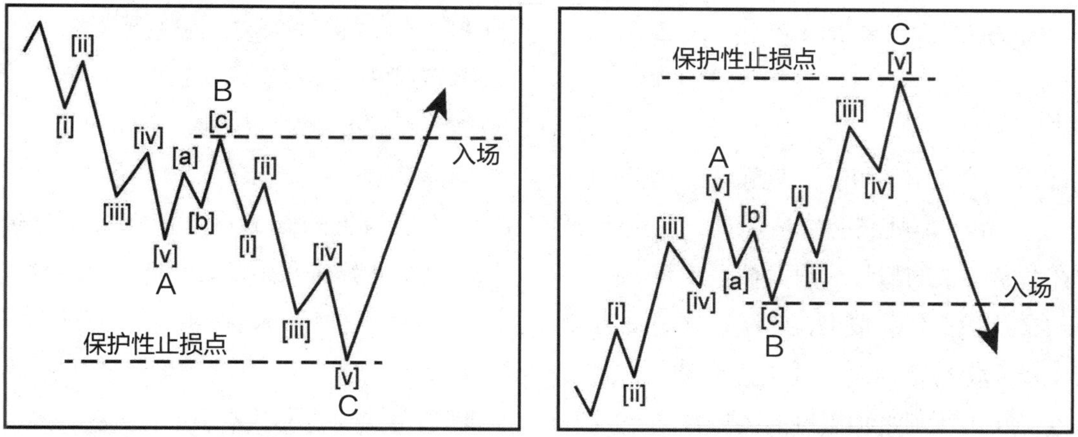

牛市交易机会　　熊市交易机会

图 1.12　锯齿形

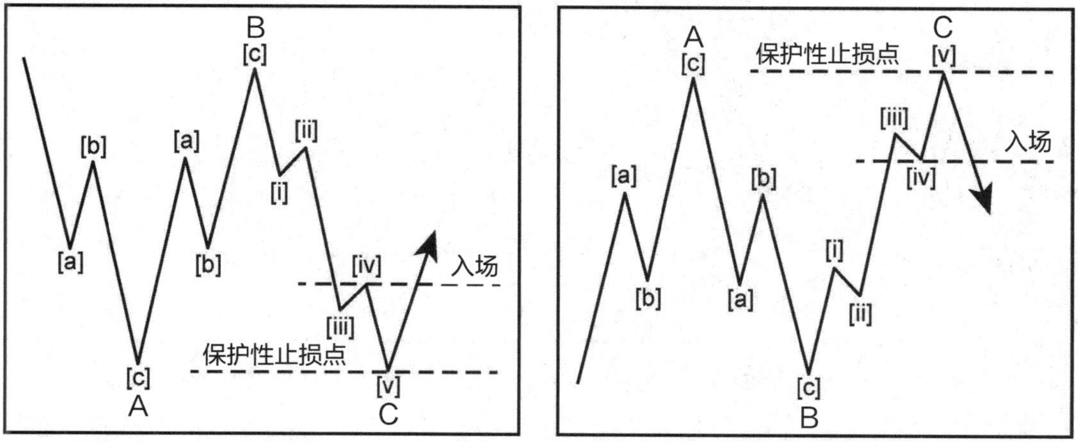

牛市交易机会　　熊市交易机会

图 1.13　平台形

的浪（iv）倾向于结束于浪 A 的极点之上。

三角形

最后一个指南适用于三角形（如图 1.14 所示）。三角形是盘整型价格运动，它通常被界定在两条收敛的趋势线内，并且细分为浪 A、浪 B、浪 C、浪 D 和浪 E。等待价格突破浪 D 的极点，并将初始的保护性止损点设定为浪 E 的终点。我不认可更加激进的入场技术，因为三角形有时具有欺骗性。它们可能出现在浪 4、浪 B 或者浪 X 的位置，比如，看起来像一个可能看涨的第 4 浪三角形，实际上却是一个看跌的第 B 浪三角形。

更加激进的交易员可能在价格穿过浪 D 终点之前开始建仓。如果是这样，你可以选择浪 A 的极点作为初始保护性止损点，而不是浪 C 的极点。在股票市场中，盘中价格超过浪 C 的极点的情况并不少见，反之亦然。

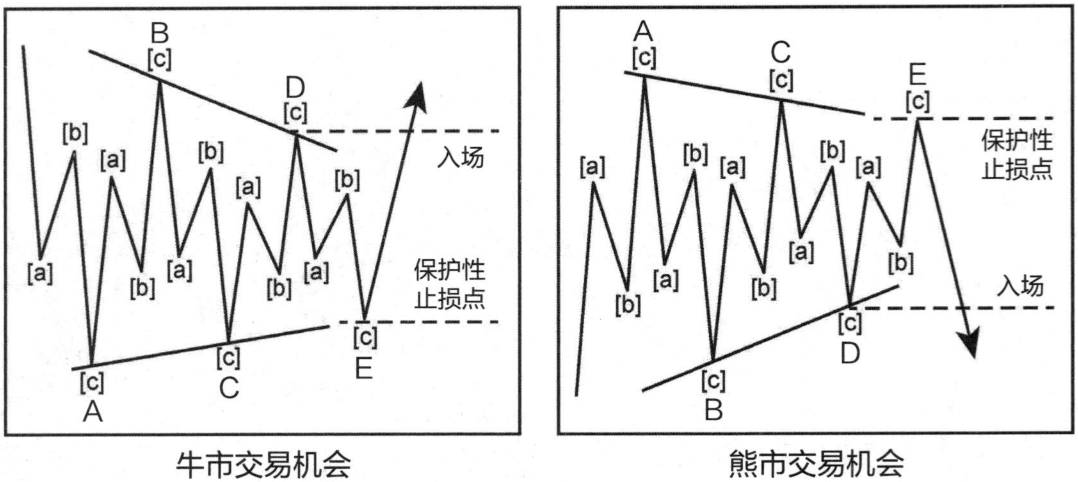

图 1.14 三角形

被忽略的要素：风险管理

讨论如何成为一个持续成功的交易员时，你很少会听到有人说两个主题：风险管理和交易心理。对交易成功和交易寿命来说，风险管理至关重要。让我们简要讨论风险回报比和交易规模。

风险回报比，40%判断正确都能赚钱?

风险回报比是一种量化风险对交易回报的比率。如果你以 50 美元的价格买入股票 XYZ，预期它会上涨到 51 美元，那么你的期望回报是 1 美元。如果保护性止损点是 49 美元，那么这笔交易的风险回报比是 1:1。换句话说，你以 1 美元的风险赚取 1 美元。如果保护性止损点是 49.9 美元，那么风险回报比是 10:1。

注意：这个比率叫做风险回报比，但我们的惯例指的是回报值。在这个案例中，尽管风险是 1、回报是 10，风险回报比还是称作 10:1，而不是 1:10。这解释了为什么 3:1 的风险回报比是令人满意的，因为这个比率实际上是回报风险比。

高风险回报比是称心如意的，它是概率的函数。我们假设：你对市场的判断有 70%的时间是正确的，每笔交易的风险回报比是 1:1。在每 10 笔交易中，有 7 笔会获利 1 美元，有 3 笔会损失 1 美元。结果，你出场时将获利 4 美元。

如果我们将风险回报比从 1:1 提高到 3:1，判断正确的概率从 70%下降到 40%，你认为会发生什么？当风险回报比是 3:1 时，同样 1 美元的利润，4 次成功的交易将会获利 12 美元。如果我们再减去 6 次失败交易中损失的 6 美元，我们出场时将获利 6 美元。

这种差异向我们证明了风险回报比的重要性：将交易成功的概率从 70%降到接近一半（如 40%），同时提高风险回报比，你的获利能力将提高 50%。

人们对交易的误解是，交易员只有判断正确市场的走势才能挣钱。这并不完全正确。正如你刚刚看到的，如果交易员密切关注风险回报比，即使只有 40%的时间判断正确，他依然能成功。

精明投资者的诀窍

个人心理是一个交易员持续成功的关键。

定义

风险回报比是衡量期望回报和所承担风险的比率。为了与市场惯例一致，风险回报比可以被表述为每单位风险的总回报。

交易规模，屡败仍能屡战的秘诀

交易员的头寸应该有多大？单笔交易的风险绝不应该超过投资组合总规模的 1%～3%。业余交易员常常拒绝接受这么小的比例，而专业的交易员会拥抱规则。如果采用 1%的比例，在交易员的交易账户中，对于每 5 000 美元的资金，每个头寸应该只冒 50 美元的风险。例如，交易员的交易账户中有 10 000 美元，他可以进行两笔交易且每笔交易的风险是 50 美元，或者一笔风险为 100 美元的交易。许多交易员之所以失败，是因为他们的交易账户中根本没有足够资本建立他们想要的头寸。

如果你的交易账户规模确实较小，你仍然可以通过小规模的交易克服挑战。你可以交易更少的合约，交易电子迷你合约，甚至交易便士股票（指每股低于 1 美元的低额股票）。在你成为一个持续成功的交易员之前，你必须意识到交易寿命是关键的。如果在任意给定的头寸上，你的风险相对于你的总资本是很小的，那么你就能够经受住连败。相反，如果你在每笔交易中冒的风险都是投资组合规模的 25%，那么你在 4 次连续的失败后就只能出局了。

精明投资者的诀窍

交易员应该避免风险回报比低于 3:1 的交易。

交易心理，持续成功的命门

尽管我认为风险管理是交易成功的主要组成部分，但真正关键的还是心理，换言之，就是你的个人心理。让我们回顾一些阻碍交易员持续成功的心理因素：缺乏方法、缺乏自律、不切实际的期望和缺乏耐心。

无论你是一个经验丰富的交易员，还是刚刚考虑建立第一个交易账户的个人投资者，理解个人心理怎样影响交易结果对你的成功至关重要。

缺乏方法

如果你的目标是成为一个持续成功的交易员，那么你必须拥有一种确定的交易方法，一种简单、清晰、简明地看待市场的方法。实际上，交易员拥有一种交易方法至关重要，以至于艾略特波浪国际公司创始人罗伯特·普莱切特将此列在他的论文《交易员究竟需要什么才能成功》（*What a Trader Really Needs to Be Successful*）的扉页。从长期来看，猜测或凭直觉交易并不奏效。如果你没有一种确定的交易方法，你就不能识别什么构成了买入或卖出的信号。

怎样解决这个问题呢？答案是写下你的方法，明确列出你的分析工具，你怎样使用分析工具（更加重要）。你是使用波浪理论、点数图、随机指标、相对强弱指标，还是这些方法的组合，其实并不重要。真正重要的是，你确实努力去弄明白什么构成了买入、卖出、追踪止损点和平仓指南。对于确定你的交易方法，我能给你的最好建议是：如果你不能把它写在一张 3 英寸 ×5 英寸的纸上，说明它很可能太复杂了。

缺乏自律

一旦你清晰地勾勒并确定了你的交易方法，你就必须严格遵守。缺乏自律是许多雄心勃勃的交易员失败的原因。如果你今天观察股价走势图或评估潜在交易机会的方法与你 1 个月前的做法不同，说明你没有确定交易方法，或者缺乏自律去遵循你已经确定的方法。成功的准则就是持续地运用一种被证明行之有效的方法。

不切实际的期望

没有什么比“适当地将 5 000 美元投资于天然气能够使你获得超过 40 000 美元的回报”之类的商业广告更让我生气的了。总之，这种类型的广告只会给金融行业帮倒忙，最终没有经验的交易员的投入远超 5 000 美元。另外，它们会促使交易员产生不切实际的期望，一种对心理产生破坏性的心态。

是的，使用你自己的账户进行交易，超过平均水平的回报率确实是可能的。但如果你不承担超过平均水平的风险，就很难获得超过平均水平的回报率。作为一名交易员，你第一年的切合实际的回报率是多少呢？50%、100%，还是200%？让我们控制一下不切实际的期望吧。在我看来，每个交易员的第一年目标应该是不要亏钱。换句话说，第一年争取实现0%的收益率。如果你能够实现这一目标，那么第二年，你试着打败道琼斯指数或者标准普尔指数。这些目标可能不那么远大，但它们很实在。

缺乏耐心

即使经验丰富的交易员也会缺乏耐心。根据爱德华兹和迈吉的著作《股市趋势技术分析》(*Technical Analysis of Stock Trends*)，市场只有30%的时间是有趋势的。这意味着在剩余的70%的时间里，市场是没有趋势的。

这么小的比例也许可以解释，为什么我会认为，在任意给定的时间范围内，仅有两三个特别好的交易机会。例如，如果你是一名长线交易员，你在任意一年任意一个市场中通常只会看到两三个引人注目的可交易价格运动。同样，如果你是一名短线交易员，你在任意一周之内只会看到两三个高质量的交易机会。

实际情况经常是，由于交易本质上是令人激动的（任何与钱有关的事情都是令人激动的），你很容易就会觉得，如果你不进行交易，你可能会错过什么。结果，你开始利用质量越来越差的交易机会，开始过度交易。

怎样改正缺乏耐心的毛病？提醒你自己，每星期都会有下一个“年度最佳交易”。换言之，不要担心你今天会错过一个机会，我保证明天、下周、明年……会有另一个机会出现。

更多信息

你可以在读者资源网站上学到更多。你会看到弗罗斯特和普莱切特撰写的《艾略特波浪理论》的免费网上版本，还有艾略特波浪分析方面的课程：当你在实战中应用波浪理论时，怎样利用具体的形态交易，以及怎样使用斐波那契数列和其他技术指标来增强你的信心。请访问：www.elliottwave.com/wave/ReaderResources。

本章测试题

判断下列表述的对错：

1. 分析和交易使用同样的技能组合。
2. 波浪分析根据推动浪方向确定趋势走向。
3. 波浪理论为交易员提供了交易无效的时点，在这些时点，交易员可以重新评估他们的分析在哪里出现了问题。
4. 浪 2 有时会超过浪 1 的起点。
5. 一个完整艾略特波浪循环由 9 个浪组成。
6. 浪 2 和浪 4 从起点到终点都提供了具有高可信度的交易机会。
7. 对终结倾斜三角形进行交易的一种激进的方法是等待价格突破浪 4 的极点。
8. 如果你在寻找确定的价格运动，则说明你在向市场作出承诺前让市场对你作出承诺。
9. 对锯齿形进行交易的入场指南是等待价格突破浪 B 的极点。
10. 1:1 的风险回报比是理想的。

答案：1. 错 2. 对 3. 对 4. 错 5. 错 6. 错 7. 错 8. 对 9. 对 10. 错

第二部分

交易案例

波浪理论的主要价值在于它为市场分析提供了一种来龙去脉，这种来龙去脉既是严密思考的基础，也是对市场总体位置及前景的观察。在很多时候，它预测，甚至参与价格运动方向的变化的准确程度几乎让人难以置信。人类群体行为的许多方面遵循波浪理论，但它在股市上的应用最为广泛。

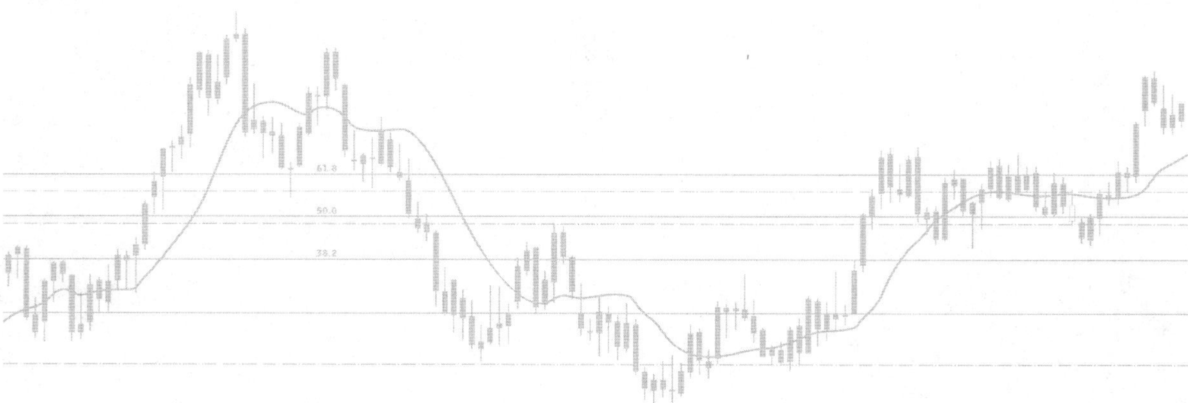

第 2 章 02

VISUAL GUIDE TO ELLIOTT WAVE TRADING

怎样为下一个推动浪创造交易机会

交易的三个主要部分是：分析价格走势图、制订交易计划和管理交易。

对卡特彼勒的锯齿形进行交易

在卡特彼勒（Caterpillar，CAT）中，我们会考察每一个部分，让你更好地理解为什么 CAT 提供了一个高可信度的交易机会。

分析价格走势图

一提到交易机会，没有什么比分析卡特彼勒从 2011 年 4 月到 2011 年 5 月的价格走势图更容易了。正如你在图 2.1 中看到的那样，经过一个 5 浪下跌，价格从 116.55 美元的高位下跌到 108.39 美元的低位。这一波浪形态非常重要，推动浪决定了主要趋势的走向。因此，卡特彼勒的 5 浪下跌预示进一步的看跌行情将会来临，价格将通过浪（C）或浪（3）跌破 108.39 美元。

随后，卡特彼勒出现的 3 浪上涨支持了这种分析。价格调整运动通常由 3 个浪组成，因此我可以预期卡特彼勒将经历下一个价格下跌过程。此外，卡特彼勒通过 3 浪上涨，达到 112.47 美元，这一运动幅度回撤了前一个跌价的 50%。50%在调整浪中是一个常见的回撤幅度。112.47 美元附近的价位是 112.84 美元，因

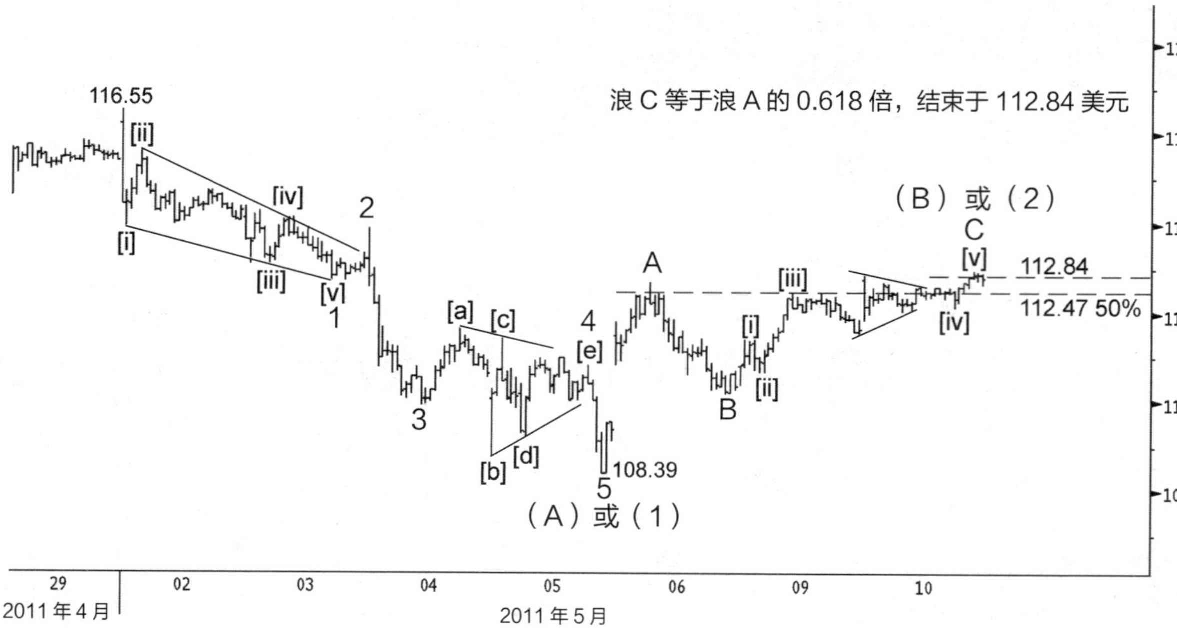

图 2.1 卡特彼勒公司 15 分钟走势图

注：该图经允许后转载自彭博。

为在这一价位，浪 C 等于浪 A 的 0.618 倍。0.618 是调整浪的浪 C 和浪 A 之间常见的斐波那契关系。

这一点上唯一的问题是，从 108.39 美元开始的上涨运动应该被标记为浪（B）还是浪（2）。从短线交易的角度看，这一问题有点脱离实际，因为不管是哪种情形发生，交易目标都是价格跌破 108.39 美元。观察调整浪上涨的最后一个现象是：浪 C 的斜坡比浪 A 更平缓。浪 C 的斜坡平缓，表明上涨势头正在减弱，下跌的主要趋势将会重新开始。锯齿形中平缓的斜坡非常常见，它们几乎有资格作为这一波浪形态的特征。

运用最基本的艾略特波浪分析 CAT 的价

格走势图，我看到了 5 浪下跌，并按斐波那契关系出现 3 浪上涨，但遇到结构性阻力，只上涨到 112.47 美元至 112.84 美元。这意味着，从当前的价位开始，价格很可能跌破 108.39 美元。因此，这一时点的问题变成了“怎样才能最好地利用信息”。

制订交易计划

图 2.2 中，我选择使用期权来交易。具体地说，在 2011 年 5 月 10 日买入执行价为 110 美元 / 股、期权价格为 86 美分 / 股的看跌期权合约。期权的交割日是 2011 年 5 月 20 日，所以只剩下 8 个交易日了。考虑到期权只有几天就交割，这种类型的交易风险极高，只有经验最丰富、风险意识最高的交易员才可以考虑采用这种方法。

在 4 个交易日内，卡特彼勒最初从 116.55 美元下跌到 108.39 美元。我当时的想法是：如果下一个下跌运动被证明是浪（3），那么我将看到价格会在一个更短的时间内下跌更多；如果下一个下跌运动被证明是浪（C），那么下跌的程度极有可能会小一些，且需要更长的时间。即便卡特彼勒呈现出浪（C）的价格走势，所花的时间是最初下跌时间的 2 倍，它仍将下跌到 104.81 美元左右。在这个价位上，浪（C）能在期权交割之前等于浪（A）。

此外，理解下面的观点很重要。期权价格会随时间的推移而逐渐降低，在价格出现相当大的下跌时，不应该长时间持有期权。简而言之，这一观点就是抓住了价格在 3 ～ 5 个交易

关键点

推动浪决定主要趋势的走向。

关键点

价格调整运动通常由 3 个浪组成。

定义

锯齿形是一个简单的 3 浪调整浪。它细分为浪 A（5 个浪）、浪 B（3 个浪）和浪 C（5 个浪）。

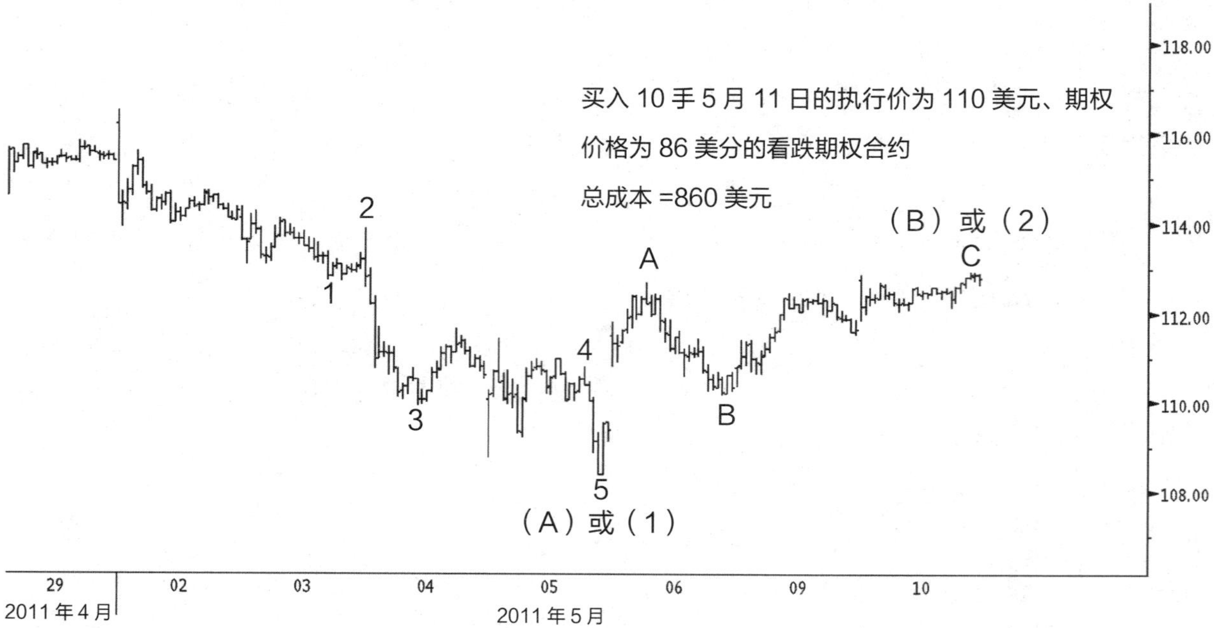

图 2.2 卡特彼勒公司 15 分钟走势图

注：该图经允许后转载自彭博。Copyright 2013 彭博。版权所有。
一手期权合约所买卖股票的数量是 100 股，下同。

日内会跌破 2011 年 5 月 108.39 美元的低位。

管理交易

在我们分析和入场之后的第 2 天，卡特彼勒急剧下跌（如图 2.3 所示）。结果，头寸的价值显著增加。回顾过去，谨慎的做法应该是，在价格迅速下跌后的第 2 天完全退出交易或者部分退出交易。然而，由于最初的分析预示价格会跌破 108.39 美元，我决定继续持仓。

接下来的几天里，我看见卡特彼勒继续下跌。2011 年 5 月 13 日，星期五，我按 3.75 美元的价格卖出期权合约（买入的期权价格是 86 美分），投资回报率是 336.05%（如图 2.4 所示）。

是的，这次交易的回报率是令人激动的。

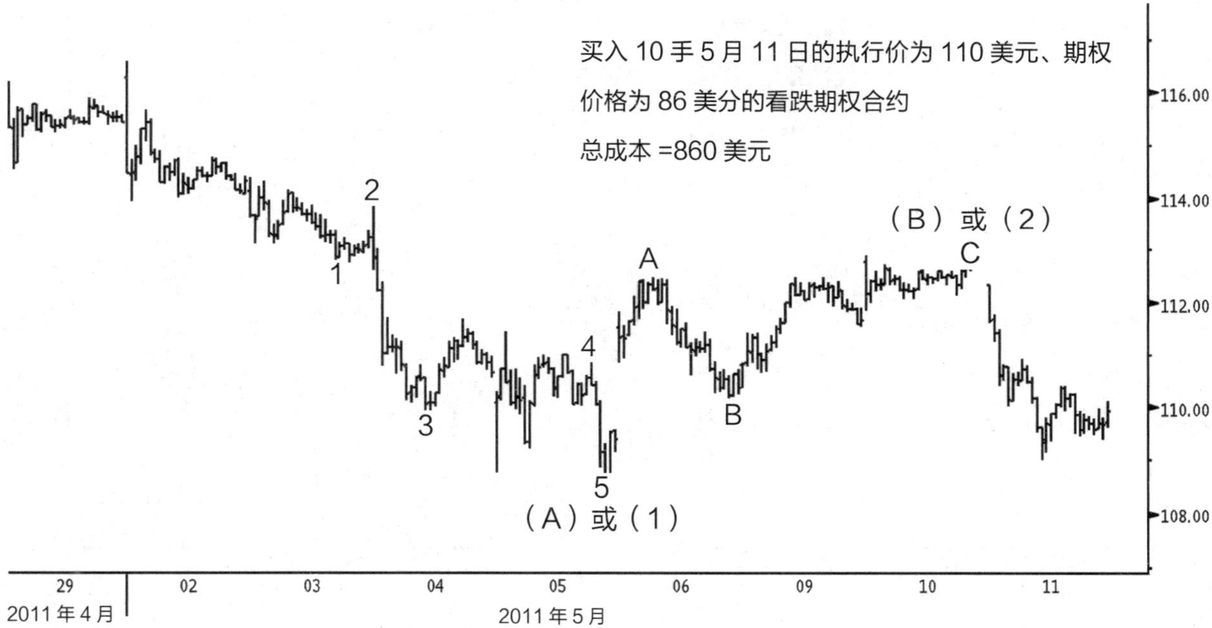

图 2.3 卡特彼勒公司 15 分钟走势图

注：该图经允许后转载自彭博。Copyright 2013 彭博。版权所有。

然而，更令人激动的是它的起因。交易的开始仅是识别出了一个推动浪和一个锯齿形。不管怎样，我确实采用了一些斐波那契比率和倍数的知识，识别卡特彼勒调整上涨之后可能的反转区域。成功交易的最后一步是，使用源于分析的知识，并决定利用这一信息的方法。在这次交易中，我们构建了期权交易。

视频

想要观看怎样通过在平行线内寻找 3 浪运动来识别高可信度交易机会的视频，请访问：www.wiley.com/go/elliottwavevg。

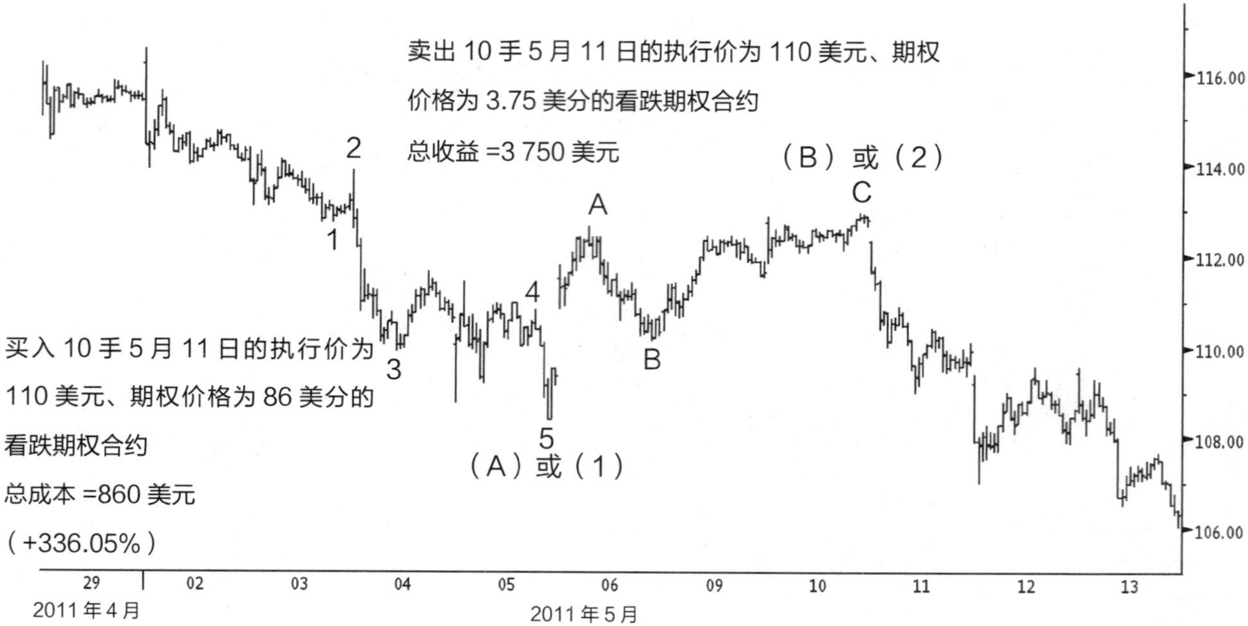

图 2.4　卡特彼勒公司 15 分钟走势图

注：该图经允许后转载自彭博。Copyright 2013 彭博。版权所有。
　　一手期权合约所买卖股票的数量是 100 股，下同。

对泰科尼公司的扩散平台形进行交易

在寻找交易机会时，我总是问自己一个简单的问题：我看到一个我认识的波浪形态了吗？如果答案是肯定的，更深入钻研这张价格走势图的时机到了。如果答案是否定的，迅速移到另一张价格走势图。

> **关键点**
>
> 总是事先问自己："我看到一个我认识的波浪形态了吗？"

分析价格走势图

2012 年 3 月，我看到一个可能成为扩散平台形的波浪形态——泰科尼公司（Techne Corp, TECH）的价格走势图（如图 2.5 所示）。具体地说，引起我注意的是从 68.84 美元到 71.00 美元的 3 浪上涨，随后是一个至 67.69 美元的 3 浪下跌。

这种一上一下的波浪序列值得注意，因为只有两种艾略特波浪构造适用于这种情况：扩散平台形或者奔走三角形。

考虑到上涨已经完成了 5 浪推动浪中的前 4 个浪，泰科尼公司正在形成的波浪形态很可能是一个扩散平台形。

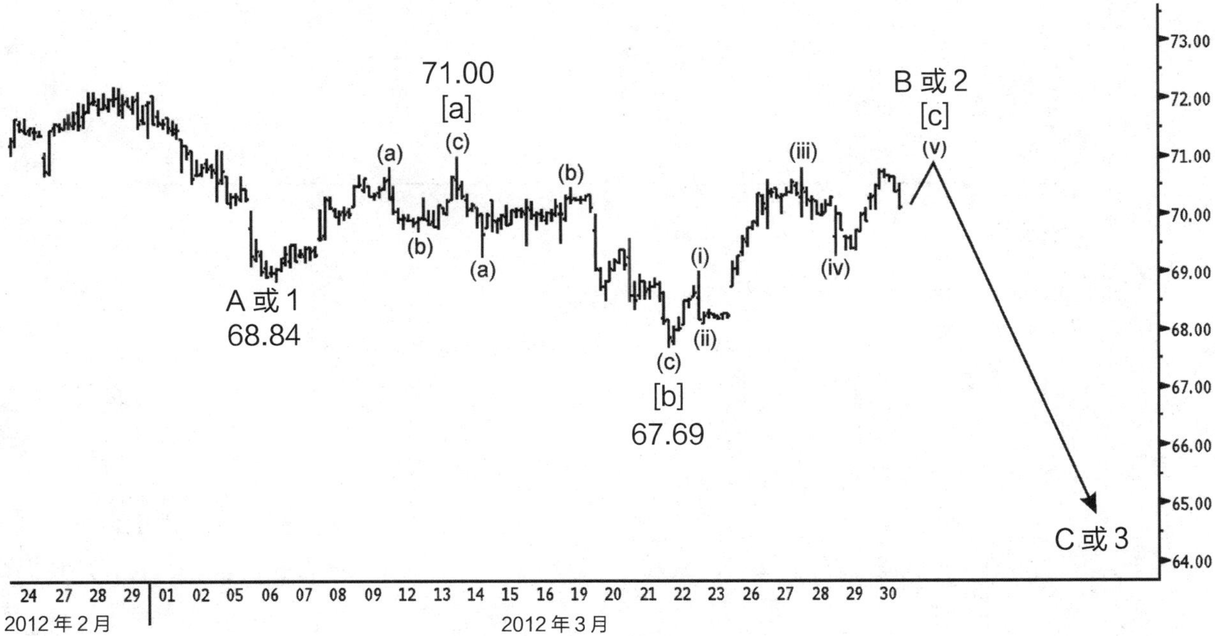

图 2.5　泰科尼公司 60 分钟走势图

注：该图经允许后转载自彭博。Copyright 2013 彭博。版权所有。

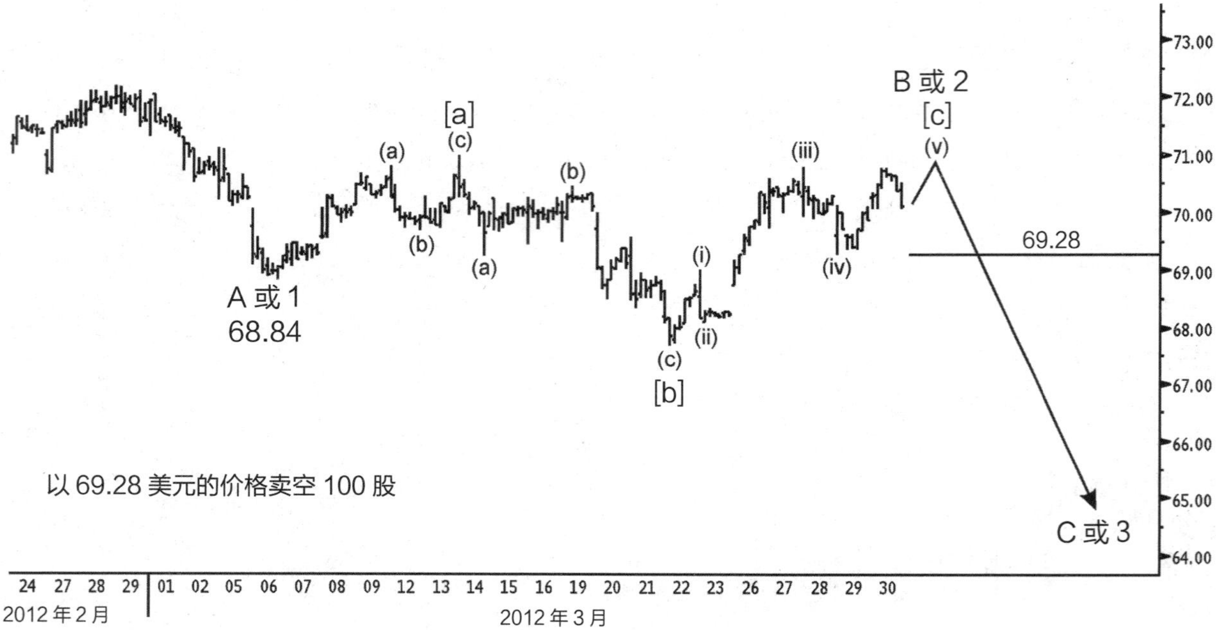

图 2.6 泰科尼公司 60 分钟走势图

注：该图经允许后转载自彭博。Copyright 2013 彭博。版权所有。

> **定义**
>
> 扩散平台形是一个简单的 3 浪调整浪。它细分为浪 A（3 个浪）、浪 B（3 个浪）、浪 C（5 个浪），且浪 B 超过浪 A 的起点。

制订交易计划

假设泰科尼公司正在形成扩散平台形，我组合了交易计划。当价格跌破浪（iv）的极点 69.28 美元时，卖空 100 股泰科尼公司的股票（如图 2.6 所示）。正如第 1 章所述，当现行的波浪形态是平台形时，进入交易的指令是：价格突破浪 C 的浪 4 极点。这种保守的方法可以防止你试图低买高卖。

在初始分析之后的几天时间里，泰科尼公司上涨到 70.78 美元（如图 2.7 所示）。之前浪（iii）的极点是 70.80 美元，这使浪（v）似乎有一点衰竭。通常情况下，波浪应该产生（却没有产生）新的极点，这在艾略特波浪分析中称为衰竭。例如，浪 5 一般应该超过浪 3 的极点。当一个波浪衰竭时，这意味着买入或卖出有隐藏的或潜在的压力。即便波浪形态以衰竭结束，指南还是一样：以 69.28 美元的价格卖空 100 股。

泰科尼公司达到 70.78 美元的高位后，价格开始振荡运动（如图 2.8 所示）。这种类型的价格运动证明第 5 浪衰竭是不成立的，它支持一个三角形正在形成它的第 4 浪。三角形可

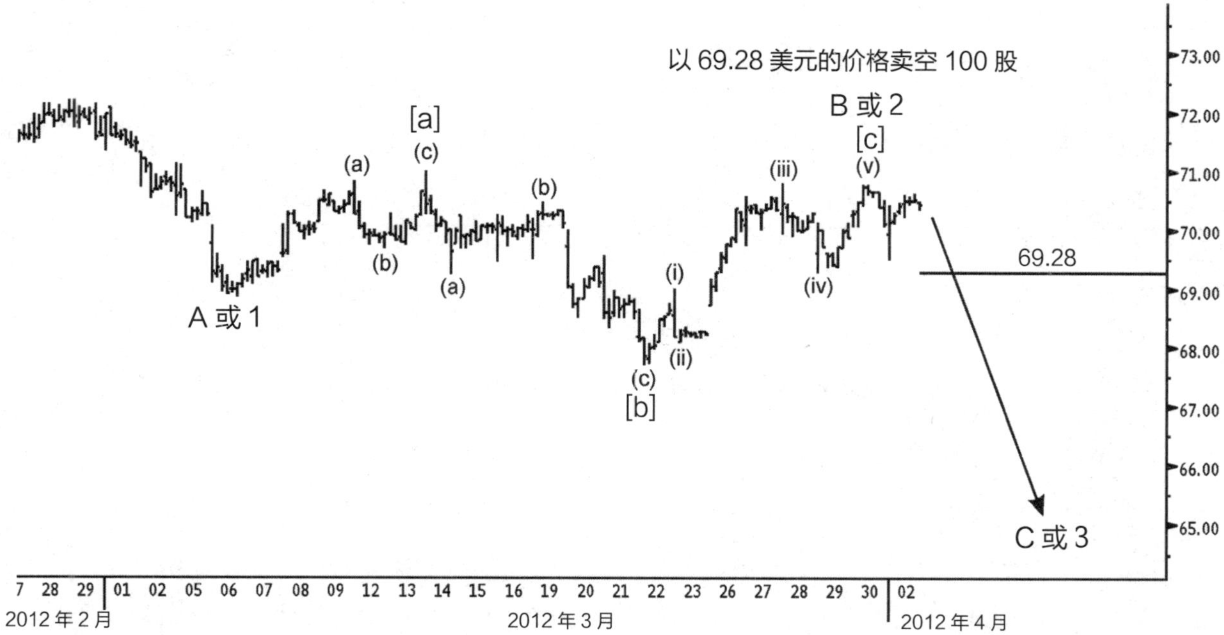

图 2.7 泰科尼公司 60 分钟走势图

注：该图经允许后转载自彭博。Copyright 2013 彭博。版权所有。

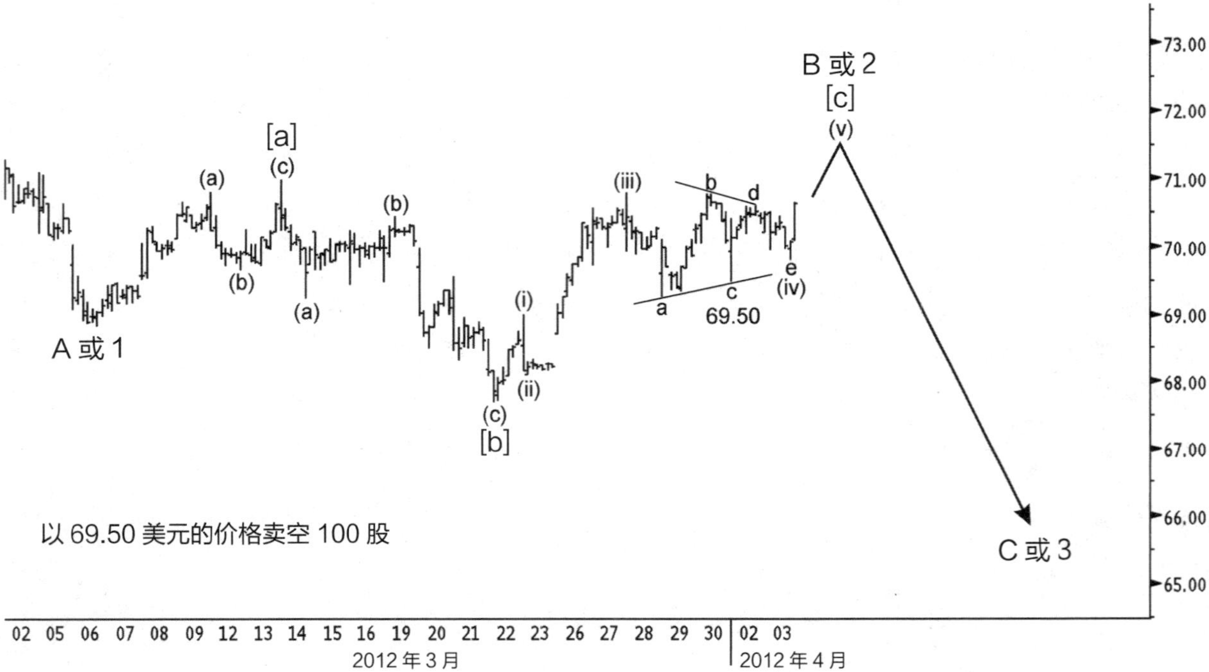

图 2.8 泰科尼公司 60 分钟走势图

注：该图经允许后转载自彭博。Copyright 2013 彭博。版权所有。

能独立在浪 4、浪 B 或浪 X 中形成，这意味着它们总是在一个波浪序列的最后一浪之前形成。我相信这种波浪形态会发展成一个扩散平台形，此时将短期价格运动确定为三角形是行得通的。因此，将卖空指令从 69.28 美元提高到 69.50 美元的时机到了［69.50 美元是浪（iv）的浪 c 极点］。

正如你在图 2.9 中看到的那样，泰科尼公司接下来的价格运动与计划不一样。它似乎不再像一个三角形。

实际上，将 70.78 美元的高位标记为衰竭的第 5 浪似乎一直是正确的。2012 年 4 月 4 日，

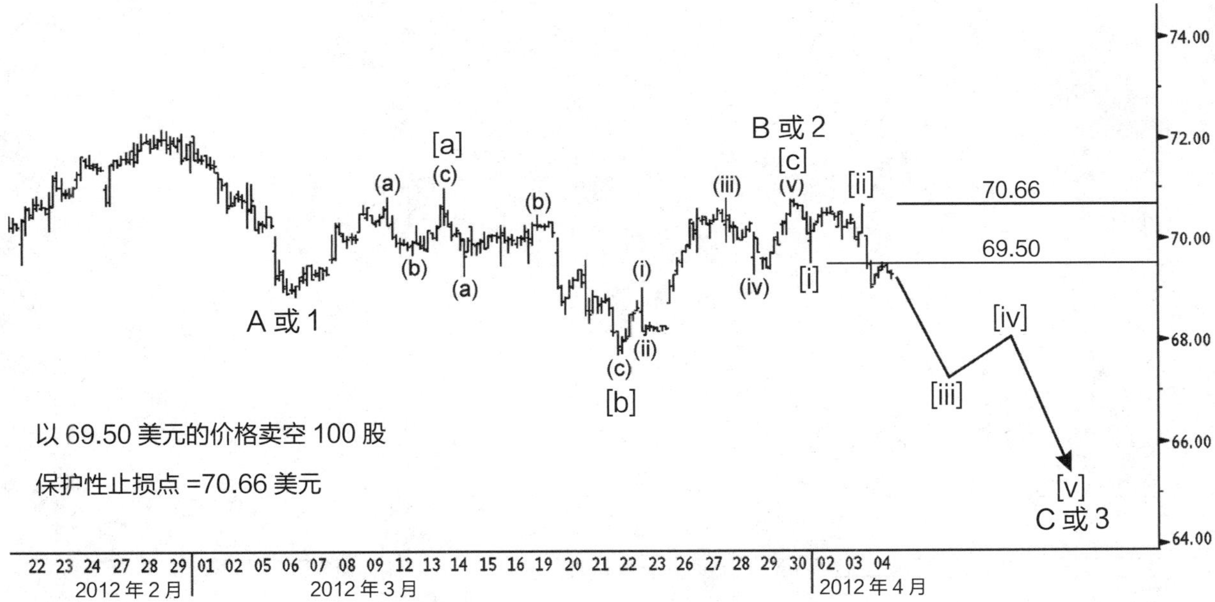

图 2.9　泰科尼公司 60 分钟走势图

注：该图经允许后转载自彭博。Copyright 2013 彭博。版权所有。

以 69.50 美元卖空的待执行指令触发了，初始的保护性止损点是 70.66 美元。

为什么是这个价位？因为这个价位代表了浪 [ii] 的极点。推动浪的 3 个基本规则之一是，浪 2 绝不会超过浪 1 的起点。因此，我的逻辑是，如果下一个第 2 浪将形成于浪 [iii] 之中，那么它的极点将位于前一个第 2 浪的极点 70.66 美元之下。

实际上，在我们进入这个交易后，泰科尼公司稳步下跌了（图 2.10）。

此外，泰科尼公司的价格运动包含了 4 月 9 日出现的下跌缺口。当现在的价格区间没有

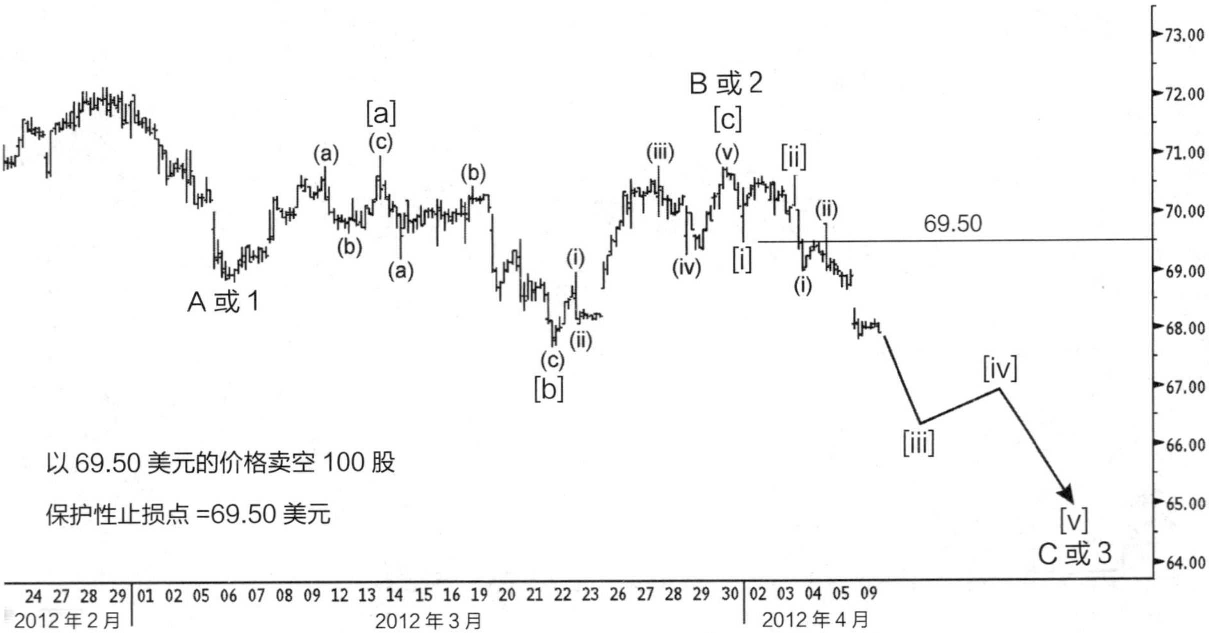

图 2.10　泰科尼公司 60 分钟走势图

注：该图经允许后转载自彭博。Copyright 2013 彭博。版权所有。

包含之前的价格区间时，价格缺口就产生了。

从艾略特波浪的角度看，价格缺口最常出现在浪 3 的位置，尤其是浪 3 的浪 3 位置，此时，价格在短时间内的运动幅度很大。传统的技术分析师将这种价格缺口当作一种加速缺口。

管理交易

4 月 10 日，交易价格低于入场价格 69.50 美元。将保护性止损点降到 69.50 美元的时机到了，马上就实现盈亏平衡了。对交易员来说，重要的是，不但要把精力集中于交易，更要集中精神进行风险管理。风险管理的 3 个阶段是：

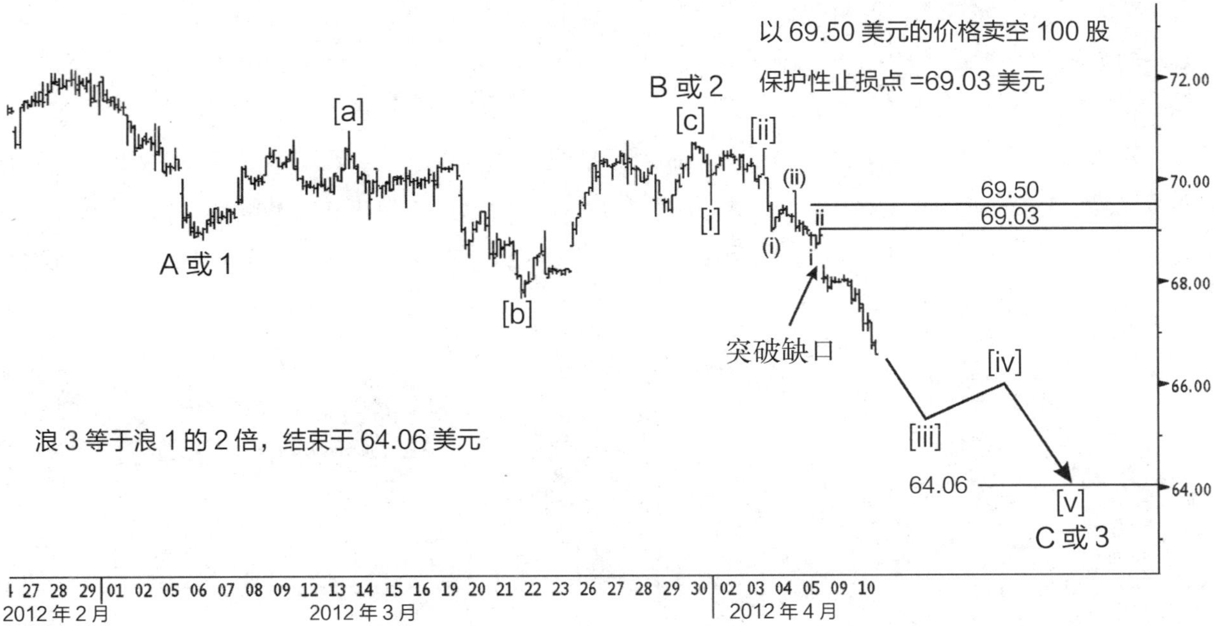

图 2.11 泰科尼公司 60 分钟走势图

注：该图经允许后转载自彭博。Copyright 2013 彭博。版权所有。

减少风险、消除风险和保护浮动盈利。

图 2.11 表明，泰科尼公司进一步下跌。接下来，看跌行情的深度允许我们将 4 月 9 日的价格缺口重新定义为突破缺口，而不是加速缺口。习惯上，技术分析人员将价格缺口定义为突破缺口、加速缺口和竭尽缺口。从艾略特

精明投资者的诀窍

请记住交易中风险管理的 3 个阶段：(1) 减少风险；(2) 消除风险；(3) 保护浮动盈利。

波浪的角度看，你可能在浪 1 的浪 3 中经历突破缺口，在浪 3 的浪 3 中经历加速缺口，在浪 5 的浪 3 中经历竭尽缺口。

现在，我们可以将保护性止损点降到 69.03 美元。这一价位代表了一个低一浪级第 2 浪的极点，我们也可以锁定一小部分利润。而且，保护性止损点距离现在的交易价格足够远，遭遇价格异常飙升而止损出场的概率很低。

简要回顾风险管理。贯穿这个交易案例，我们都遵循了减少风险、降低风险和保护浮动盈利的原则。当头寸最初触发时，我们的保护性止损点是 70.66 美元。随着价格走低，我们

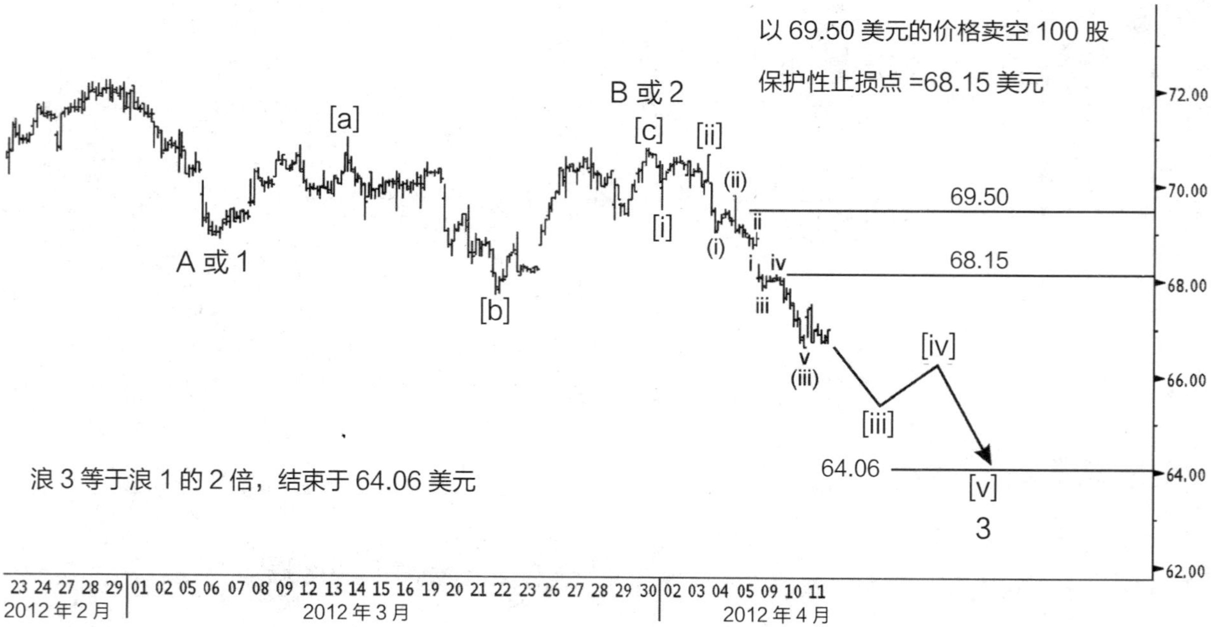

图 2.12 泰科尼公司 60 分钟走势图

注：该图经允许后转载自彭博。Copyright 2013 彭博。版权所有。

将保护性止损点下降到盈亏平衡点。随着价格的进一步下跌，我们继续将保护性止损点从盈亏平衡点 69.50 美元降到 69.03 美元，再降到 68.15 美元（如图 2.12 所示）。

设定保护性止损点的小窍门：当一个下跌推动浪正在形成时，正如我们在泰科尼公司看到的那样，前期摆动高位是比较合适的保护性止损点。从艾略特波浪的角度看，这些极点倾向于是第 2 浪或第 4 浪的极点。在这次交易中，我们已经将保护性止损点下降到 67.85 美元了，这是低一浪级第 4 浪的极点（如图 2.13 所示）。

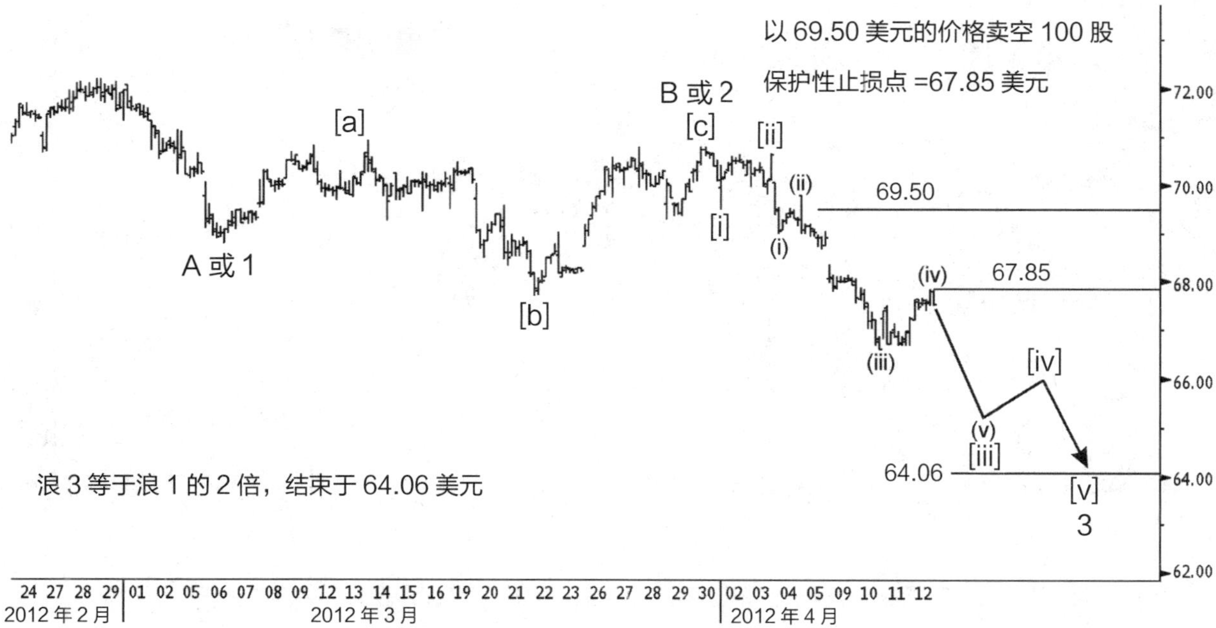

图 2.13 泰科尼公司 60 分钟走势图

注：该图经允许后转载自彭博。Copyright 2013 彭博。版权所有。

泰科尼公司中，从 66.60 美元到 67.85 美元低一浪级的 3 浪上涨很明显是一个第 4 浪。唯一的问题是，它在哪一个浪级上。正如你看到的那样，我将上涨确定为浪 [iii] 的浪（iv）。相反地，我也可以将浪（iii）重新标记为高一浪级的浪 [iii]，将第 4 浪标记为高一浪级的浪 [iv]。不论用哪种方式，传递的信息都是一样的：任意低于 66.60 美元的交易价格都将是第 5 浪。它可能是浪 [iii] 的浪（v），或者浪 3 的浪（v）。这确实不重要。下跌代表了一个浪级或者另一个浪级的第 5 浪，这都意味着现在的下跌行情是有限的，下一个重要的价格运动将是上涨。

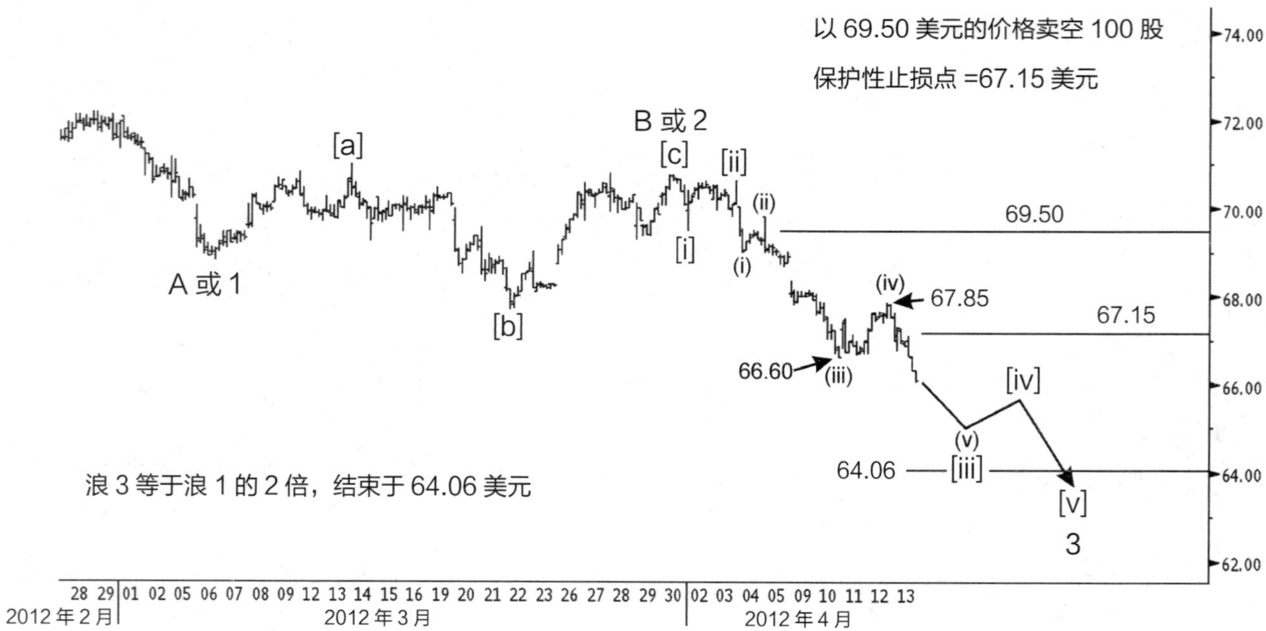

图 2.14 泰科尼公司 60 分钟走势图

注：该图经允许后转载自彭博。Copyright 2013 彭博。版权所有。

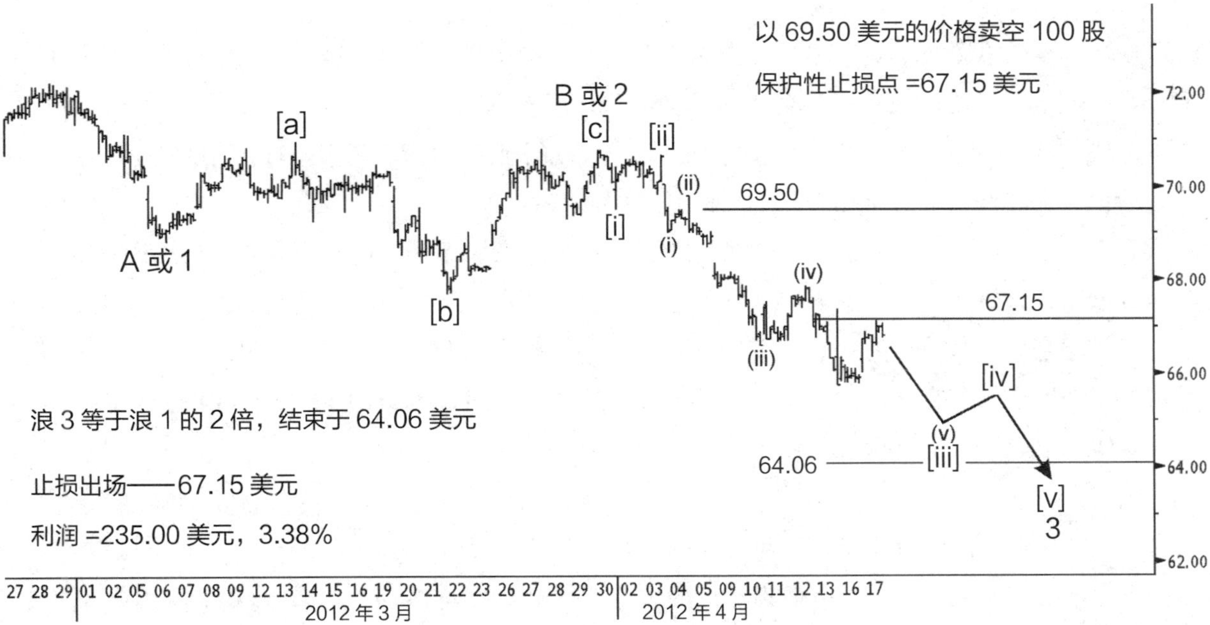

图 2.15　泰科尼公司 60 分钟走势图

注：该图经允许后转载自彭博。Copyright 2013 彭博。版权所有。

因此，我将头寸的保护性止损点降到 67.15 美元，这是另一个摆动高位（如图 2.14 所示）。

在 4 月 17 日的早期交易中，价格达到了保护性止损点 67.15 美元（如图 2.15 所示）。接下来的几天里，泰科尼公司继续下跌，在它呈现大幅度反转之前跌破了 65.00 美元。这一实时交易的利润是 235.00 美元，回报率为

精明投资者的诀窍

当一个下跌推动浪正在形成时，前期摆动高位是比较合适的保护性止损点。从艾略特波浪的角度看，这些极点倾向于是第 2 浪或第 4 浪的极点。

3.38%。它似乎不像一个引人注目的交易，但它还是盈利的，而且确实在 7 个交易日里获得了 3.38%的回报率。

请记住，我们从没有自信地确定，泰科尼公司在 2012 年 4 月的下跌是一个 C 浪下跌还是第 3 浪下跌。这个头寸在它能够回答问题之前已经被平仓了。如果没有平仓，我们可以继续依据走势图进行交易。

总体而言，这一交易向我们展示了波浪理论的魅力。

一个非常简单的问题也具有不可思议的力量。这个问题就是："我看到一个我认识的波浪了吗？"因为我能肯定地回答，我能够制订一个计划，而且这个计划最终被证明是有利可图的。

这次交易中，如果我早一些入场或者在泰科尼公司跌破 65.00 美元时再平仓，我是不是可以做得更好？我是不是正确追踪了我的保护性止损点，还是我太激进或者太保守了？

我的简单回答依然正确：交易方式，其实并没有对错之分，但你一定要有自己的方式。总之，这是一次有利可图的交易。

不过，在我们能够实施盈亏平衡止损之前的两个交易日里，这种交易很容易招致损失。

对澳元的双重锯齿形进行交易

在股票市场或者下面将要讨论的外汇交易市场中寻找当前的主要趋势，是一种在相当长的时间里会感觉可以更自信地驾驭交易的可靠方法。图 2.16 给出了一个使用澳元价格走势图的案例。

分析价格走势图

2008 年 4 月初，澳元从 2 月的高位下跌到 3 月的低位，这明显是一个三浪运动（图 2.16）。进一步观察，下跌过程中每一个单独的浪都可以细分为 3 个更小的浪。因此，这一结构为双重锯齿形，而不是单一锯齿形。它可以被标记为（W）-（X）-（Y）。其中，（W）和（Y）是 3 浪锯齿形，被标记为 A-B-C。调整浪（X）也包含 3 个浪。

这一调整浪形态可以证明，澳元的主要趋势仍然是向上的，3 月上涨将继续，并将超过 2 月的高位 0.9366。

制订交易计划

基于双重锯齿形的解释，我的交易计划是，以 0.9180 的价格买入 2008 年 6 月的澳元期货，初始保护性止损点设定为 0.9080（如图 2.17 所示）。此外，预期价格上涨的目标价位是 0.9430。在这一价位，浪 3 等于浪 1 的 1.618 倍。2008 年 4 月 7 日，市场是多头行情，收盘价是当日的高位。事实上，连续 4 天是多头行情了。交易计划应该立即执行。

这里重要的一点是，尽管我将 2008 年 3 月的上涨标记为 1-2，这并不意味着它们实际上就是浪 1 和浪 2。请记住，唯一能够确定数

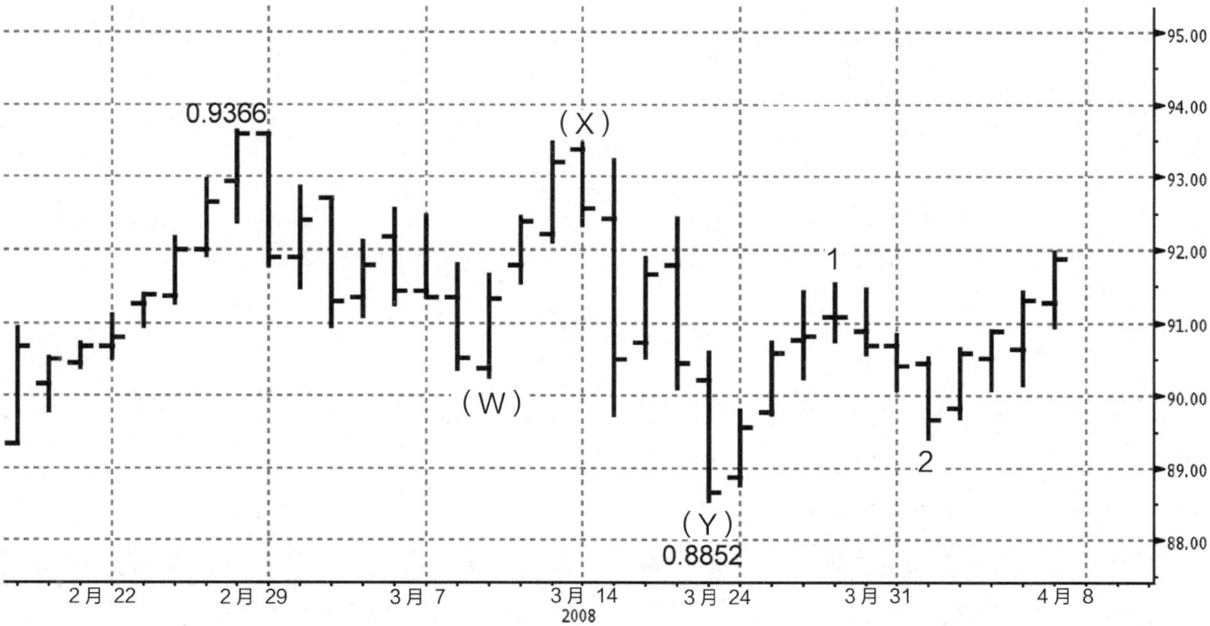

图 2.16 澳元日走势图

注：该图经允许后转载自彭博。Copyright 2013 彭博。版权所有。

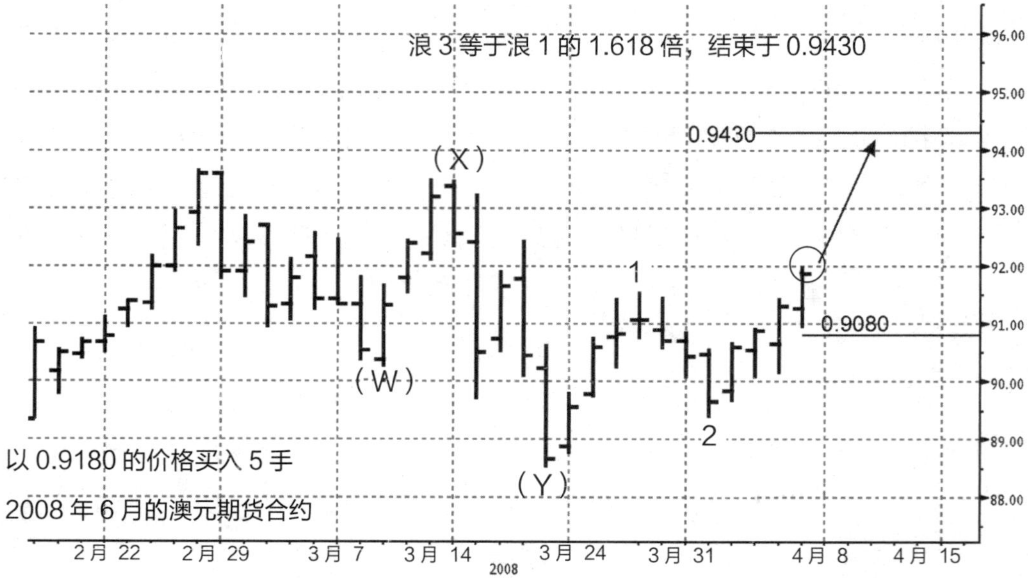

图 2.17 澳元日走势图

注：该图经允许后转载自彭博。Copyright 2013 彭博。版权所有。

浪正确性的是价格运动。在波浪形态形成之前，即便是最佳的标记方法，不管它的可能性有多高，最后也可能被证明是错误的标记。例如，将 2008 年 3 月的上涨标记为高一浪级的平台形或复杂联合形中的 A-B-C 结构也是可能的。

然而，在某一时点，不论对错，你不得不估计概率，评估风险回报比，遵守你的资金管理规则，最后进行交易。

管理交易

建仓之后的几天里，澳元攀升到 0.9267 的高位（如图 2.18 所示）。尽管上涨支持了我的看涨预期，但价格还没有上涨到足够让我上调或者收紧保护性止损点。因此，最初的保护性止损点仍然是 0.9080。

价格运动似乎产生了低一浪级浪 3 的极点 0.9267（如图 2.19 所示）。接下来的几天里，澳元下降 140 点（外汇期货合约报价的最小变动单位是 0.0001，为 1 点。——译者注）至 0.9127。2 天下降 1.51% 是一个过得去的价格运动，它初步支撑了我对 3 月上涨后的看跌观点。但在 140 点的下跌之后，我并没有采用对 4 月 14 日看跌的评估。当天的收盘价是 0.9166，它是 6 月期货合约的基准。

这条信息单独看起来似乎并不重要。但结合当天的高位 0.9192 和低位 0.9127，我看到收

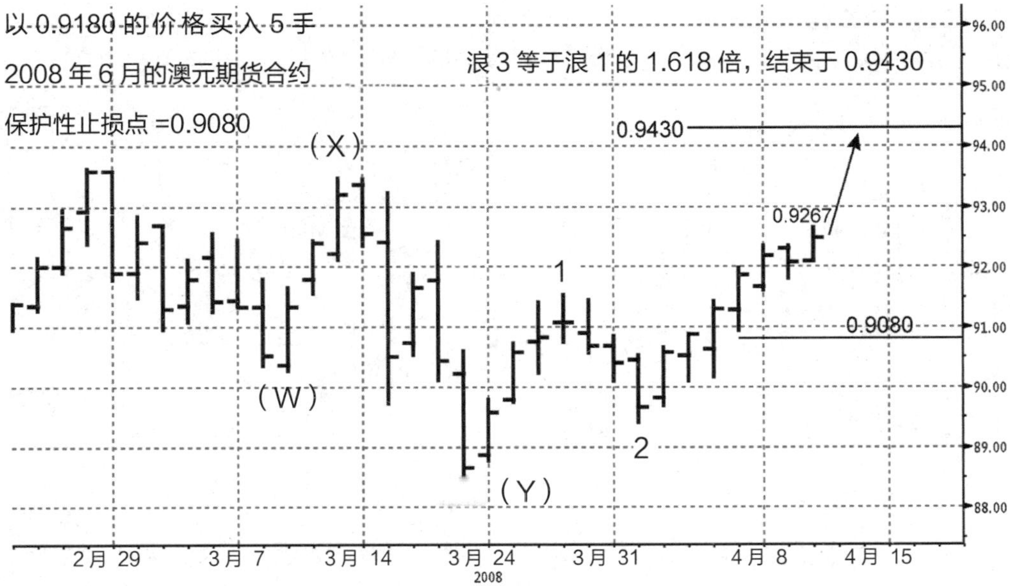

图 2.18 澳元日走势图

注：该图经允许后转载自彭博。Copyright 2013 彭博。版权所有。

盘价回撤了当天交易范围的50%以上。如果4月14日的市场确实是看跌行情，那么收盘价将最有可能位于交易范围底部的20%甚至是10%，而不是50%以上。

4月16日，之前的单一价格线分析被证明是正确的，澳元上涨到0.9334。为了应对不够惊奇的上涨，我将保护性止损点上调到0.9170（如图2.20所示）。交易风险变成10点或者每手合约100美元（每手期货合约的金额为100 000美元。——译者注）。

在4月21日价格强势收于0.9359后，我再次将保护性止损点上调到0.9230，并在这个头寸锁定了一小部分利润（如图2.21所示）。

接下来的几天里，澳元实现了0.9430的

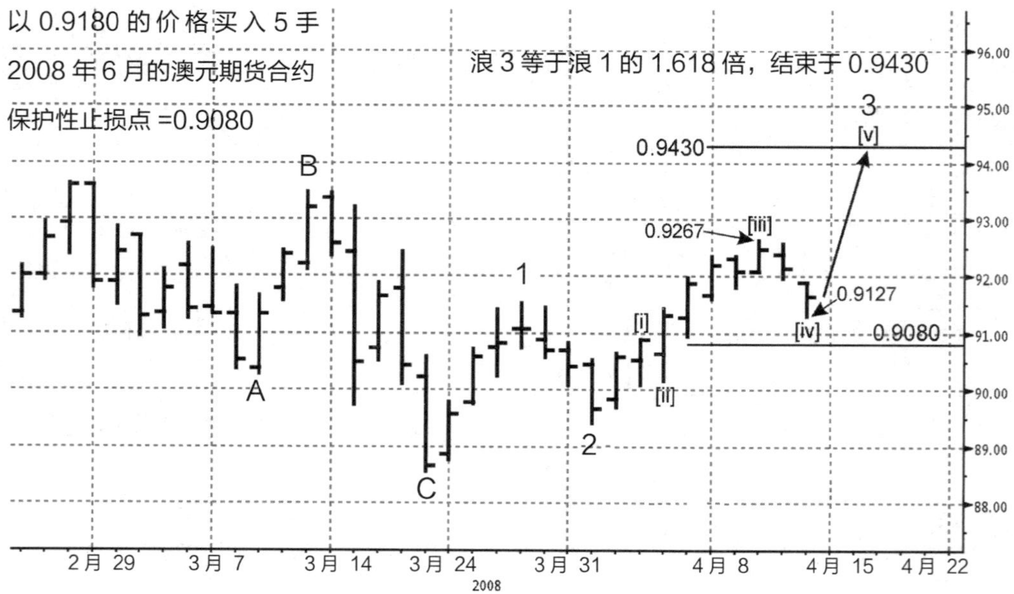

图2.19 澳元日走势图

注：该图经允许后转载自彭博。Copyright 2013 彭博。版权所有。

目标。4 月 24 日，我以 0.9354 的价格平仓，每手合约获利 1 740.00 美元。利润 =（0.9354 − 0.9180）× 100 000 = 1 740.00 美元（如图 2.22 所示）。澳元达到 0.9354 的目标的当日，收盘价是 0.9432，交易范围的中点是 0.9435。此外，如果澳元的多头仍强力控制市场，4 月 23 日将有可能实现一个高得多的收盘价。

在这次交易中，我们可以发现，比较有趣的两点是：单一价格线分析的重要性和不同时间价格走势图的缺失。

如果你还没有执行过单一价格线分析和多价格线分析，我强烈建议你开始那样做。理解开盘价、最高价、最低价和收盘价之间的关系，这是技术分析一个不可分割的部分。

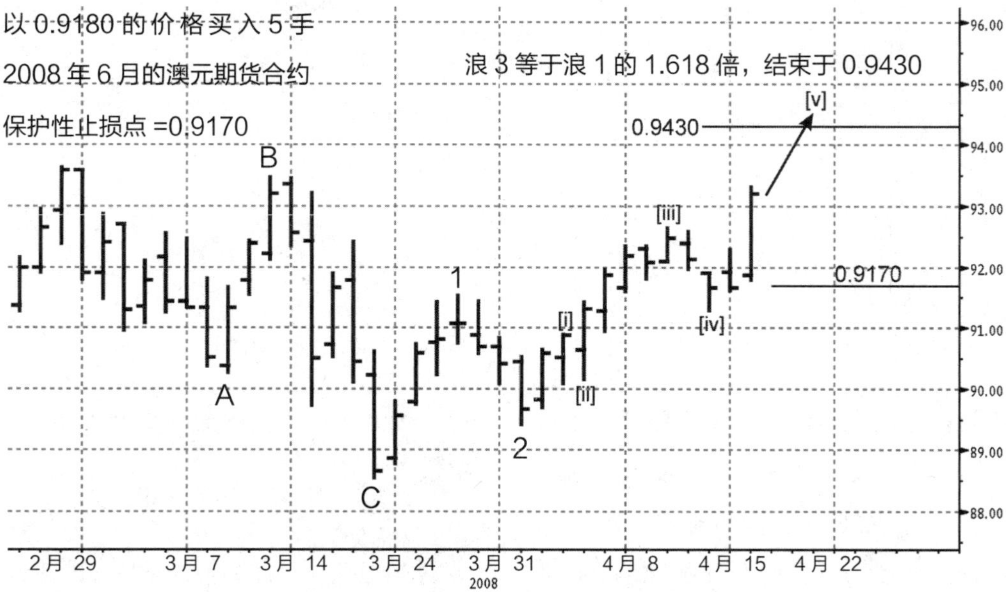

图 2.20 澳元日走势图

注：该图经允许后转载自彭博。

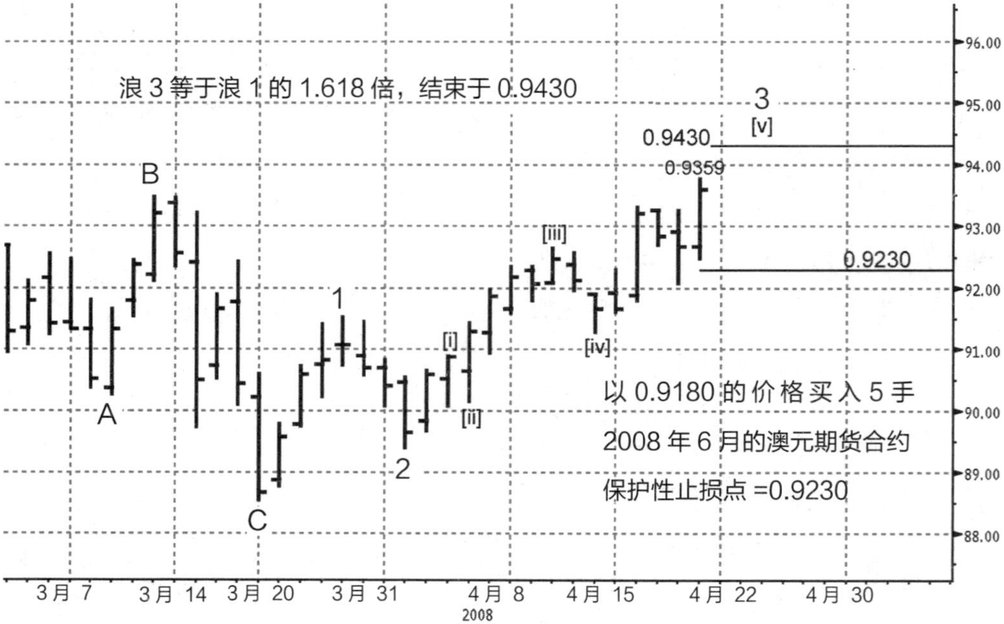

图 2.21 澳元日走势图

注：该图经允许后转载自彭博。Copyright 2013 彭博。版权所有。

我认为在这次交易中没有必要参考盘中价格走势图和长期价格走势图，因为日走势图上的波浪形态自始至终都非常清晰。即便如此，我还是建议你在运用波浪形态时考察多个时间范围。用周价格走势图来确定趋势，用日价格走势图来识别波浪形态，用盘中价格走势图来

精明投资者的诀窍

用周价格走势图来确定趋势，用日价格走势图来识别波浪形态，用盘中价格走势图来巧妙地处理交易中入场点和出场点的问题。

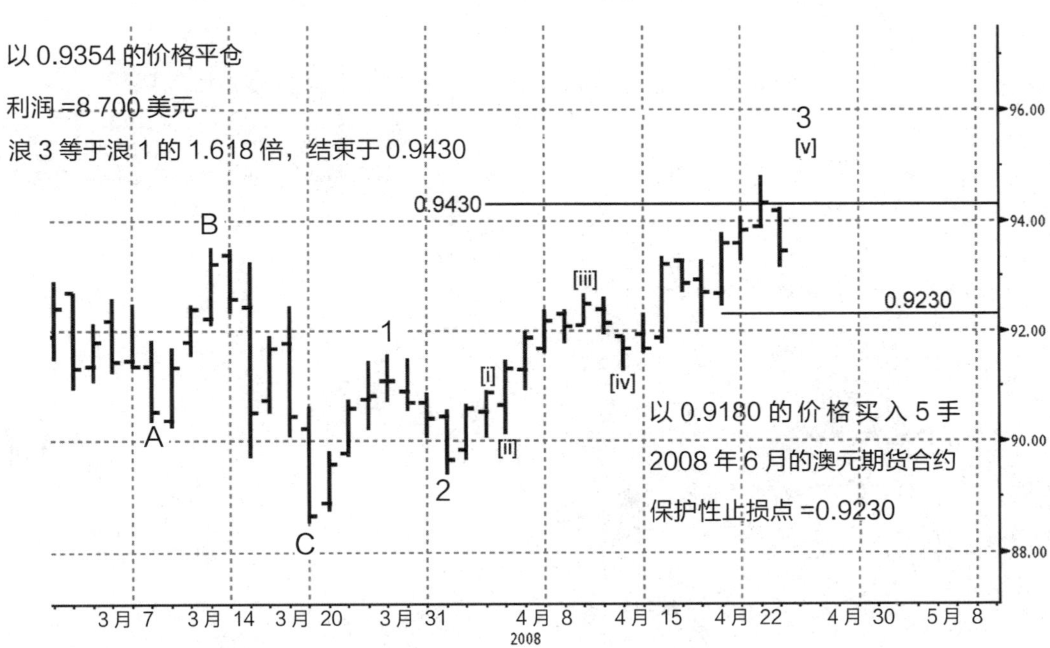

图 2.22 澳元日走势图

注：该图经允许后转载自彭博。Copyright 2013 彭博。版权所有。

巧妙地处理交易中入场点和出场点的问题。

对白银的锯齿形进行交易

在这一部分，我将描述我在 1998 到 2002 年以交易为生时做过的几笔白银交易。我订阅艾略特波浪国际公司的出版物已有 10 年以上了，因此在做艾略特波浪分析时感觉非常舒服。这一白银价格走势图来自 1998 年 1 月的艾略特波浪国际公司，它指出了一次白银看涨的机会（图 2.23），因为这个正在形成的波浪形态最适合解释为推动浪。正如你将看到的那样，我能够从白银的锯齿形中获得信息帮助我完成这次交易。

精明投资者的诀窍

在白银走势图中，价格是用每盎司多少美分表示，而不是用每盎司多少美元表示。将任意数字除以 100，你就能够得到可能更加熟悉的美元数字。

分析价格走势图

从 1998 年 1 月 29 日的收盘价看，推动浪的浪 5 似乎还在进行中。当时，我看好白银并且计划在第 5 浪上涨时买入，因此这张走势图正好给了我继续进行这个交易计划的信心。在走势图的底部，你可以看到 10 个交易日的每日情绪指数（10-Day Daily Sentiment Index，简称 10-DSI），这是我用来寻找极端市场情绪的指标。（我们将在第 6 章讨论与其他指标一起使用的艾略特波浪分析的情况。）

在建仓之前，我倾向于首先看大图。2 月 2 日，我采用白银期货的每月连续图（如图 2.24 所示）。

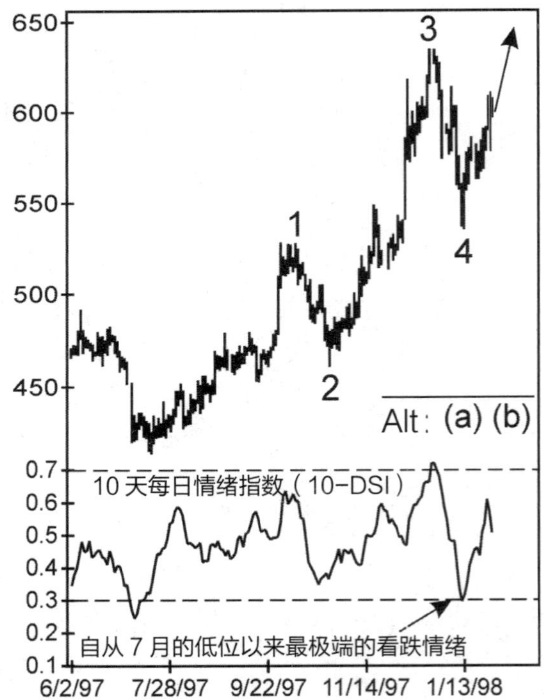

图 2.23　白银日走势图

来源：《艾略特波浪理论家》（*The Elliott Wave Theorist*），1998 年 2 月；DSI courtesy www.tradefutures.com

2 月 2 日，我计划交易 1998 年 3 月白银期货合约，当日收盘价 625.0 美分。在更长的时间内，白银似乎表现为一个双重 3 浪调整浪：浪 [W] 是一个（A）-（B）-（C）结构的锯齿形，浪 [X] 是一个（A）-（B）-（C）结构的平台形，浪 [Y] 是一个（A）-（B）-（C）结构的扩散平台形。

重要的信息是，在浪 [Y] 中，浪（C）仍呈现一个推动浪形态（如图 2.24 所示）。其中，浪（C）的浪 5 处于初始阶段。由于我在寻找一些潜在的目标点，我注意到浪 [Y] 等于浪 [W]。浪 [Y] 结束于 649.0 美分，与当日的收盘价 625 美分相距不远。

那个时候，白银是不稳定的，一个只有 24 点的目标区域作用不大。接下来，我检查了走势图中的斐波那契关系。在浪 [Y] 中，浪（C）等于浪（A）的 1.618 倍，并结束于 720.5 美分。这个计算过程让我将 720.5 美分作为一个可能的目标价格，它将是浪 [Y] 浪（C）的浪 5 终点。

然后，我在白银期货的每日连续图中观察浪（C）推动浪。通过一些艾略特波浪分析，我想确定更多有关浪 5 终点的目标价格。我想看看浪 5 已经前进了多少，也想看看是否有进一步上涨的可能性。

关键点

在扩散平台形中，浪（C）等于浪（A）的长度的 1.618 倍是很常见的。

定义

斐波那契扩展或者斐波那契倍数是浪 1 至浪 3 的净距离与浪 5 长度之间的关系。

我首先连接浪 2 和浪 4 的终点，画了一条趋势线，然后通过浪 3 的终点画了一条平行线（如图 2.25 所示）。通过使用斐波那契扩展指南，我计算出浪 1 至浪 3 的净距离，将其乘以 0.618，再将这一乘积加到浪 4 的终点之上。这个计算过程得出了浪 5 终点的估计价格为 677.5 美分。如果浪 5 没有迅速上涨，677.5 美分将落在趋势通道中间的某个位置。因此，我决定将 677.5 美分作为一个合适的短期目标，将 720.5

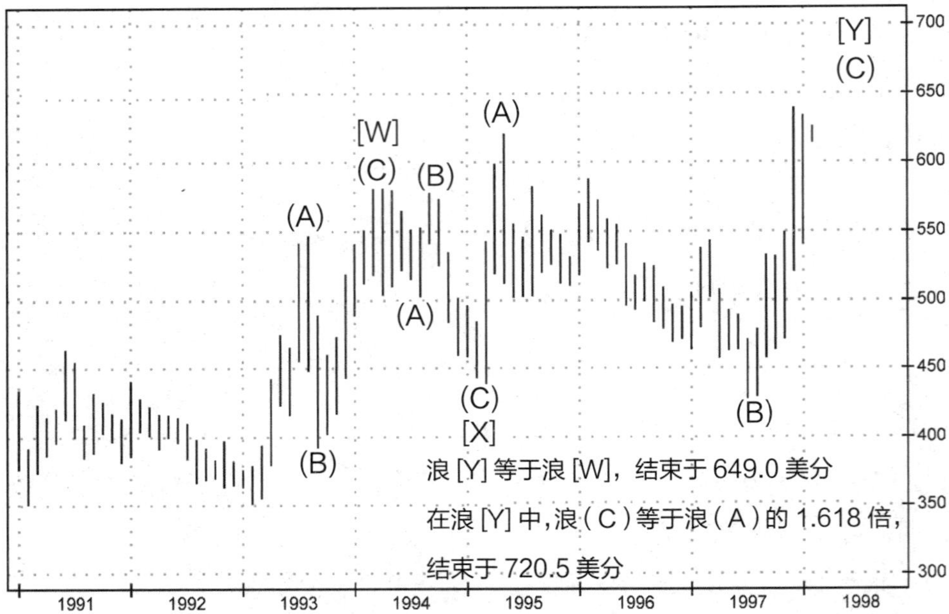

图 2.24　纽约商品交易所白银期货月走势图

来源：Data courtesy TradeNavigator.com

美分作为一个合适的长期目标。

制订交易计划

接下来，要确定入场点和出场点。我经常使用 15 分钟价格走势图（如图 2.26 所示）确定入场点和出场点。当时，我密切注意 2 月 3 日的价格运动，想要买入白银，但还没有建仓。

我不能完全确定浪 5 内部的数浪正确与否，但我认为浪 5 没有结束，因为白银仍然没有达到可能的目标价格 677.5 美分或者 720.5 美分。从 1 月 30 日的低位开始，我识别了一个低一浪级的上涨推动浪（图 2.26）。紧随其后

图 2.25 纽约商品交易所白银期货日走势图

来源：Data courtesy TradeNavigator.com

的是一个已经完成的锯齿形，这一结构似乎是浪 5 的一部分。这时候，白银的价格是 650.0 美分，交易价格在 635.0 美分左右。

锯齿形是一种调整浪形态，它仅仅会中断主要趋势。这里的主要趋势是上涨的。因此，在锯齿形完成后，白银的下一次价格运动似乎是另一个上涨推动浪，并仍然在浪 5 之内。

如果有证据表明推动浪的浪(v)已经结束，这是很重要的信息。接下来的下跌运动将是一个调整浪（锯齿形），随后是另一个更高价格水平的推动浪。换句话说，这是一个交易机会。

是的，这样的证据出现了。推动浪很好地

图 2.26　1998 年 3 月（场内交易），纽约商品交易所白银期货 15 分钟走势图

来源：Data courtesy TradeNavigator.com

遵循了它的趋势通道，其中浪（v）达到了通道的上趋势线。在比这个高位仅仅多 3 美分的 653.0 美分价位上，浪（v）等于浪（i）至浪（iii）的净距离乘以斐波那契倍数 0.618（如图 2.27 所示）。

还有更多的支持性证据。如图 2.28 所示，如果浪（v）已经结束于 650.0 美分，那么浪（iv）的终点将把推动浪整个价格范围划分成 2 个相等的部分。

这是一种在完成的推动浪中的斐波那契关系，或者叫斐波那契价格分割。更为常见的是，第 4 浪将整个价格范围划分为黄金分割。

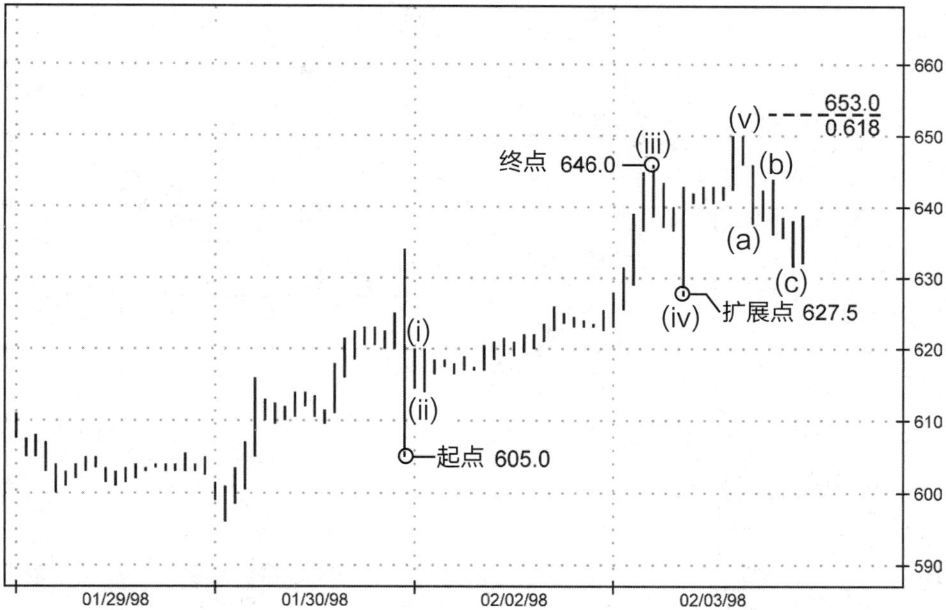

图 2.27 1998 年 3 月（场内交易），纽约商品交易所白银期货 15 分钟走势图

来源：Data courtesy TradeNavigator.com

其他证据同样也支持这种观点，15 分钟走势图中的锯齿形已经完成。如图 2.29 所示，这个锯齿形很好地遵循了自己的价格通道，对前面的推动浪回撤了近 0.382。此外，浪（c）几乎到达了通道的下趋势线。

此外，图 2.30 向我们展示了，浪（c）等

定义

黄金分割是指浪 4 的起点或终点经常将推动浪划分为黄金分割（0.618 和 0.382）或者两个相等的部分。这种关系称为斐波那契价格分割。

图 2.28 1998 年 3 月（场内交易），纽约商品交易所白银期货 15 分钟走势图

来源：Data courtesy TradeNavigator.com

于浪（a），并结束于 631.5 美分。到目前为止，这一价位是锯齿形的低位。

观察图 2.29 的走势图，白银价格似乎突破了锯齿形通道的上趋势线，不过幅度不大。即便如此，这也清晰地表明锯齿形已经完成，下一个上涨推动浪已经开始，买入白银的时机

关键点

对锯齿形的浪 C，最常见的长度关系是浪 C 等于浪 A。

图 2.29　1998 年 3 月（场内交易），纽约商品交易所白银期货 15 分钟走势图

来源：Data courtesy TradeNavigator.com

到了。我给我的经纪人打电话，准备下达指令买入白银。但在我的经纪人接起电话之前，下面这条消息突然出现了：

“伯克希尔·哈撒韦公司的沃伦·巴菲特在 1997 年 7 月到 1998 年 1 月买入了 129.7 百万盎司的白银。”

图 2.31 给出了我在这条新闻之后看到的价格运动。

它以火箭般的速度飙升到了 663.0 美分的高位，并收于 661.5 美分。通常，这种类型的爆发发生在价格运动的尾声，而不是中间或开始。我思考着：“现在我该做什么？继续买入，

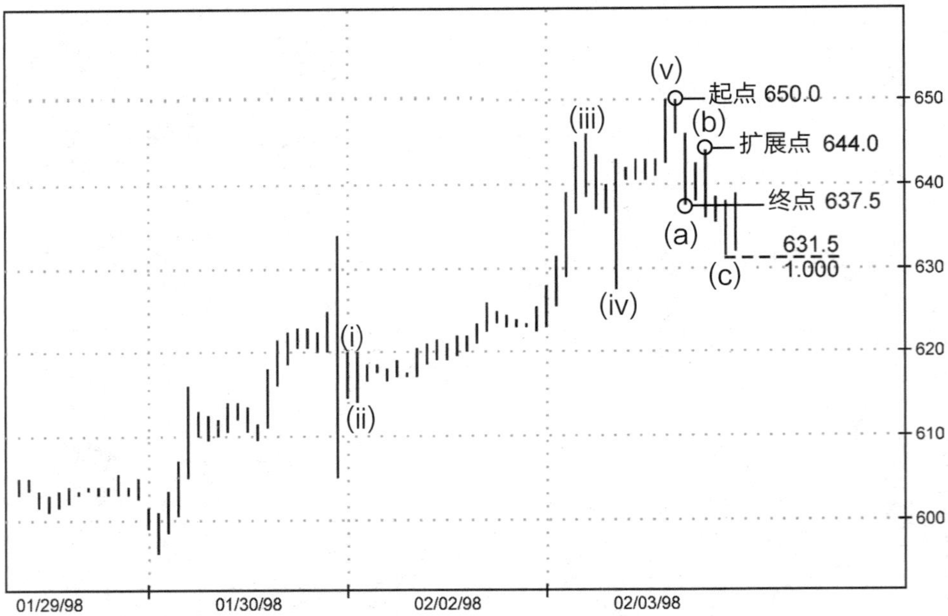

图 2.30 1998 年 3 月（场内交易），纽约商品交易所白银期货 15 分钟走势图

来源：Data courtesy TradeNavigator.com

即便每个人都因为巴菲特买入而涌入市场？”

一方面，巴菲特买入的新闻打乱了我的整个策略，我不想随大流。另一方面，我的艾略特波浪分析告诉我白银将上涨得更高，不论有没有因为新闻而跟进的买方。我的难题出现了：我应该与大家的做法相反，退出这个市场，还是应该坚持我的策略而不管这条新闻？无论如何，如果我将要买入，我是等待回撤再买入，还是现在进入市场？

回顾过去，一旦识别出锯齿形的浪（a）和浪（b），我就应该画出趋势通道，而不是等待浪（c）完成。在这条新闻宣布之前，我就

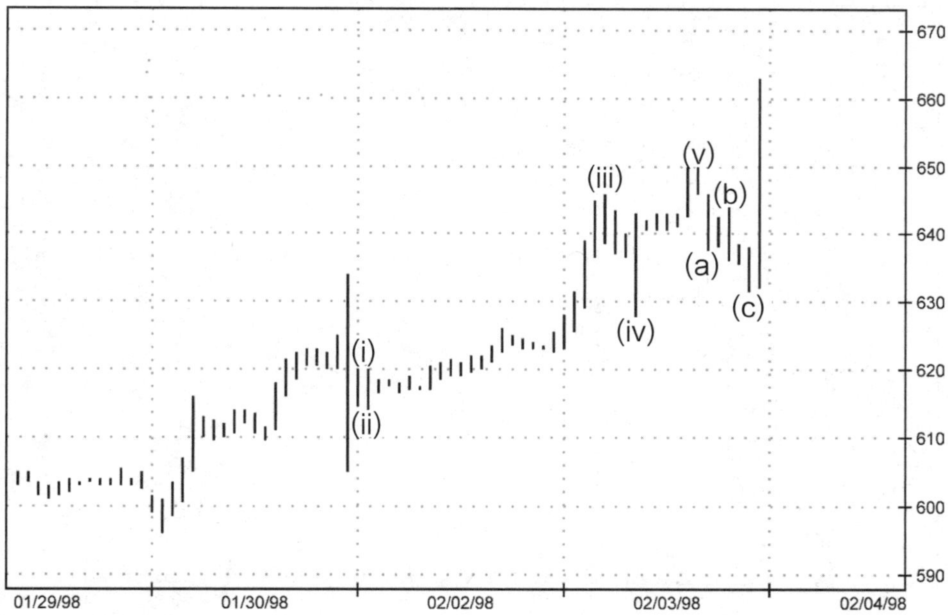

图 2.31　1998 年 3 月（场内交易），纽约商品交易所白银期货 15 分钟走势图

来源：Data courtesy TradeNavigator.com

应该对我的经纪人下达指令：当价格突破通道的上趋势线时，买入白银。同时，我可以设定保护性止损点。尽管这是一个快速变化的市场，我仍然可以实现交易。

2 月 3 日收盘时，白银的日走势图是下面的样子（如图 2.32 所示）。

你可以看到白银收于 677.5 美分，接近通道的上趋势线。然而，请记住，还有另外一个目标价格 720.5 美分。在这一价位上，浪（c）等于浪（a）长度的 1.618 倍。我的结论是，白银可能已经接近牛市的结尾，它仍将有很大的上涨空间。也许，这条新闻正是价格正在接近

图 2.32 纽约商品交易所白银期货 15 分钟走势图

来源：Data courtesy TradeNavigator.com

顶点的预兆，但价格还没有到达顶点。我仍然计划第 2 天买入。这里的关键是，我坚持一个更高的目标价格 720.5 美分的分析，而不是将这条新闻作为与大众做法相反的指标，至少不是现在退出市场。

图 2.33 展示了 2 月 4 日开盘发生的情况。

它跳高开盘了！在盘整前，价格达到了 684.0 美分的高位。我决定等待回撤，它可能回补这个价格缺口。但 1 个半小时过去了，仍然没有回撤。这种盘整运动似乎更像一个调整浪结构，而不是一个新的下跌趋势。因此，我以 678.5 美分的价格买入 10 手 3 月合约。

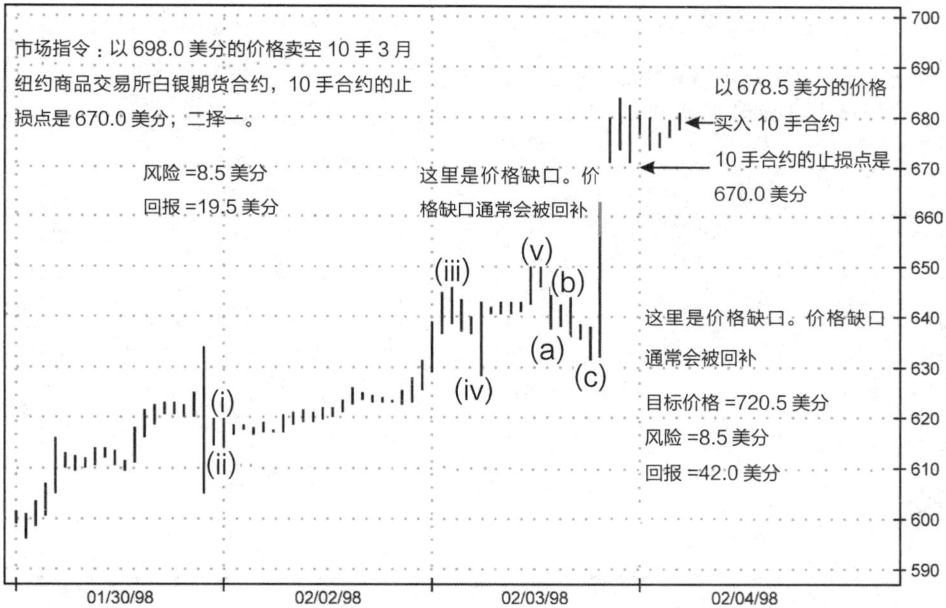

图 2.33 1998 年 3 月（场内交易），纽约商品交易所白银期货 15 分钟走势图

来源：Data courtesy TradeNavigator.com

我计划交易 40 手合约，不断在不同的价位进行小额加仓。我的目标价格是 720.5 美分。我将止损点设定在 670.0 美分，这一价位正好处在价格缺口的终点 671.0 美分之下。我认定，如果价格跌到 671.0 美分之下，空头可能使价格下跌到缺口开始的 663.0 美分。

管理交易

最初，我的风险回报比大约是 5 ：1，42 美分的回报对 8.5 美分的风险。但通过下面的做法改变了风险回报状态：以 698.0 美分的价格卖空 10 手合约，止损点是 670.0 美分（二择一）。我经常使用这种策略：同时采用设定

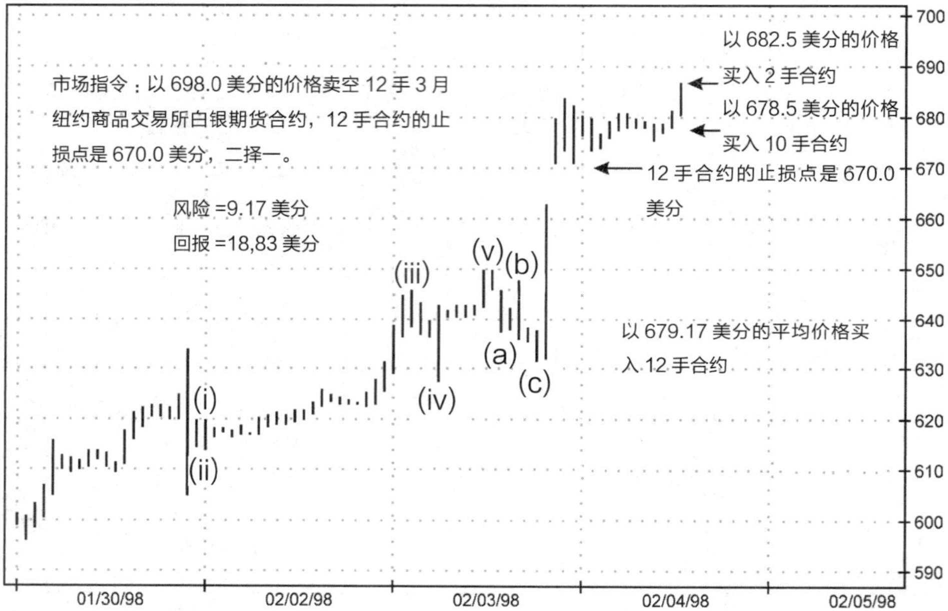

图 2.34　1998 年 3 月（场内交易），纽约商品交易所白银期货 15 分钟走势图

来源：Data courtesy TradeNavigator.com

保护性止损点和获取利润的指令，尤其当我对持仓过夜感到不舒服时。为什么我选择 698.0 美分的价位？好吧，在那个时候，尽管我完全信奉艾略特波浪分析，我还是会遭受一些市场神话之苦，我必须把这些市场神话从我的交易灵魂中给净化掉。其中一个神话是，当市场达到一个新的较大的整数时，这些整数有时被称为“把手”，市场通常会遭受阻力，然后价格开始从那里回撤。相反，如果是一个下跌趋势，当出现新的较大的整数时，支撑线就会出现。正如我们接下来将要看到的，这个神话让我损失了一些额外的利润。在这种情况下，价格将

从6美元的价格范围上升到7美元的价格范围。我的目标价格之一是7.20美元，我预计白银不会很快超过7美元，至少不是现在。同时，我不想加仓，尤其当我们可能遇到回撤时。

如图2.34所示，白银上涨到更高的价位。

当白银达到687.0美分的高位时，我认定价格不会回撤了，因为它有足够的时间去回补价格缺口，但一直没有回补。因此，我以682.5美分的价格买入2手3月的合约。也就是说，我以679.17美分的平均价格买入了12手合约。由于市场继续走高，我上调了止损点。

说到牛市，白银正好突破了700.0美分。

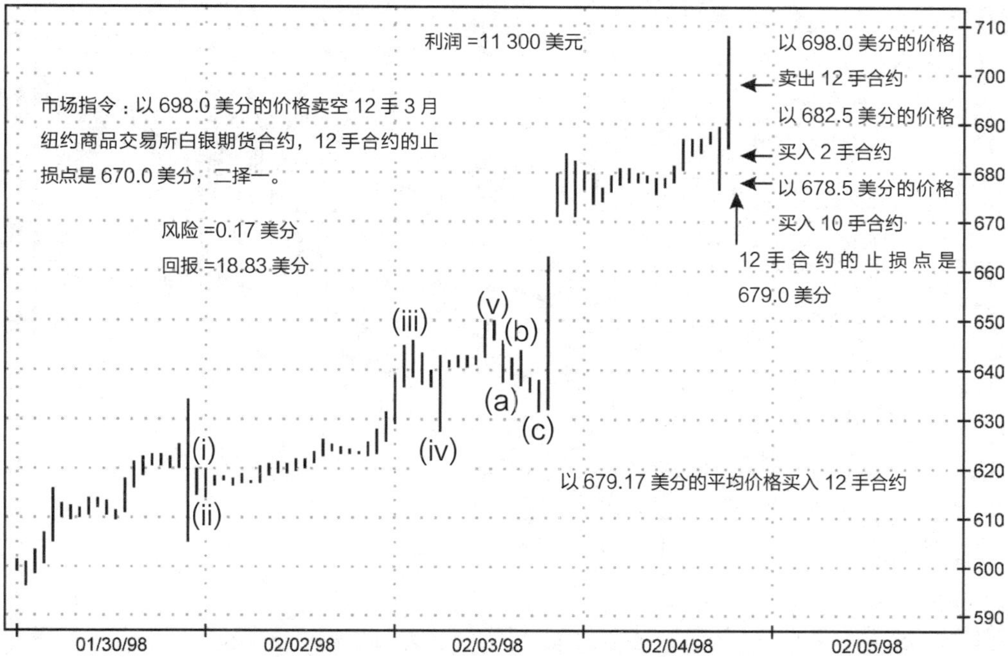

图2.35　1998年3月（场内交易），纽约商品交易所白银期货15分钟走势图

来源：Data courtesy TradeNavigator.com

新的较大的整数一般会有很大的阻力！

它上涨到了708.0美分的高位。我无疑低估了市场走高的势头，至少当天最后一个小时是这样的。无论如何，我的市场指令都能在698.0美分的价位变现，利润11 300美元（1手合约是5 000盎司白银）（如图2.35所示）。

图2.36展示了白银推动浪的余波。浪5发生了翻越。2月5日，3月合约达到了740.0美分，比我的目标价格720.5美分高出20美分。

随后，白银走势开始反转，并且跌破了通道的下趋势线。白银一路下跌到2001年的401.5美分。

图2.36 纽约商品交易所白银期货日走势图

来源：Data courtesy TradeNavigator.com

学到的交易教训：绝大多数交易员会对新闻作出反应，但如果他们能够研究波浪形态并且完全忽略新闻，他们的情况会更好。因为值得注意的事件通常滞后于市场趋势，而不是领先于市场趋势。沃伦·巴菲特买入白银的新闻不是预示着白银会出现一个新的牛市，而仅仅预示着当前的牛市临近结束。白银未来价格路径的最佳信息来自艾略特波浪理论，因为它有描述群体心理和金融趋势真正驱动因素的方法。羊群行为会导致价格运动具有形态。如果你理解这种形态，你就能够预测市场。

提到锯齿形交易机会：交易机会就在那里，但我行动太晚了，没能很好地利用它。由于这条新闻的影响，短暂的延迟使我损失了一大笔收入。我责怪自己执行力太差，而不是沃伦·巴菲特的新闻。如果不是确信新闻之后人们会产生群体心理，我也许不能在那些白银交易中赚到钱。

艾略特波浪分析为我提供了一份有效的白银价格线路图。在沃伦·巴菲特的新闻出现之后，我没有像其他人那样陷入抢购狂潮，而是使用波浪分析估计白银价格在大的反转之前能够上涨多少。换言之，艾略特分析帮助我预测出第 5 浪能够给人带来欢快情感的程度。在白银达到顶点之后的很长一段时间内，许多交易员还在持仓，最终被迫以较低的价格出场，这无疑是很糟糕的消息。

联合形，理想坠入噩梦只在一念间

通过阅读 A.J. 弗罗斯特和罗伯特·普莱切特撰写的《艾略特波浪理论》，你可能知道调整浪有 3 种形态，这些形态和它们的变体能够对交易产生挑战。写到这里，我们已经使用了简单的调整浪形态，展示了艾略特波浪分析怎样帮助建立交易。但调整浪形态更加复杂了，结果会是怎么样的呢？我们将这种复杂的调整浪形态称为联合形，它们能够将一个交易员的理想状态变成一场噩梦。在这里，我们将使用罗布斯塔咖啡（Robusta Coffee）从 1998 年到 2006 年的月走势图，并基于最近的期货合约展示如何处理这种类型的波浪形态，以及如何利用它们（图 2.37）。

分析价格走势图

罗布斯塔咖啡在纽约泛欧交易所进行交易，

最小价格变动单位是 1.00 美元 / 吨，单位交易规模（或者合约规模）是 5 吨。换句话说，最小价位值是 5.00 美元。我选择月走势图来展示交易员怎样对联合形进行交易。我们将对当前 2006 年 1 月的价格线进行交易。在日走势图上，现在是 1 月 19 日。建仓之前，我们首先观察大图形，然后研究低一浪级图形，发现能够支持数浪正确性的证据。

最好的做法是，在一个重要的低位或者高位，寻找我们能够识别的波浪形态。在这张图中，我们可以从 2001 年底重要的低位 345 点开始计数。一个已经完成的大浪 [1] 推动浪，

图 2.37　罗布斯塔咖啡月走势图

来源：Data courtesy TradeNavigator.com

随后是一个已经完成的双重锯齿形大浪 [2]。现在，价格处在大浪 [3]。在大浪 [3] 中，罗布斯塔咖啡已经完成了中浪（1）和中浪（2），现在进入了中浪（3）。此时，大概是这样子的。在备选的数浪中，我们可以将价格运动标记为大浪 [A]、大浪 [B] 和大浪 [C]。

让我们看看周走势图（如图 2.38 所示）。

中浪（2）是一个 A-B-C 结构的锯齿形，价格运动到了大浪 [3] 的中浪（3）。我已经能够标记小浪 1 和小浪 2 了。我看到小浪 1 是 5 浪上涨形态，随后的小浪 2 是扩散平台形。现在，看上去中浪（3）的小浪 3 已经开始了。

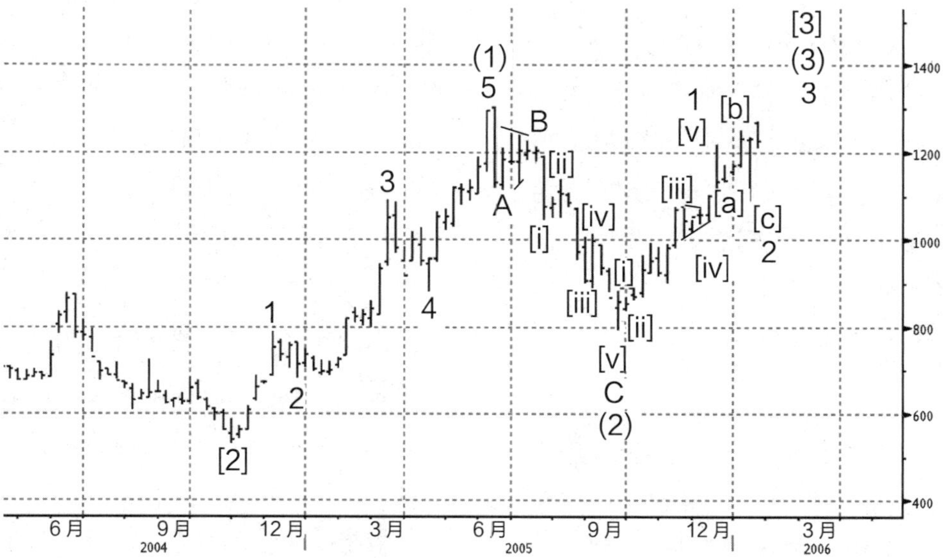

图 2.38 罗布斯塔咖啡周走势图

注：该图经允许后转载自彭博。Copyright 2013 彭博。版权所有。

所有的数浪意味着什么呢？如果波浪标记是正确的，那么在锯齿形调整浪之后的下一个价格运动，应该是第 3 浪的第 3 浪的第 3 浪。它将是一个强有力的运动，而且罗布斯塔咖啡将从这一水平开始爆发。还有一个原因，扩散平台形经常出现在一个强有力的价格运动之前。我们预期价格将有一个大幅度的上涨运动，我们将买入。买入前，让我们把中浪（2）和中浪（3）的区域放大，并进一步研究，确保我们的数浪是正确的。

在图 2.39 中，中浪（2）的特写镜头显示出，它的确是一个 A-B-C 结构的锯齿形波浪。观察它的细分部分浪：浪 A 是一个推动浪，浪 B 是一个收缩三角形，浪 C 是一个推动浪。现在，让我们观察中浪（3）的小浪 1，确定它是一个推动浪（如图 2.40 所示）。

在小浪 1 中，我们看到一个清晰的 5 浪上涨，这形成了一个推动浪。我已经标记了微浪 [i]、微浪 [ii]、微浪 [iii]、微浪 [iv] 和微浪 [v]。我甚至能够识别微浪 [iii] 的细分部分，也发现微浪 [iv] 是一个三角形。我们可以看到，浪 2 是一个 [a]-[b]-[c] 结构的扩散平台形。下面的说法可能有点延伸：可能有一个微浪 [i]，它是小浪 3 的开端；微浪 [ii] 可能是一个奔走平台形。因为我没有看到足够的价格运动以确信这个观点，我在这张图上标了一个问号。无论如何，这张图似乎是艾略特主义者做梦都想要得到的，第 3 浪的第 3 浪的第 3 浪的第 3 浪。天啊！

制订交易计划

如果对这张走势图进行交易，我们将在最近的 1 月 19 日价格线上买入。价格线的范围是 1 247 点到 1 210 点。在理想情况下，我们将在价格范围的中点 1 229 点买入。把我们的保护性止损点设置在价格回撤小浪 3 的微浪 [1] 的 0.618 是合适的。小浪 3 的微浪 [1] 从 1 090 点上涨到 1 233 点，将这一距离乘以 0.618，得到一个接近于 1 145 点的价位。

因此，我们将止损点设定为低一个价格变动单位的 1 144 点。如果价格超过这一点，证明我们的数浪是无效的，也将使我们对成功的机会产生怀疑。

最佳做法是，将止损点设定为刚刚高于数浪无效的点。在低一浪级波浪上，这一点是微浪 [i] 的起点 1 090 点。然而，艾略特波浪分析

关键点

我们建仓之前，首先观察大图形，然后研究低一浪级图形，发现能够支持数浪正确性的证据。这样的过程是有益的。

精明投资者的诀窍

最佳做法是，将止损点设定为刚刚高于数浪无效的点。

精明投资者的诀窍

当分析风险回报比时，绝大多数交易员都喜欢可能的回报与风险的比率为 3:1 或者更高。

设定的止损点，是波浪结构和个人风险承受能力的函数。将止损点设定于 1 090 点之下，一些人可能会产生无法承受的损失。在这个案例中，交易员应该选择一个他们更舒适的价位。

为了建立小浪 3 的目标价格，我们将小浪 1 的长度乘以 1.618。我们可以基于高一浪级的第 3 浪设定一个更长期的目标价格。由于一路上会遭遇一些调整浪，我们想在回撤前平仓，然后在更好的价位入场，使我们的收益最大化。一次牛市的净上涨幅度（或者一次熊市的净下跌幅度）绝不会跟所有个股的上涨幅度的总和（或者所有个股的下跌幅度的总和）一样大。

小浪 1 从 795 点的低位上涨到 1 220 点的高位。两个价位的差额 425 点乘以 1.618 等于 688 点。我们将 688 点加到浪 2 的浪 [c] 终点 1 090 点（小浪 3 的起点），得到目标价格 1 778 点。

在价格运动的初始阶段，估计浪 3 的终点是很困难的。我们可以应用几种不同的倍数关系。对推动浪，最强的斐波那契预测属于浪 4（起点或者终点）划分推动浪的方式，前提是浪 1 或者浪 3 都没有延伸。例如，浪 5 经常等于浪 1 至浪 3 净距离的某种斐波那契比率，浪 4 的终点经常将整个推动浪划分成黄金分割（0.618 和 0.382）。因此，关键是要密切关注第 3 浪的次级浪，并且运用斐波那契关系。我们的潜在风险是 85 点，潜在回报是 549 点，因此风险

图 2.39 罗布斯塔咖啡日走势图

来源：Data courtesy TradeNavigator.com

回报比大约是 6:1。

图 2.41 展示了 3 月 15 日的走势图。

管理交易

市场没有上涨，而是下跌到 1 088 点。我的交易在 1 144 点止损出场，损失 85 点。这次交易明显没有按照我们计划的方式进行。它最初似乎是一件毫无疑问的事，一件“无须用脑的事”。显然，事实并不是这样。数浪仍然可能是（1）-（2），1-2。在这里，小浪 2 随着时间的推移表现为一个扩散平台形，但我们最初预期的数浪需要在延伸浪中有一个瞬间的加

图 2.40 罗布斯塔咖啡日走势图

来源：Data courtesy TradeNavigator.com

速上涨。在另一种情形下，一个延续时间更长的小浪 2 扩散平台形将表现为：首先是浪 2 的浪 A，随后浪 B 达到一个新的高位，接着浪 C 下跌到 1 088 点。然而，在平台形中，浪 A 通常不是平台形。

是否存在警告信号，表明 1 月 19 日不是在市场中买入的最佳时机？让我们回头看看图 2.38。是的，还有浪（2）没有结束的信号。浪（2）的斜坡比浪（1）更陡。通常，第 2 浪的斜坡比第 1 浪的更缓。我们的多次 1-2 的数浪暗示着延伸的中浪（3）和延伸的大浪 [3]。延伸浪通常比高一浪级未延伸的浪要长，但中浪

图 2.41 罗布斯塔咖啡日走势图

(3) 的小浪 1 比中浪 (1) 要短。

无论如何，现在重要的是，在给定最近价格运动的情况下，重新评定最佳的数浪。

让我们再看看图 2.42 中的周走势图。

从 1 306 点的高位开始，价格以 3 浪下跌的形态运动到 795，随后的 3 浪上涨至 1 308 点。基于前面走势图中内部的数浪，两个 3 浪结构看上去都是锯齿形。在 1 308 点之后，我们看

关键点

许多时候，趋势走向的判断是正确的，但时机不对。这需要耐心和坚持。有时，在我认为时机正确之前两三倍的时间内，我就应该对一种情形进行交易。

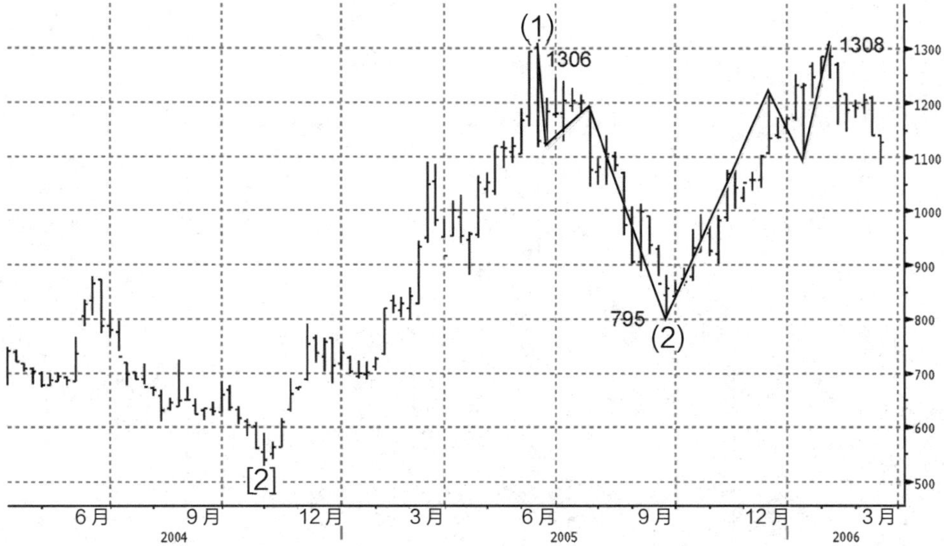

图 2.42 罗布斯塔咖啡周走势图

注：该图经允许后转载自彭博。Copyright 2013 彭博。版权所有。

到价格开始下跌，打破了前面的上涨趋势。图 2.43 展示了一种更好的数浪。

浪 (2) 可能呈现一个 3-3-5 结构的平台形。其中，浪 A 和浪 B 是锯齿形。在浪 B 中，微浪 [c] 可能是一个终结倾斜三角形。如果是这样的话，可以合理预期浪 C 将是 5 浪下跌，将结束于 795 点附近。这意味着卖空浪 C 下跌的时机到了吗？不，现在最好是什么也不做，只需等待，因为还有其他可能的数浪。我们必须关注价格运动，看看形态能否成为图 2.44 所示的双重三浪联合形（W-X-Y）。

如果浪 W 和浪 X 是锯齿形，那么浪 Y 将是平台形或者三角形。浪 Y 不可能是锯齿形，因为在一个双锯齿形中，浪 X 不可能超过浪 W 的起点。让我们看看前几天市场上发生了什么。

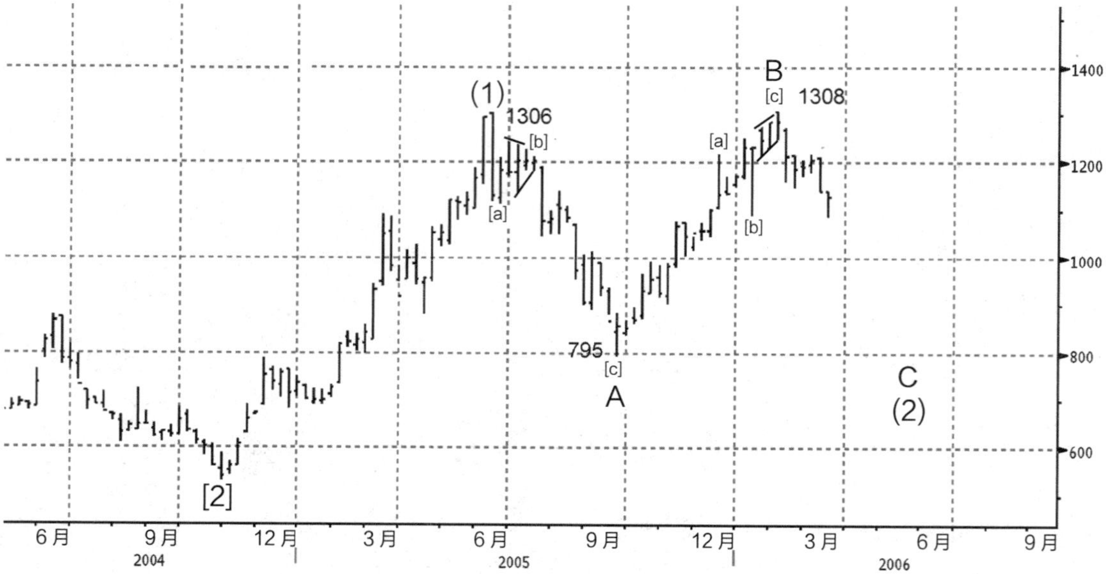

图 2.43 罗布斯塔咖啡周走势图

注：该图经允许后转载自彭博。Copyright 2013 彭博。版权所有。

现在是 6 月 2 日，市场似乎哪儿也不去。它在振荡徘徊（如图 2.45 所示）。

问题来了：从 1 306 点的高位开始，浪（2）还是图 2.43 中的平台形吗？这值得怀疑，因为从 1 308 点的高位开始，浪 C 没有呈现一个清晰的 5 浪下跌运动，而仅仅是 3 浪下跌。更重要的是，在平台形中，浪 C 的坡度通常比浪 A 更陡。这样的话，如果浪 C 是有效的，它的坡度将比浪 A 的更陡。最可能的情况是，浪(2)是一个双重三浪联合形。其中，浪 Y 是一个 3-3-5 结构的平台形，或者 3-3-3-3-3 结构的三角形。如果浪 Y 被证明是一个平台形，价格

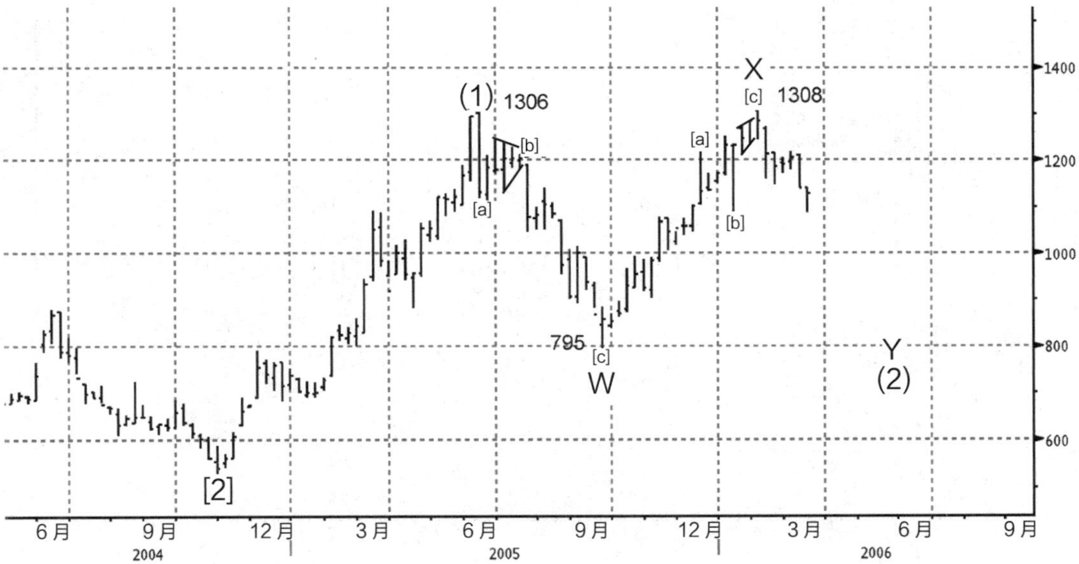

图 2.44 罗布斯塔咖啡周走势图

注：该图经允许后转载自彭博。Copyright 2013 彭博。版权所有。

将一路上涨到 1 308 点附近（也许会更高），然后以一个 5 浪结构下跌。

另一种可能是，浪 Y 形成一个三角形。图 2.46 展示了日价格走势图的特写镜头。

我们可以看到一系列的 3 浪结构，这可能形成三角形的浪 [a]、浪 [b]、浪 [c] 和浪 [d]。图 2.47 展示了三角形更详细的波浪标记。

我们没有交易，还要等一段时间，看看价格会是什么形态。我们知道，在一个收缩三角形中，浪 E 绝不会超过浪 C 的终点。在这里，我们将有很大的可能性获利，仅仅冒很小的风险：我们可以等到浪 [e] 形成，然后买入股票，

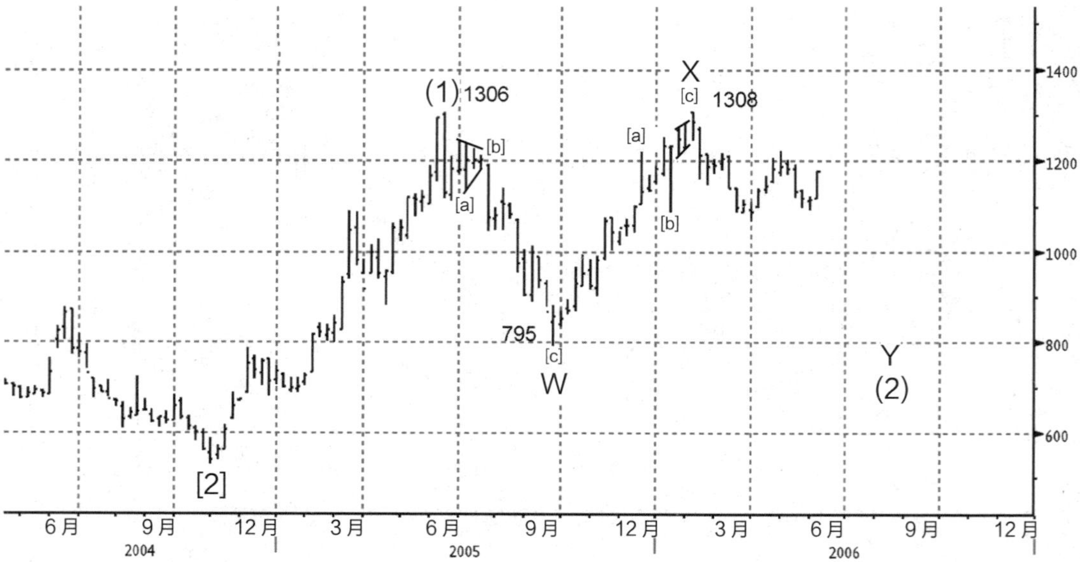

图 2.45　罗布斯塔咖啡周走势图

注：该图经允许后转载自彭博。Copyright 2013 彭博。版权所有。

并将保护性止损点设定为比浪 [c] 的低位 1 095 点低一个价格变动单位的价位。对这次交易计划的想法是，我们预期中浪（3）的起点将是一个三角形冲击。这将给我们一个很大的潜在回报，潜在风险却很小。

图 2.48 中，价格运动到了 6 月 7 日。

最近的下跌运动可能是浪 [e]，它是三角形的最后一浪。如果是这样，下一个主要的运动将是上涨。如果浪 Y 呈现一个平台形而不是三角形，我们应该怎么做呢？如果是那样的话，价格仍将以平台形中浪 B 的形态上涨，并结束于浪 X 的高位 1 308 点。

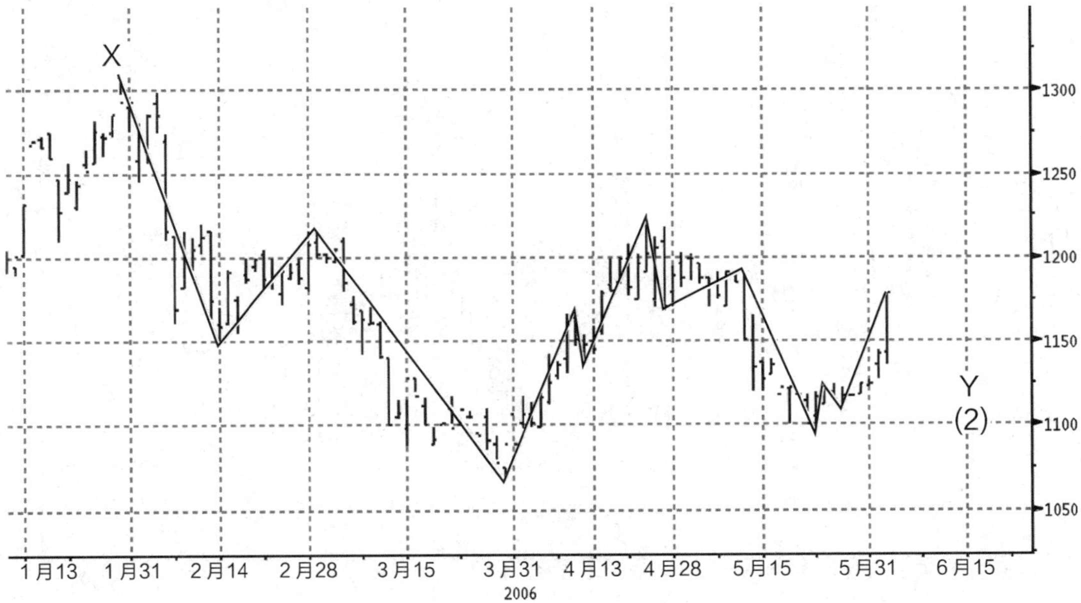

图 2.46 罗布斯塔咖啡日走势图

注：该图经允许后转载自彭博。Copyright 2013 彭博。版权所有。

因此，我们将在 1 136 ～ 1 113 点的价格范围买入。假设我们能够在价格范围的中点 1 125 点建仓。我们将止损点设定为比浪 [c] 低位低一个价格变动单位的 1 094 点。对我们的目标价格，我们将它设定为比浪 X 的高位高一个价格变动单位的 1 309 点。在任何一种情形下，不论是平台形浪 Y 还是浪（3）以三角形冲击开始，我们都将得到同一目标价格。我的潜在风险是 31 点，潜在回报是 184 点。风险回报比差不多是 6:1。

另一种可行的保守策略是，在价格突破 [b]-[d] 趋势线后买入。考虑到三角形冲击非常

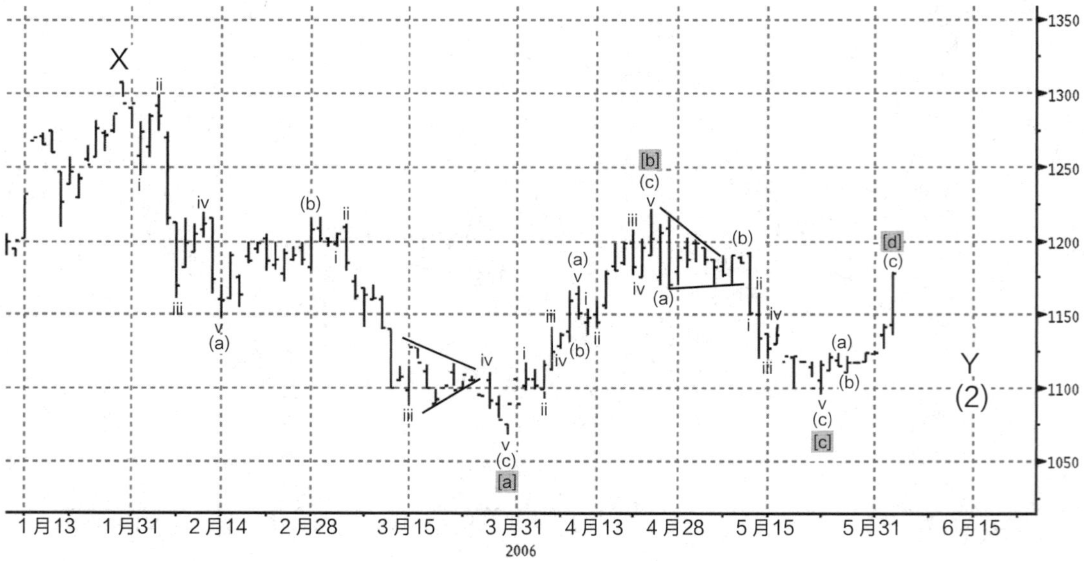

图 2.47　罗布斯塔咖啡日走势图

注：该图经允许后转载自彭博。Copyright 2013 彭博。版权所有。

迅速，最好提前给经纪人（或者电子交易平台）下达指令，当价格穿过 [b]-[d] 趋势线几个价格变动单位时买入。

让我们快进到 6 月 28 日，看看这笔交易的情况（如图 2.49 所示）。

价格突破 [b]-[d] 趋势线，表明三角形的

精明投资者的诀窍

最有利的情形是，我们首选的数浪和备选的数浪都预示同一个方向的价格运动。

图 2.48 罗布斯塔咖啡日走势图

注：该图经允许后转载自彭博。Copyright 2013 彭博。版权所有。

结束和浪（3）上涨趋势的重新开始。但还有更多工作要做。我们仍然需要确定浪 [e] 的终点，将止损点上调到比浪 [e] 终点低一个价格变动单位的价位。如果三角形结束，价格不会下跌到浪 [e] 之下。确定浪 [e] 的终点，还可以帮助我们精确地数出浪(3)中第一个推动浪。

因此，我们将止损点设定为比 1 123 点低一个价格变动单位的价位，并将 1 123 点作为下一个上涨推动浪的起点。一个更加保守的止损点是稍低于 [b]-[d] 趋势线的价位。注意：你不必等到价格突破 [b]-[d] 趋势线才开始交易。这完全取决于你自己的风险承受能力。

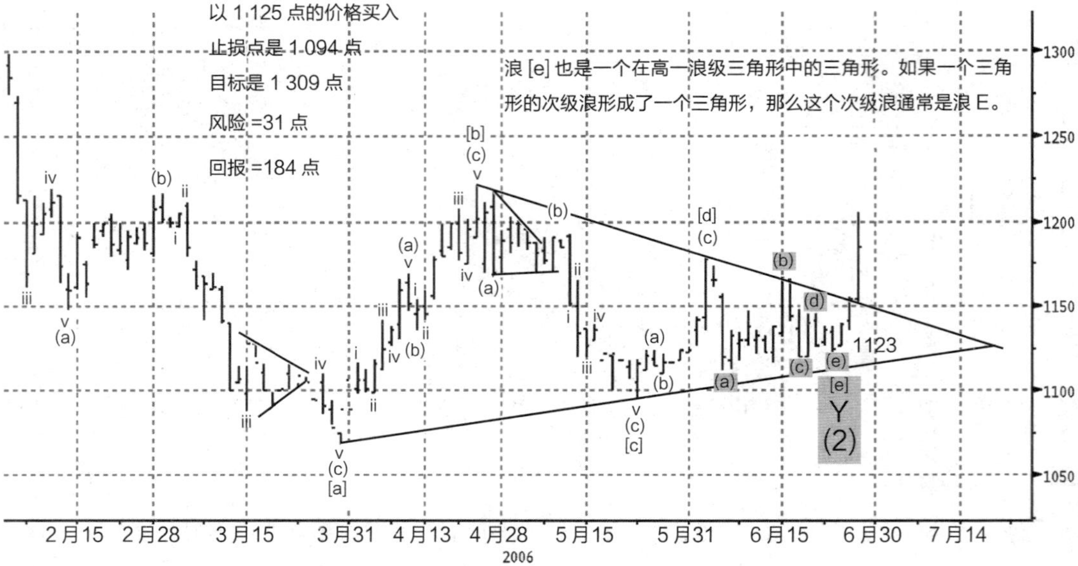

图 2.49　罗布斯塔咖啡日走势图

注：该图经允许后转载自彭博。Copyright 2013 彭博。版权所有。

让我们前进到 7 月 7 日，看看发生了什么（如图 2.50 所示）。

价格出现了一个上涨缺口，并产生了一个漂亮的三角形突破。现在对这一形态的数浪是：中浪（3）的小浪 1 的微浪 [i]、微浪 [ii]、微浪 [iii]、微浪 [iv] 和微浪 [v]。高位是 1 327 点。价格可能会上涨得更高，但考虑到价格远远超过了目标，并且现在已经有了 5 浪上涨，因此在 1 250 ~ 1 327 点的价格范围内平仓。价格范围的中点是 1 289 点，这将产生 164 点的利润。

随后，小浪 2 将回撤，这给了我们以低于 1 289 点的价格再次买入的机会。

图 2.50　罗布斯塔咖啡日走势图

图 2.51 展示了 9 月 8 日的大图像。

三角形浪 Y 之后是一个已完成中浪（3）的推动浪。在中浪（3）内，小浪 2 出现了一个大幅度的回撤，结束于 1 149 点。

总而言之，一旦我们识别出多个 3 浪结构，我们可以将整个调整浪标记为一个联合形。这帮助我们缩小可能的交易情形。它让我们持续关注期望中的主要价格运动。通过把价格运动标记为联合形，我们能够确定有效的止损点、入场点和目标。

你可以在专用的读者资源网站上学到更多。你会看到弗罗斯特和普莱切特撰写的《艾

图 2.51　罗布斯塔咖啡周走势图

注：该图经允许后转载自彭博。Copyright 2013 彭博。版权所有。

略特波浪理论》的免费网上版本，还有艾略特波浪分析方面的课程：当你在实战中应用波浪理论时，怎样利用具体的形态交易，以及怎样使用斐波那契和其他技术指标来增强你的信心。请访问：www.elliottwave.com/wave/ReaderResources。

本章测试题

1. 下面哪一个最能代表单一 A-B-C 结构？

（A）W-X-Y 结构

（B）W-X-Y-X-Z 结构

（C）X 浪

（D）锯齿形

2. 下面哪一个是对联合形中的三角形的正确表述？

（A）我们在三重三浪联合形的浪 Y 或浪 Z 中看到它们。

（B）我们在双重三浪联合形的浪 W 或浪 X 中看到它们。

（C）我们在双重三浪联合形的浪 Y 中看到它们。

（D）我们仅仅在浪 X 中看到它们。

3. 下面哪一个包含了大浪 [2] 的正统的终点？

（A）浪（W）

（B）三角形（Y）的浪 A

（C）三角形（Y）的浪 C

（D）以上都不是

4. 在白银交易的案例中，下面哪一个是锯齿形已经结束的强有力证据？

（A）锯齿形回撤前面的推动浪至少 38%。

本章测试题

(B) 锯齿形的形状是尖的。

(C) 沃伦·巴菲特基本上这么说。

(D) 白银突破锯齿形的趋势通道的上趋势线。

5. 判断对错：对锯齿形的浪 C，最常见的长度关系是，浪 C 等于浪 A 的长度乘以斐波那契倍数 0.618。

6. 在罗布斯塔咖啡交易的案例中，为什么我们排除了浪（2）是一个双锯齿形的可能性？

(A) 在双锯齿形中，浪 X 不能超过浪 W 的起点。

(B) 在第 2 浪中，浪 Y 总是三角形。

(C) 双重锯齿形的终点将超过浪（1）的起点。

(D) 第 2 浪通常是振荡的，而不是急剧的。

7. 判断对错：推动浪的第 5 浪总是结束于趋势通道之外。

答案：1.D 2.C 3.D 4.D 5. 错 6.A 7. 错

第 3 章 03

三角形怎样让你对下一次价格运动建仓

盘整型价格运动和收敛的趋势线经常预示着三角形波浪形态。

对黄金的三角形进行交易

让我们考察一个比较好的黄金（GCA）案例，看看怎样对三角形进行交易（如图 3.1 所示）。

2007 年底，黄金形成了一个收缩三角形。这个形态由 11 月和 12 月盘整型价格运动的波浪形态，以及两条分别连接浪 A 和浪 C、浪 B 和浪 D 收敛的趋势线形成。

正如第一章讨论的那样，这张走势图同样说明了对三角形进行交易的入场指南。指南建议，等待价格突破浪 D 的极点（案例中是 822.8 美元）后入场，然后将保护性止损点设定为浪 E 的极点（案例中是 788.1 美元）。

为了确保交易价格确实超过浪 D 的极点，我们将买入 5 手迷你黄金期货合约，入场指南设定在 825.0 美元，而不是 822.9 美元。指南设定在高于或低于某一重要价位的做法，是为了防止过早地建仓。

回想一下，三角形可能出现在浪 4、浪 B 或者浪 X 的位置。

因此，我们还可以将高一浪级的价格运动标记为 A-B-C 结构的调整浪。其中，浪 B 是

图 3.1　迷你黄金期货合约日走势图

注：该图经允许后转载自彭博。Copyright 2013 彭博。版权所有。

三角形。除非有更进一步的价格运动，否则图 3.2 中看跌的标记和图 3.1 中看涨的标记似乎都是合理的。

如果看跌的标记确实是黄金正在形成的波浪形态，那么我们可以对浪 B 和浪 E 的极点使用相同的入场指南。这个案例中，浪 B 和浪 D 的极点非常接近，最好在价格跌破 780.0 美元时入场，卖空 5 手迷你黄金期货合约。如果指南执行，保护性止损点是浪 E 的极点 811.4 美元——假定浪 E 已经结束了。

乍看一下，同时带着看涨和看跌的观点去分析一张走势图，似乎有些混乱或者弄巧成拙（如图 3.3 所示）。

恰恰相反，同时带着看涨和看跌的观点能

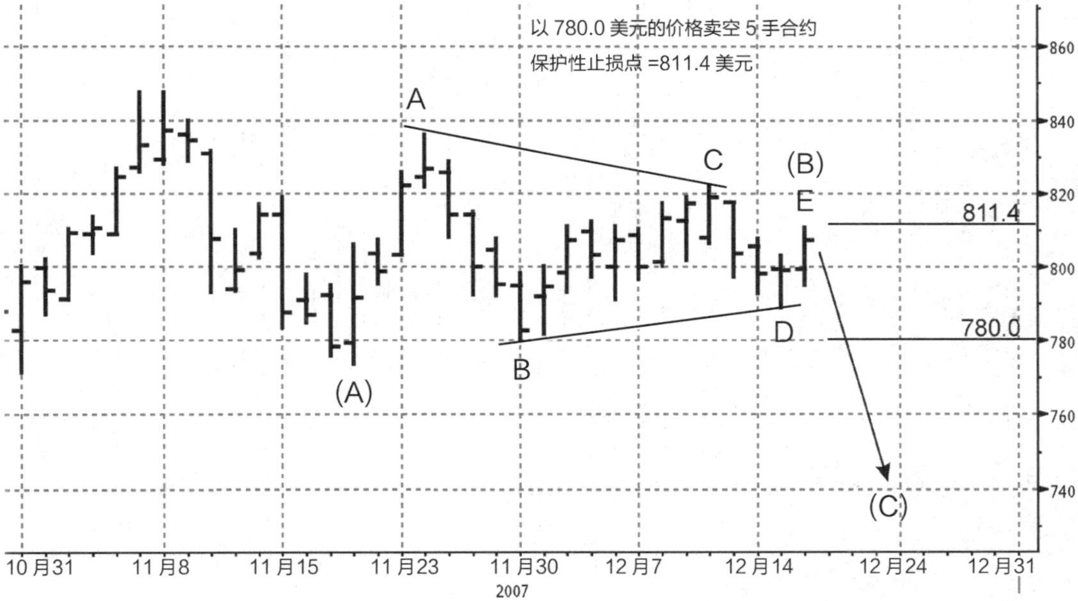

图 3.2　迷你黄金期货合约日走势图

注：该图经允许后转载自彭博。Copyright 2013 彭博。版权所有。

够使双重交易计划成为可能。如果价格上涨到 825.0 美元，我们看涨的交易计划将会执行，即买入 5 手迷你黄金期货合约。

相反，如果价格下跌到 780.0 美元，那么我们将卖空 5 手迷你黄金期货合约。

精明投资者的诀窍

指南设定在高于或低于某一重要价位的做法，是为了防止过早地建仓。

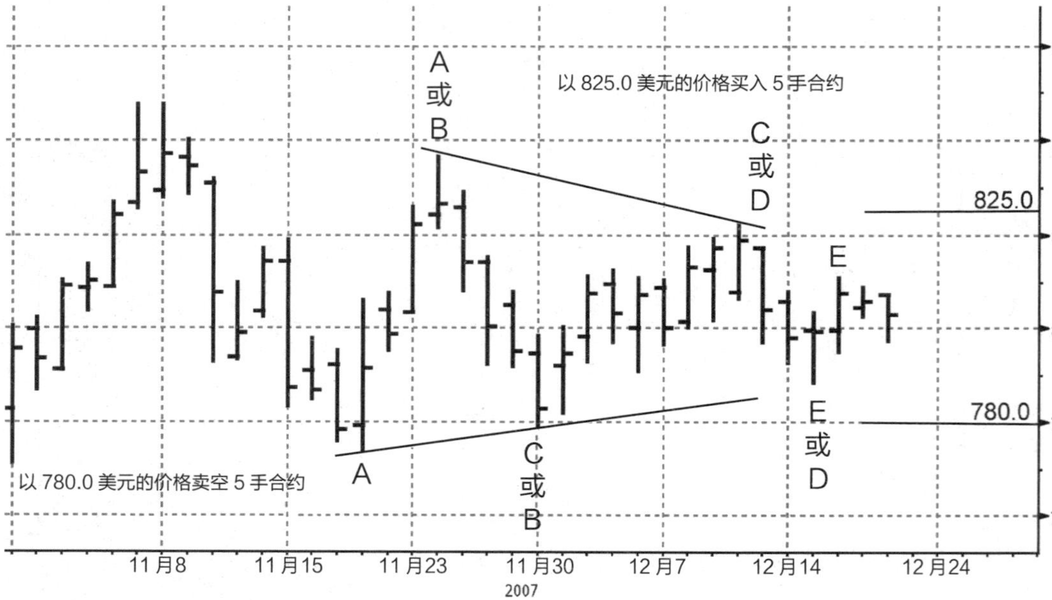

图 3.3 迷你黄金期货合约日走势图

注：该图经允许后转载自彭博。Copyright 2013 彭博。版权所有。

巴斯德氏杀菌法的发明者路易斯·巴斯德曾经说过："机会总是留给有准备的人。"我相信，同时拥有买方和卖方的交易计划能够让你成为有准备的人。能让你适应时刻变化的市场环境，让你能够利用金融市场提供的交易机会。

> **精明投资者的诀窍**
>
> 同时拥有买方和卖方的交易计划能够让你适应时刻变化的市场环境，让你能够利用金融市场提供的交易机会。

4 个交易日后，价格上涨并突破了 825.0

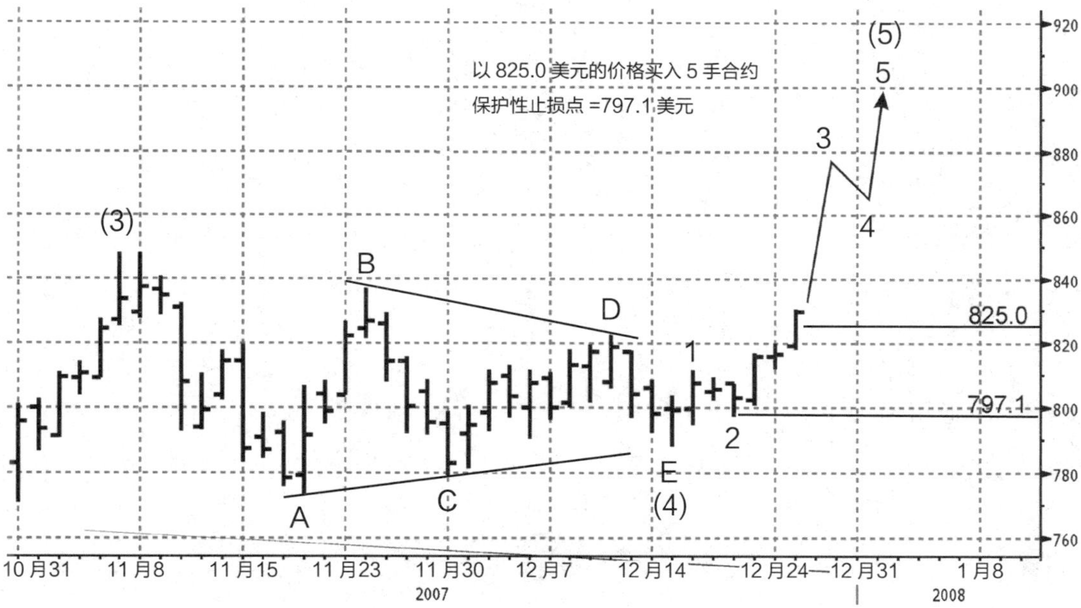

图 3.4 迷你黄金期货合约日走势图

注：该图经允许后转载自彭博。Copyright 2013 彭博。版权所有。

美元，我们的买方交易计划开始执行（如图 3.4 所示）。这种做法有多简单呢？我们要做的就是稳坐钓鱼台，静静等待市场自己露出真容，然后交易。这个案例正好展示了为什么我更喜欢“准备、瞄准、瞄准、瞄准……开火”的交易方法，而不是更有预测性的方法。此外，由于 12 月 20 日到 12 月 26 日发生的价格运动，为了降低风险，我们把保护性止损点从 788.1 美元上调至 797.1 美元。请记住，一旦建仓，交易员首要的责任是减少风险、消除风险，最后保护浮动盈利。

之后的几天里，黄金的上涨令人满意（如

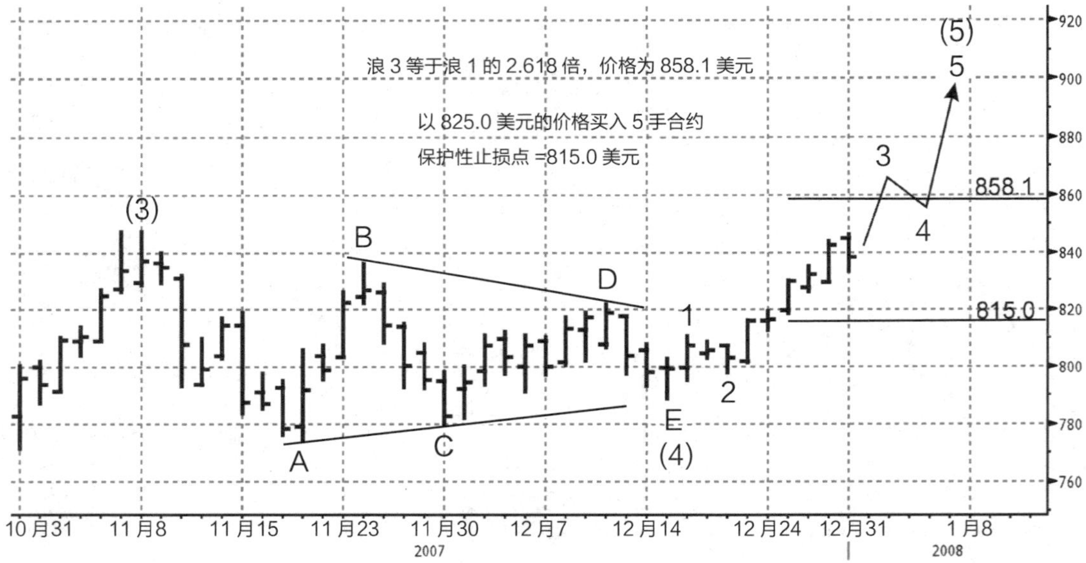

图 3.5　迷你黄金期货合约日走势图

注：该图经允许后转载自彭博。Copyright 2013 彭博。版权所有。

图 3.5 所示）。黄金以强劲的上涨势头突破了 834.8 美元（浪 3 等于浪 1 的 1.618 倍），我们现在可以看下一个斐波那契倍数 2.618 了。当浪 3 等于浪 1 的 2.618 倍时，价格为 858.1 美元。

由于市场上涨，我们上调保护性止损点，主动管理风险。在这种情况下，我们将黄金的保护性止损点上调至 815.0 美元。

1 月 2 日，价格达到第 3 个目标 858.1 美元（如图 3.6 所示）。为了对这一价格运动做出回应，我们将头寸的保护性止损点从 815.0 美元大幅提高到 845.0 美元。因为浪 3 已经到了浪 1 的 2.618 倍，上涨趋势可能受到限制，下

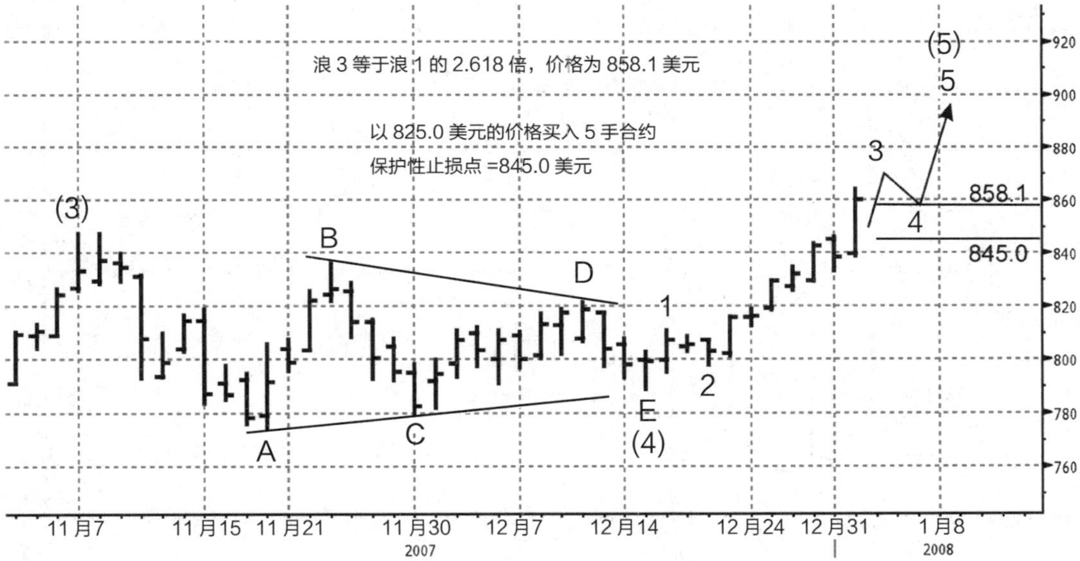

图 3.6　迷你黄金期货合约日走势图

注：该图经允许后转载自彭博。Copyright 2013 彭博。版权所有。

一个重大的价格运动是浪 4 下跌。因此，与其经受调整浪浪 4（这一调整浪可能幅度较大或者耗时较长），我们不如设定一个严格的止损，在这一头寸锁定一大笔利润。

根据第二天的盘中价格运动，似乎浪（5）的浪 3 已经结束于 872.9 美元。浪 3 完成后，下一个任务是为浪 4 确立一个目标。最常见的斐波那契回撤是，浪 4 等于浪 3 的 0.382，这意味着黄金将可能调整至 840.51 美元附近。因此，为了保护头寸的浮动盈利，应该将保护性止损点从 845.0 美元上调到 855.2 美元（如图 3.7 所示）。

图 3.7 迷你黄金期货合约日走势图

注：该图经允许后转载自彭博。Copyright 2013 彭博。版权所有。

然而，浪 4 结束于 843.0 美元，没有形成锯齿形或平台形，也没有证实斐波那契比率，而是形成了一个收缩三角形，并在接下来的一周内作盘整型运动（如图 3.8 所示）。

这个时刻，记住三角形最重要的特征很重要。它们总是出现在一个波浪序列的最后一次运动之前，并出现在浪 4、浪 B 或浪 X 的位置。黄金小三角形意味着上涨趋势将限定在浪 5，采取更加激进的风险管理方法的时机到了。因此，我们将保护性止损点上调至 860.0 美元，再上调至 875.0 美元（如图 3.9 所示）。

图 3.10 展示了接下来发生了什么。1 月 9

图 3.8 迷你黄金期货合约日走势图

注：该图经允许后转载自彭博。Copyright 2013 彭博。版权所有。

日，我们的黄金头寸止损出场，当时的黄金交易价格在 875.0 美元之下。结果如何？在 9 个交易日内，黄金上涨超过 6%，每手合约的利润高达 1 660.00 美元（一手迷你黄金期货合约价值 33.2 盎司黄金。——译者注）。

我最喜欢用这个交易案例来展示怎样在现实中运用波浪理论。首先，它阐明了简单问题不可思议的力量：你看到一个你认识的波浪形态了吗？正如我在第二章讨论泰科尼公司那样，我每次交易之前都会问这个问题。我们回顾这次黄金交易，请再看一下图 3.1，然后问自己，“我看到一个我认识的波浪形态了吗？”

图 3.9　迷你黄金期货合约日走势图

注：该图经允许后转载自彭博。Copyright 2013 彭博。版权所有。

我确信，你会同意收缩三角形是最明显的艾略特波浪形态，因为它是盘整型价格运动并且有收敛的趋势线。

最初，我们并不确定市场的走势。两种数浪同样可行，一种是看涨的，另一种是看跌的。即便如此，波浪理论还是帮助我们制订了双重交易计划，使我们做好了交易准备，而不论市

精明投资者的诀窍

即便存在两种同样可行的数浪（一种是看涨的，另一种是看跌的），波浪理论还是帮助我们制订了双重交易计划，这是其他技术分析根本没有提供的好处。

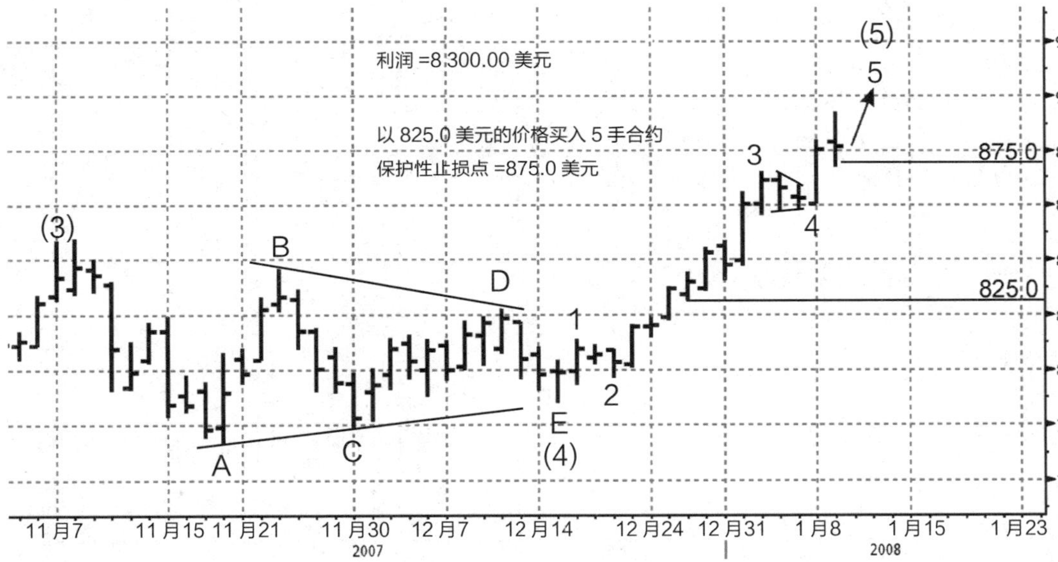

图 3.10 迷你黄金期货合约日走势图

注：该图经允许后转载自彭博。Copyright 2013 彭博。版权所有。

场的走势如何。其他绝大部分技术分析根本没有提供这样的好处。

对戴尔的三角形进行交易

推动浪浪 4 的三角形，为浪 5 进行交易提供了一个绝佳的机会。确定三角形的结束时间是一个挑战。让我们看一下 2008 年早期戴尔公司的案例，看看我们怎样对它进行交易。

图 3.11 展示了戴尔公司下跌的推动浪。

在这张从 3 月 26 日星期三上午开始的日走势图上，我们可以确定从 30.77 美元开始的推动浪的前 4 个浪。第 4 浪似乎是一个已经完成的收缩三角形。三角形总在高一浪级主要趋

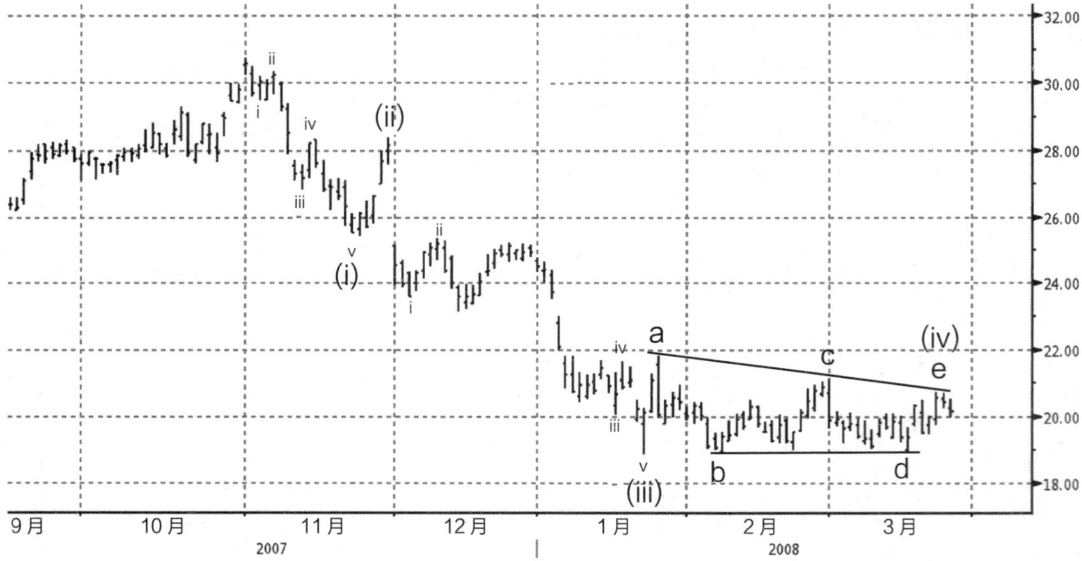

图 3.11　戴尔公司日走势图

注：该图经允许后转载自彭博。Copyright 2013 彭博。版权所有。

势最后一个次级浪之前出现。如果这个三角形完成了，我们可以预期浪（v）将从这里开始向下冲击。如果我们上午交易，我们将利用下跌的第 5 浪卖空戴尔。让我们看看如何使用后三角形冲击度量来对浪（v）估计一个目标价格。

将 a-c 和 b-d 趋势线向后延长至浪 a 的起点，

精明投资者的诀窍

后三角形冲击度量可以作为第 5 浪的最低估计。显著超过度量的价格运动通常形成一个延长的第 5 浪。

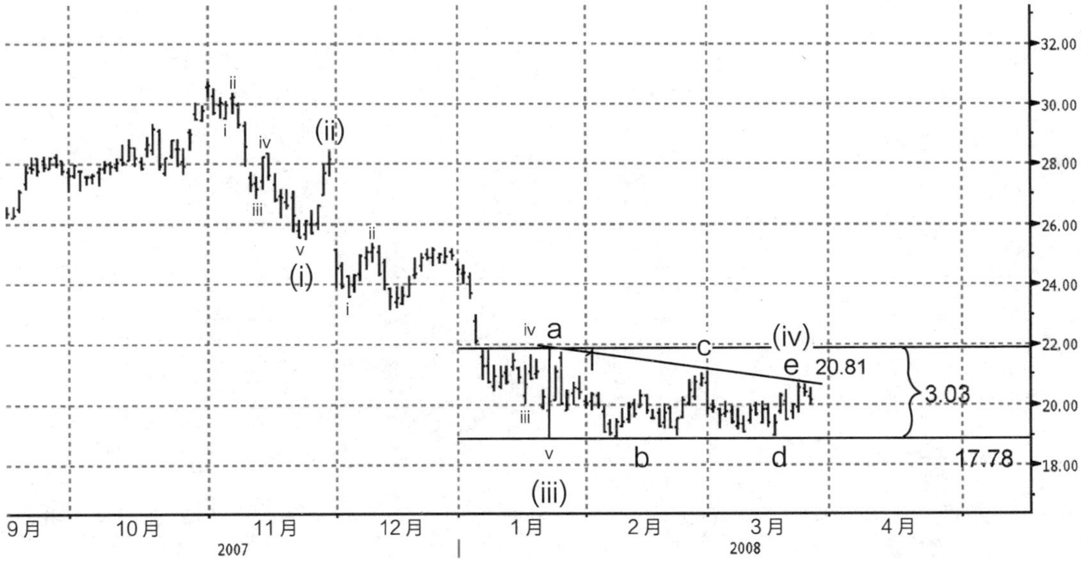

图 3.12　迷你黄金期货合约日走势图

注：该图经允许后转载自彭博。Copyright 2013 彭博。版权所有。

然后在浪 a 的起点处作一条连接两条趋势线的垂线（如图 3.12 所示）。这条垂线的长度是三角形的宽度。在这里，它等于 3.03 美元。下一步，将浪 e 的终点 20.81 美元减去 3.03 美元，得到的 17.78 美元即为浪（v）终点的估计。

另一种估计浪（v）终点的方法是使用趋

视频

想要观看怎样对三角形冲击估计目标价格的视频，请访问：www.wiley.com/go/elliottwavevg。

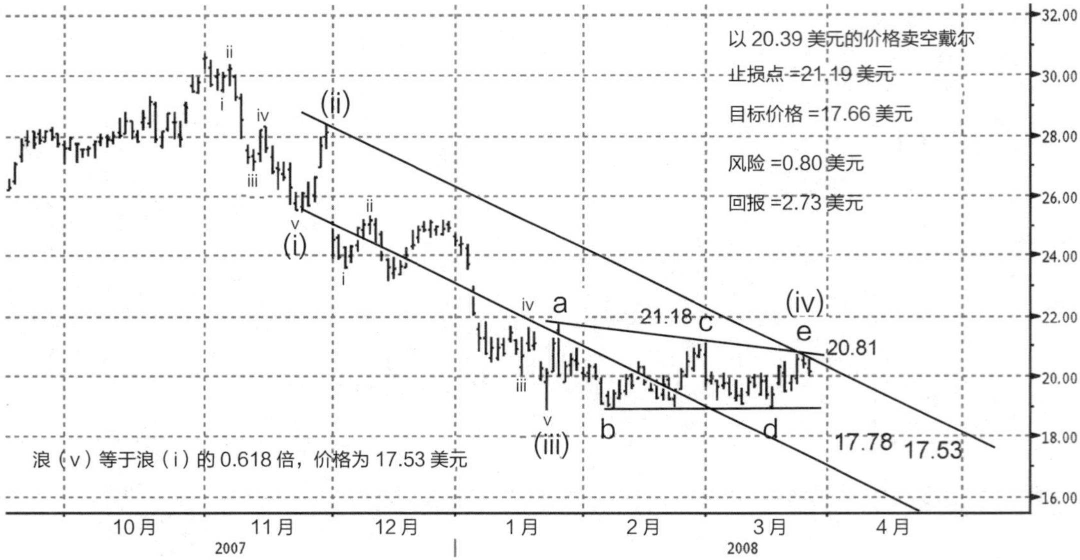

图 3.13　戴尔公司日走势图

注：该图经允许后转载自彭博。Copyright 2013 彭博。版权所有。

势通道（如图 3.13 所示）。

为了使用趋势通道法，我们画一条连接浪（ii）和浪（iv）终点的线，然后从浪（i）的终点作一条平行线。通常，你可以在浪（iii）的终点作平行线，但浪（iii）非常陡峭，从浪（i）的终点来作趋势通道的下趋势线更加合适。（如果浪（v）已经显著地跌破了趋势通道的下趋势线，那么我们可以从浪（iii）的终点作平行线，得到一个新的估计。）理想的情况是，浪（v）结束于趋势通道的下趋势线。

下一步，我们将估计的三角形冲击度量的 17.78 美元标到走势图上，检验价格是否在短期内落到下趋势线上。如果成立，它将是浪（v）一个相对好的目标。很遗憾，17.78 美元位于趋势通道的中间，这一方法是无效的。

在决定卖空戴尔前，我们还在寻找其他支持 17.78 美元是浪（v）有效终点目标的证据。由于浪（iii）似乎延伸了，我们可以考虑浪（v）两种不同的长度关系。延伸浪是一个拉长的推动浪，它的次级浪和高一浪级同一位置未延伸的浪一样长。在这里，浪（iii）的浪 i 几乎与浪（i）一样长。

运用等长法则，浪（v）等于浪（i），价格为 15.50 美元。如果浪（v）等于浪（i）的 0.618，浪（v）的价格为 17.53 美元，接近于 17.78 美元。

定义

等长法则表明，当推动浪的一个浪延伸时，另外两个未延伸的浪之间的关系是等长或者斐波那契比率 0.618。

因此，我们最初可以期望戴尔将落到 17.78 ～ 17.53 美元的价格范围内。如果交易价格显著低于这一范围，我们可以将 15.50 美元作为目标，然后密切关注价格在下趋势线运动的方向。

为了对下跌的浪（v）建仓，我们将在 20.39 美元的价格卖空戴尔。这一价位是图 3.13 中最近价格区间的中点。我们的保护性止损点将设定在 21.19 美元，比三角形的浪 c 终点高 1 美分。

你也可以将保护性止损点设定为比浪 a 终点高 1 美分的价位，这取决于你的风险承受能力。在收缩三角形和水平三角形中，一个超过浪 C 的价格运动使浪 E 无效，而不是使整个三角形无效。浪 C 也许仍在进行中，一个超过浪 A 的价格运动使整个三角形无效。我们的初始目标价格是 17.66 美元，这是 17.78 美元和 17.53 美元的中点。我们的潜在风险是 0.80 美元，潜在回报是 2.73 美元，风险回报率略高于 3:1。

通常，你可以等到价格跌破 b-d 趋势线再建仓，这取决于你的风险承受能力。在这种情况下，这种策略将导致入场点非常接近于我们的目标价格。

图 3.14 中，我们已经到了 4 月 4 日（星期五）。

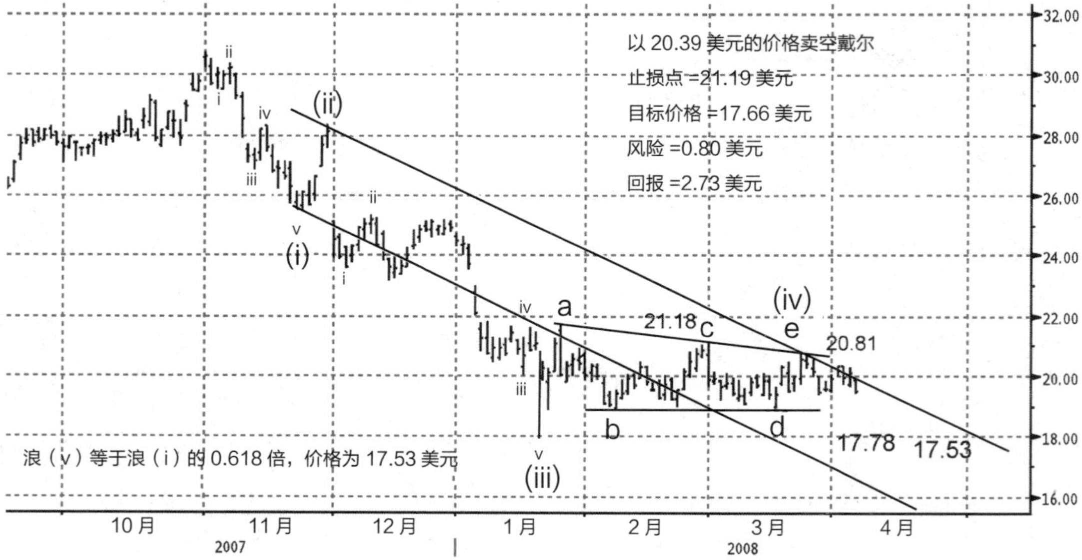

图 3.14　戴尔公司日走势图

注：该图经允许后转载自彭博。Copyright 2013 彭博。版权所有。

在这里，市场仍然盘整运动，也没有跌破三角形。事实上，价格略微超过了上趋势线，令人有点担忧。这可能意味着浪（iv）没有在我们认为的那一点结束。

如果是这样，我们将不得不重新画趋势通道，并调整我们的保护性止损点。这还可能意味着我们的数浪基本上是错误的。

让我们使用小时走势图，更好地观察这一时点的价格运动（如图 3.15 所示）。

浪 e 似乎不像我们最初认为的那样结束于 20.81 美元。相反，它呈现了一个大三角形中的小三角形。

图 3.15 戴尔公司 60 分钟走势图

注：该图经允许后转载自彭博。Copyright 2013 彭博。版权所有。

跌破浪 e 三角形的 [B]-[D] 趋势线强有力地表明，浪 e 三角形已经结束于 20.30 美元，浪（iv）三角形也在那一价位完成了。如果浪 e 三角形完成了，我们不愿看到价格再上涨到 20.30 美元之上。考虑到新的价格信息，我们将止损点降低到比浪 e 的浪 [E] 终点高一美分的价位，这一终点同样是浪（iv）的终点。由于浪 e 似乎结束于 20.30 美元，而不是 20.81 美元，我们将目标价格向下调整 51 美分至 17.15 美元。接下来，就让我们看看下一个星期发生了什么。

在图 3.16 中，从三角形的终点开始，可以数出下跌到 18.13 美元的 5 个浪。

在浪（v）的浪 v 中，价格在达到 18.13 美元之前，可能有一个第 4 浪三角形，由收敛的趋势线表现出来。价格还是比我们的目标价格高 1 美元。下一个问题是，这是浪（v）的全部，还是浪（v）的第 1 浪？从短线交易的观点看，这可能并不重要。真正重要的是，从 20.30 美元开始的推动浪是否已经结束。让我们看看图 3.17 中的证据。

如图 3.17 所示，如果浪（v）的浪 v 已经结束于 17.96 美元，它将等于浪 i 至浪 iii 净距离的 0.618。这一价位接近于 18.13 美元的低位，

图 3.16 戴尔公司 60 分钟走势图

注：该图经允许后转载自彭博。Copyright 2013 彭博。版权所有。

图 3.17　戴尔公司 60 分钟走势图

注：该图经允许后转载自彭博。Copyright 2013 彭博。版权所有。

从而支持一种观点：要么浪（v）的所有浪都已经结束，要么浪(v)的第1浪已经结束。图3.18中，价格突破了浪（v）价格通道的上趋势线。

这是从 20.30 美元开始的推动浪极有可能结束于 18.13 美元的强有力的证据。它可能是浪（v）的全部或者部分。不论发生何种情况，紧接着可能是一个上涨到 19.05 美元的调整浪。这一价位是前面低一浪级第 4 浪的终点，也可能与结束于 18.96 美元的 0.382 回撤一致。

我们将以 18.48 美元的价格平仓，这一价位是上一小时价格区间的中点。这样，每股净利润是 1.91 美元。下一步将是为下一次交易机

图 3.18　戴尔公司 60 分钟走势图

注：该图经允许后转载自彭博。Copyright 2013 彭博。版权所有。

会而密切关注戴尔的调整浪。价格重回 20.30 美元将可以确定浪（v）结束，同时确定开始于 30.77 美元的整个推动浪结束。

让我们看图 3.19 的余波。浪（v）确实结束于 19.13 美元，一个更大的上涨调整浪开始了。

总之，识别第 4 浪三角形和它的内部结构能够帮助确定市场走向、入场时机、保护性止损点和目标价格。

尽管我们的卖空交易没有达到那一目标价格，但我们已经能够使用其他的艾略特波浪指南去发现合适的平仓时机。

你可以在专用的读者资源网站上学到更多。

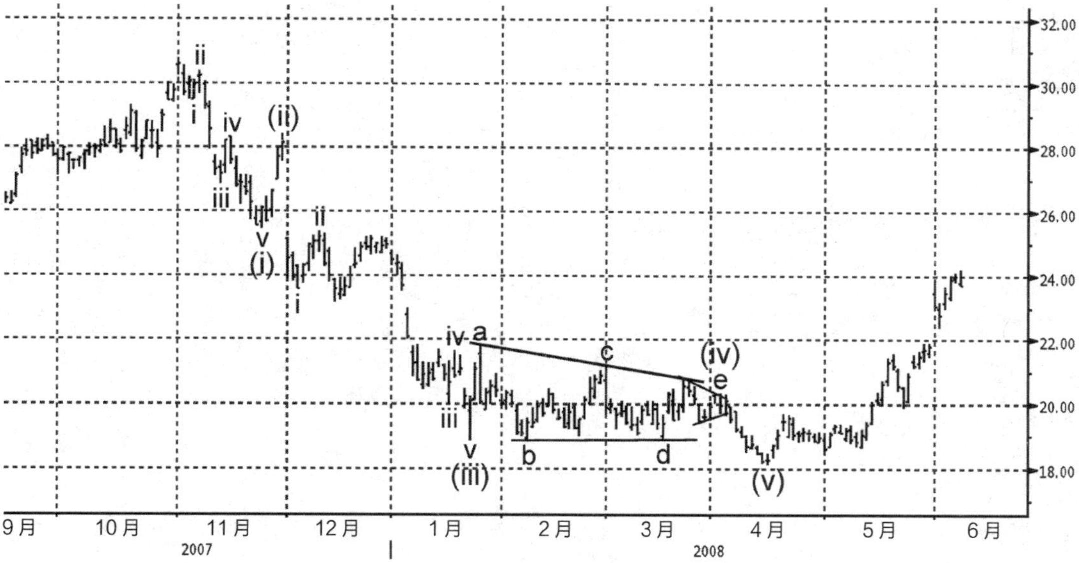

图 3.19 戴尔公司日走势图

注：该图经允许后转载自彭博。Copyright 2013 彭博。版权所有。

你会看到弗罗斯特和普莱切特撰写的《艾略特波浪理论》的免费网上版本，还有艾略特波浪分析方面的课程：当你在实战中应用波浪理论时，怎样利用具体的形态交易，以及怎样使用斐波那契和其他技术指标来增强你的信心。

请访问：www.elliottwave.com/wave/ReaderResources。

本章测试题

1. 下面哪一个是收缩三角形和水平三角形的正确表述？

（A）浪 E 总是三角形。

（B）浪 E 绝不会超过浪 C。

（C）浪 E 有时是驱动浪。

（D）浪 E 总是结束于 A-C 趋势线。

2. 判断对错：三角形表明下一个价格运动将和高一浪级的主要趋势走向一样。

3. 在戴尔交易案例中，价格跌破 E 三角形的 B-D 趋势线支持了下面哪一个结论？

（A）大三角形已经结束。

（B）推动浪已经结束。

（C）小三角形仍在进行。

（D）浪 E 不是三角形。

答案：1.B 2. 对 3.A

第 4 章 04

对锯齿形的浪 C 进行交易

锯齿形的浪 C 提供了非常好的交易机会，因为它们是与主要趋势一致的 5 浪结构。此外，两个浪的结构也很清晰：浪 A 是与主要趋势走向一致的 5 浪结构，紧随其后的浪 B 是 3 浪调整浪。下面将介绍韦恩·戈尔曼在 1998 年进行的两笔交易，它们证明了交易这种特殊波浪形态的力量。

或许，你只是被情绪打败

在这一部分，我们将看到，同时拥有不同的数浪并没有影响有利可图策略的制定。在研究 1 月初期的标普 500 股指期货市场时，我看到了 1998 年 3 月期货合约的日走势图中一个有趣的现象（如图 4.1 所示）。

推动浪的浪（3）似乎已经结束于 10 月初，之后产生了几个调整浪结构。比较好的做法是，寻找波浪形态的多种解释，以防我们偏好的数浪最终不成立。我考虑了 3 种可能的数浪。

我的首选数浪是，中浪（4）呈现一个收缩三角形。这是基于下面的考虑：浪 A 结束于 854.4 点，浪 B 结束于 1 000.0 点，而浪 C 正呈现一个双锯齿形。使用艾略特波浪法则，即三角形 2 个浪是斐波那契比率 0.618 的关系，我估计浪 C 应该结束于 908.41 点。

如图 4.2 所示，我的第一个备选数浪假定

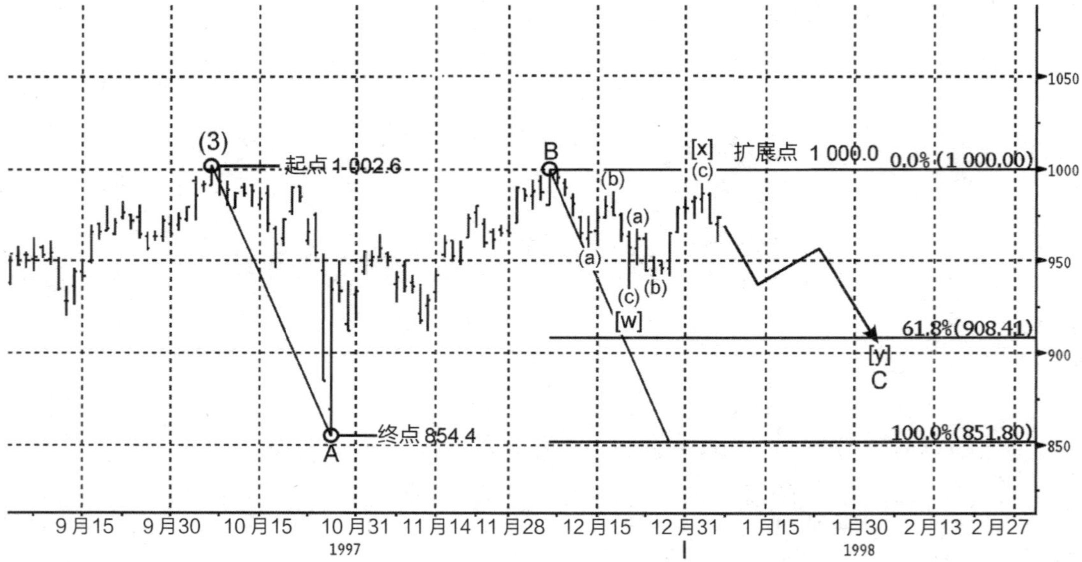

图 4.1　1998 年 3 月（场内交易），标普 500 股指期货日走势图

注：该图经允许后转载自彭博。Copyright 2013 彭博。版权所有。

浪（4）已经结束，并且中浪（5）已经开始。这是基于以下考虑：中浪（4）结束于 854.4 点，浪（5）的浪 1 结束于 1 000.0 点，浪（5）的浪 2 呈现一个双锯齿形。因此，从 1 000.0 点高位开始的下跌，不论是三角形的浪 C 还是推动浪的浪 2，都是一个调整浪，并且将细分为 a-b-c-x-a-b-c 或者 [w]-[x]-[y] 。

对于这一备选数浪的目标价格：浪 2 经常较大幅度地回撤浪 1 长度的一个斐波那契比率。假定浪 2 回撤浪 1 的 0.618，那么浪 2 将结束于 910.0 点。

这一数浪没有成为我的首选数浪，因为要

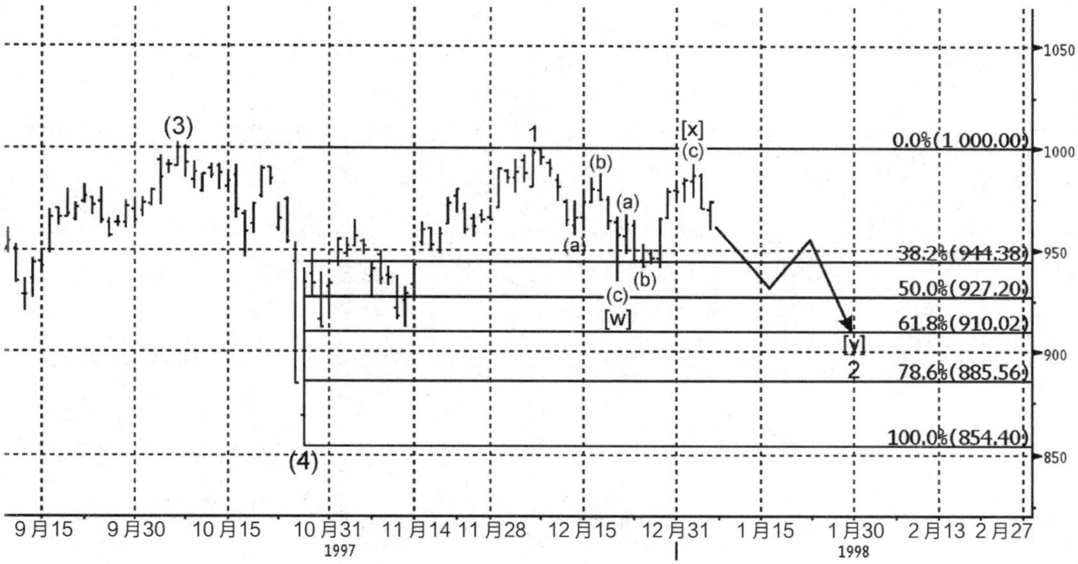

图 4.2　1998 年 3 月（场内交易），标普 500 股指期货日走势图

注：该图经允许后转载自彭博。Copyright 2013 彭博。版权所有。

成为一个完整的调整浪，浪（4）所花的时间似乎太短了。此外，浪 1 似乎更像一个调整浪，而不是推动浪，因为它没有一个清晰的 5 浪形态，还包含多个锯齿形。尽管如此，我还是要对这种可能性做好准备。

关键点在于，在短期任意一种情形下，我预期价格都将下跌到几乎相同的水平，即 910 点左右。

两种数浪中，我都将开始于 1 000.0 点的下跌标记为双锯齿形，它将结束于 927.4 点左右（如图 4.3 所示）。在这一价位，浪 [y] 等于浪 [w]。如果价格进一步下跌，我的目标价格

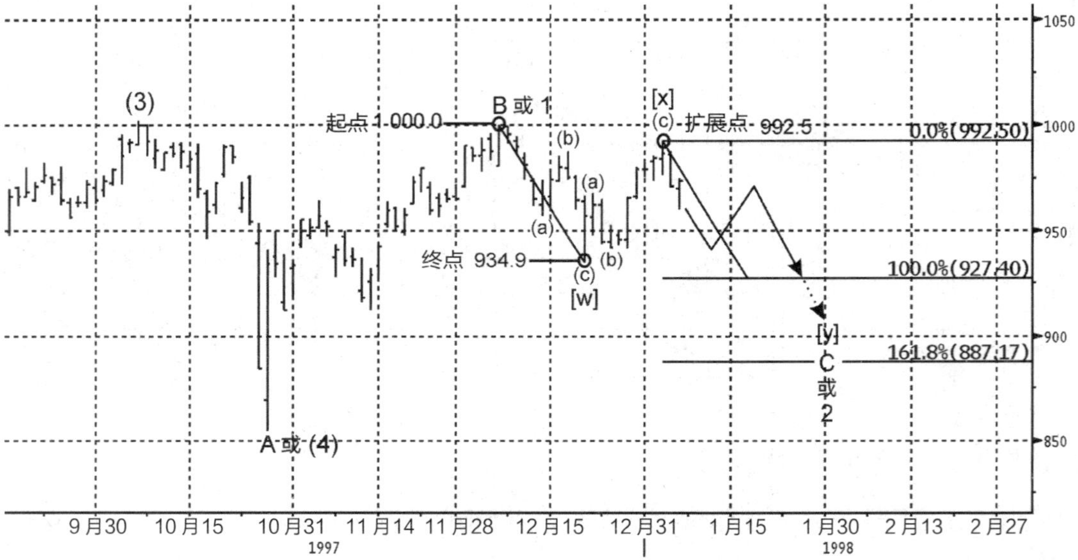

图 4.3　1998 年 3 月（场内交易），标普 500 股指期货日走势图

注：该图经允许后转载自彭博。

将是 887.2 点，在这一价位，浪 [y] 等于浪 [w] 的 1.618 倍。

然而，我还察觉到另一种数浪，尽管它是最不可能发生的情形。我的第二种备选数浪认为，这一下跌是一个单一锯齿形浪 2（因为浪 C 是三角形，或者浪 2 是推动浪）。此时，浪

精明投资者的诀窍

你应该总是寻找备选数浪，对不同的情形做好准备，防止你偏好的数浪最终不成立。

[a] 结束于 957.5 点；浪 [b] 是锯齿形内已经完成的扩散平台形，它结束于 992.50 点（如图 4.4 所示）。

在这种情形下，浪 [c] 将等于浪 [a] 长度的 1.618 倍，结束于 923.7 点。这一目标价位非常令人激动。比较首选数浪和两个备选数浪的预测，我发现 900 点区域有一个斐波那契集束。这令人振奋，因为它提高了市场到达 927 到 908 点之间某一价位的可能性。

1 月 8 日上午，我决定卖空标普 500 股指期货，抓住第 2 个锯齿形的全部或部分。为了确定入场点和出场点，我经常研究短期走势图，

图 4.4　1998 年 3 月（场内交易），标普 500 股指期货日走势图

注：该图经允许后转载自彭博。Copyright 2013 彭博。版权所有。

如15分钟或者30分钟走势图。

在15分钟走势图中（如图4.5所示），3月的标普500股指期货合约似乎完成了第2个锯齿形浪（c）的浪i至浪iv，现在进入下跌的浪v。考虑到推动浪有一个很强的法则：第4浪绝对不会与第2浪重叠。因此，我不想看到浪iv与浪ii重叠。让我很满意的是，浪iv没有与浪ii重叠，我能够继续交易。通常，我不会在如此短的时间内对这种价格运动的尾部进行交易，但当前的市场在965点左右，远远高于目标价格范围，这表明第5浪可能会延伸。我的交易计划是卖空6手合约（标普500股指

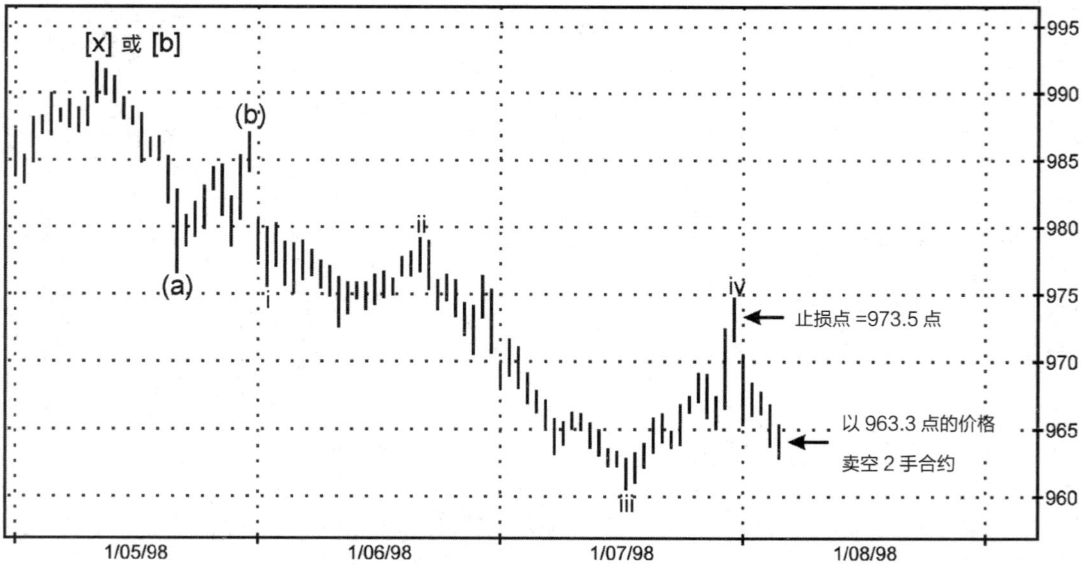

图4.5 1998年3月（场内交易），标普500股指期货15分钟走势图

注：该图经允许后转载自彭博。Copyright 2013 彭博。版权所有。

期货大合约)。开始建仓时，我以 963.3 点的价格卖空了 2 手合约，止损点是 973.5 点。如果市场上涨，我将有机会灵活地在更好的价位卖空更多合约。

下面是我设定止损点的方法（如图 4.6 所示）。尽管浪 iv 高位 974.8 点的数浪不是很确定，我认为初始下跌超过 0.786 的回撤并结束于 972.2 点是几乎不可能的。于是，我将止损点设定在 973.5 点，略高于回撤水平。为了保险起见，我的初始目标价格设定在 927.4 点。在这一价位，浪 [y] 等于浪 [w]。请记住，价格有可能下跌到 910 点。

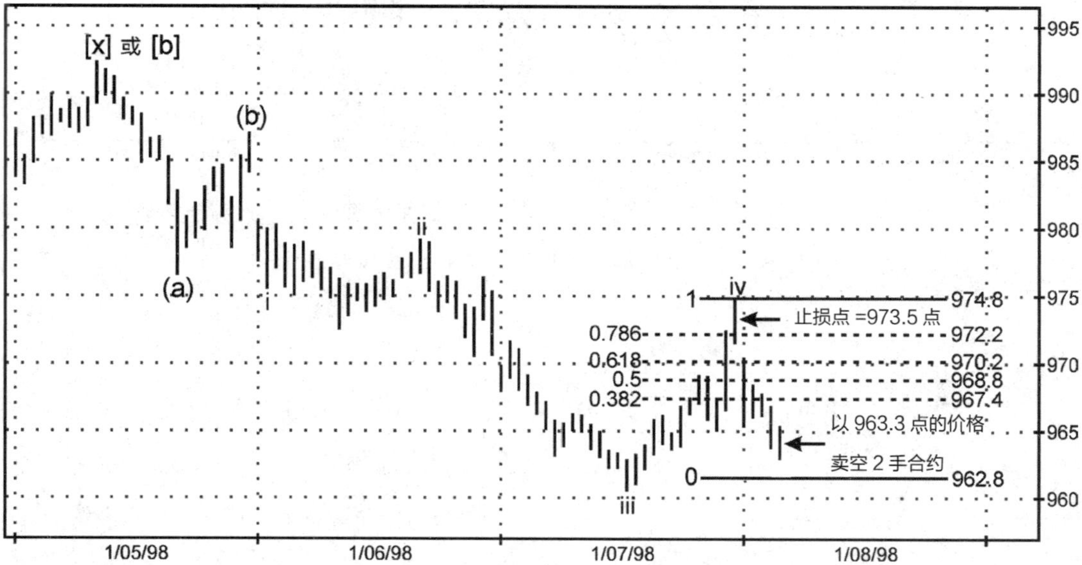

图 4.6 1998 年 3 月（场内交易），标普 500 股指期货 15 分钟走势图

注：该图经允许后转载自彭博。Copyright 2013 彭博。版权所有。

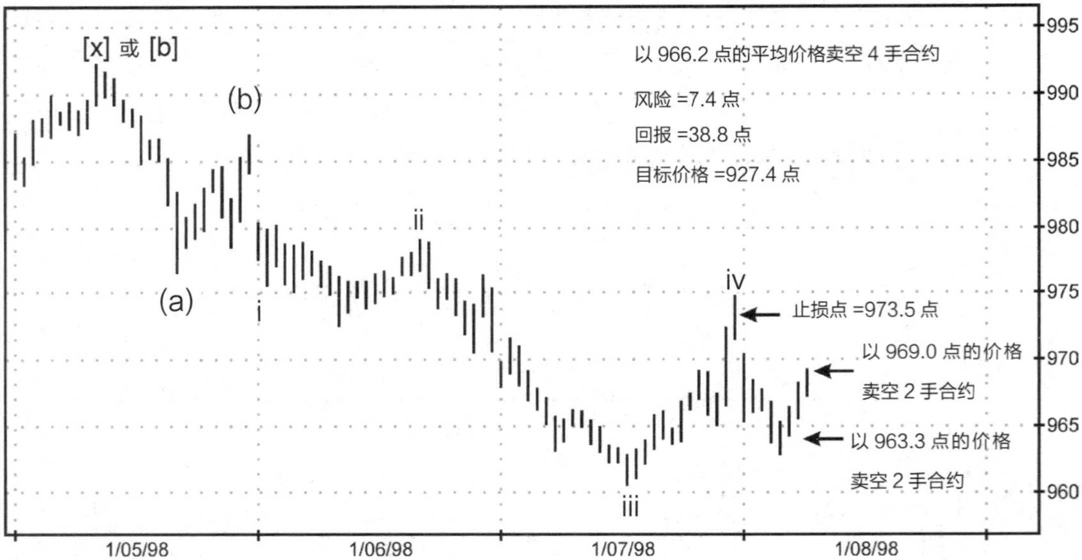

图 4.7　1998 年 3 月（场内交易），标普 500 股指期货 15 分钟走势图

注：该图经允许后转载自彭博。Copyright 2013 彭博。版权所有。

幸运的是，市场确实上涨了，我以 969.0 点的价格再次卖空 2 手合约（如图 4.7 所示）。

目前的交易头寸是，以 966.2 点的平均价格卖空 4 手合约，潜在的风险回报比是 5:1。但是，我不打算就此止步。

当日剩下的时间，市场作盘整型运动。1 月 9 日上午，市场急剧下跌（如图 4.8 所示）。我决定迅速加仓，以 957.3 点的价格卖空 1 手合约，再以 957.2 点的价格卖空 1 手合约。最终我的头寸是，以 963.2 点的平均价格卖空 6 手合约（如图 4.9 所示）。

从艾略特波浪的角度看，只要机会显现

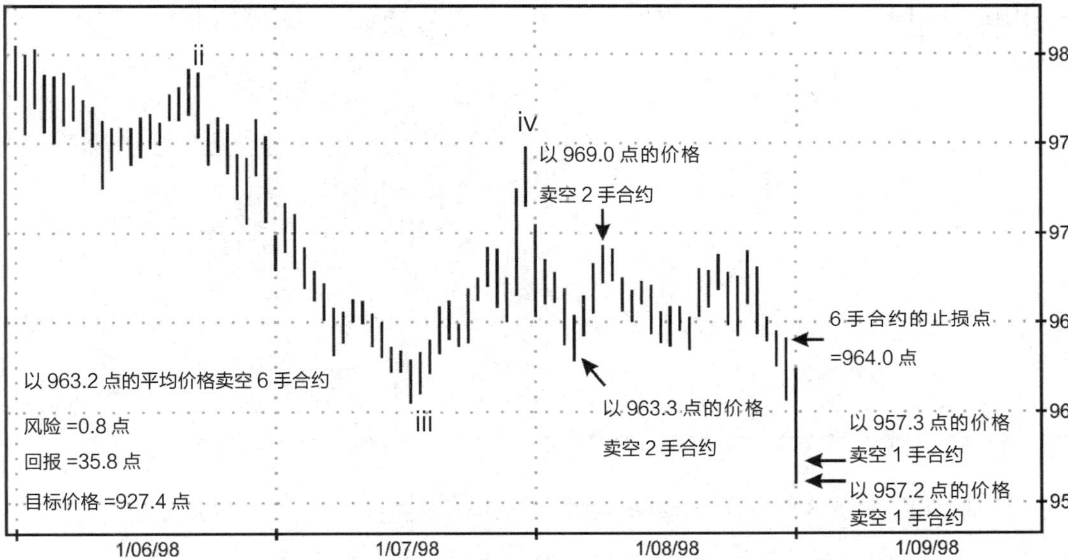

图 4.8　1998 年 3 月（场内交易），标普 500 股指期货 15 分钟走势图

注：该图经允许后转载自彭博。Copyright 2013 彭博。版权所有。

出来，我就试着使止损点接近或者超过头寸的平均价格。当时，我将止损点降低至 964.0 点的理由有两个。第一，969.0 点的价位有双顶（969.3 点和 969.0 点），这似乎要形成浪 v 的浪 [2]；第二，956.0 点已经非常低了，我不希望看到价格上涨到 964.0 点之上（从 969.0 点下跌至 956.0 点的 0.618 回撤），这很可能代表浪 v 的浪 [3] 的一部分。实际上，我应该将止损点设定在超过 964.0 点的价格区间，但幸运的是，我没有因为这个小小的疏忽而受到惩罚。

此时，潜在的风险几乎是零，潜在的回报是 35.8 点。目标价格仍然是 927.4 点。下一张

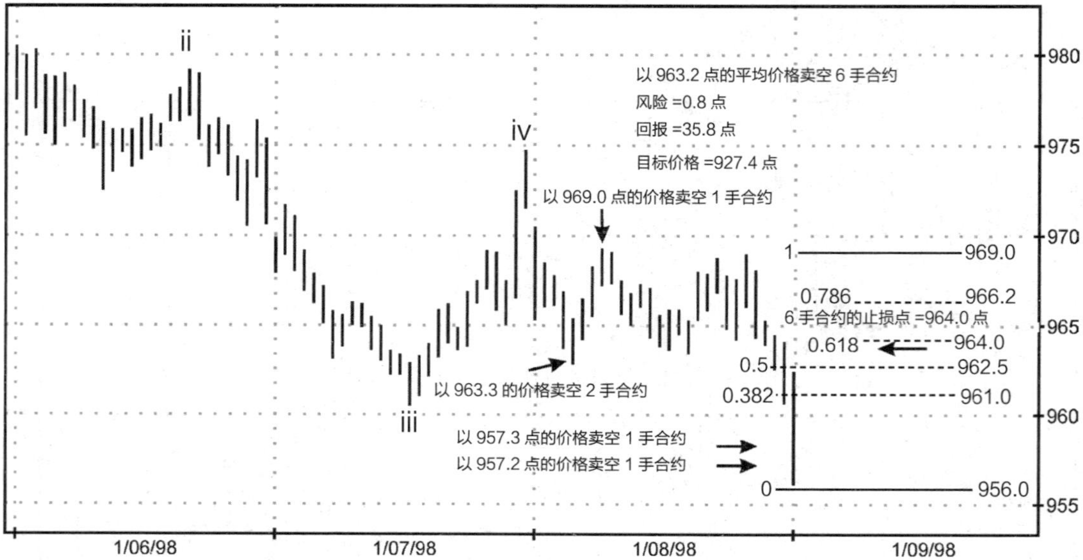

图 4.9　1998 年 3 月（场内交易），标普 500 股指期货 15 分钟走势图

注：该图经允许后转载自彭博。Copyright 2013 彭博。版权所有。

走势图（图 4.10）展示了当日下午市场下跌了多少。

标普 500 股指期货达到了一个新低 937.0 点，然后反弹至 943.5 点。1 月 9 日是周五，所以问题来了："我应该结束交易，还是让它度过周末？"

尽管市场没有达到我的初始目标，我还是决定以 942.0 点的价格平仓。为什么？首先，

关键点

斐波那契倍数不仅适用于单一锯齿形，也适用于双重锯齿形。在双重锯齿形中，首先寻找浪 Y 等于浪 W 的点。如果浪 Y 更长，那么寻找浪 Y 等于浪 W 与斐波那契倍数 1.618 乘积的点。

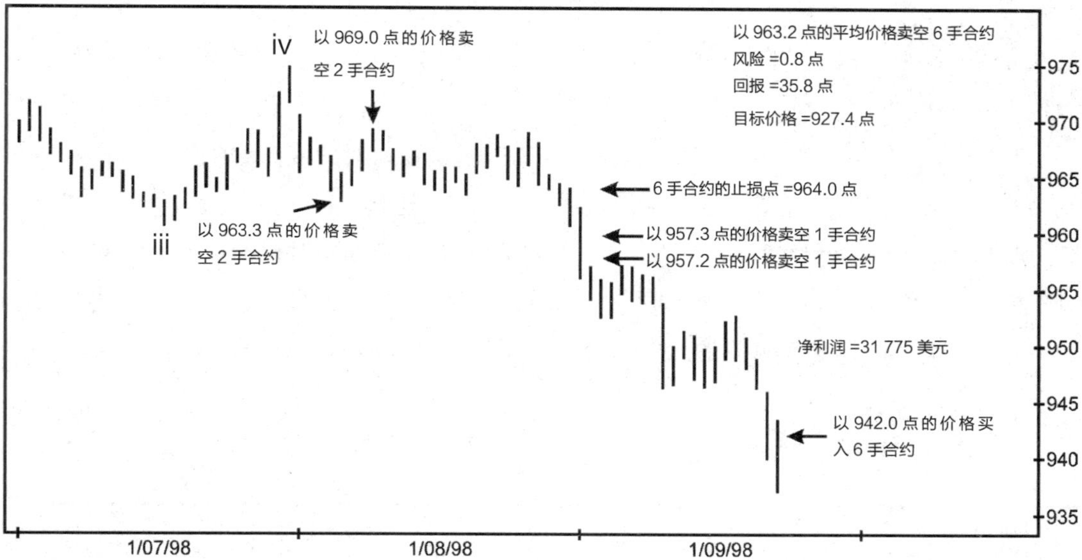

图 4.10　1998 年 3 月（场内交易），标普 500 股指期货日走势图 15 分钟走势图

注：该图经允许后转载自彭博。Copyright 2013 彭博。版权所有。

我不想持有如此大的头寸过周末，尤其是当时已经有 31 777 美元（标普 500 股指期货合约中，每点代表 250 美元。——译者注）的净利润了。第二，回头看看图 4.2 和图 4.3，似乎在 935.0 到 944.0 点之间有重要的支撑价位。如果市场上涨，我可以在更高的价位上再次建仓。下面是我计算支撑价位的方法：浪 1（或者浪 A）的 0.382 回撤将会达到 944.4 点。浪 [w] 的浪

精明投资者的诀窍

当市场对你不利时，你在情绪上很难加仓。然而，你需要对预测模型的交易策略有信心，这样能够提高总头寸的平均价值。

(c) 结束于 934.9 点，浪 [x] 的浪 (b) 结束于 941.5 点。

图 4.11 显示了在我以 942.0 点的价格结束交易后发生了什么。周五，市场继续下跌，跌破 927.4 点至 926.0 点的低位。

1 月 12 日，周一，市场低开，以新低 917.7 点开盘，这一价格处于斐波那契集束的中间。随后，市场迅速上涨至 940.0 点。

我的分析是正确的，但我错过了接下来的市场运动，对此我感到深深的自责。我非常难过，以至于我开始在上涨的趋势中卖空，寄希望于市场重新下跌到 908 到 910 点的位置。我的感性战胜了理性，我开始为波浪形态仍然处于浪 v 的浪 [4] 找借口。实际上，浪 [4] 和浪 [5]

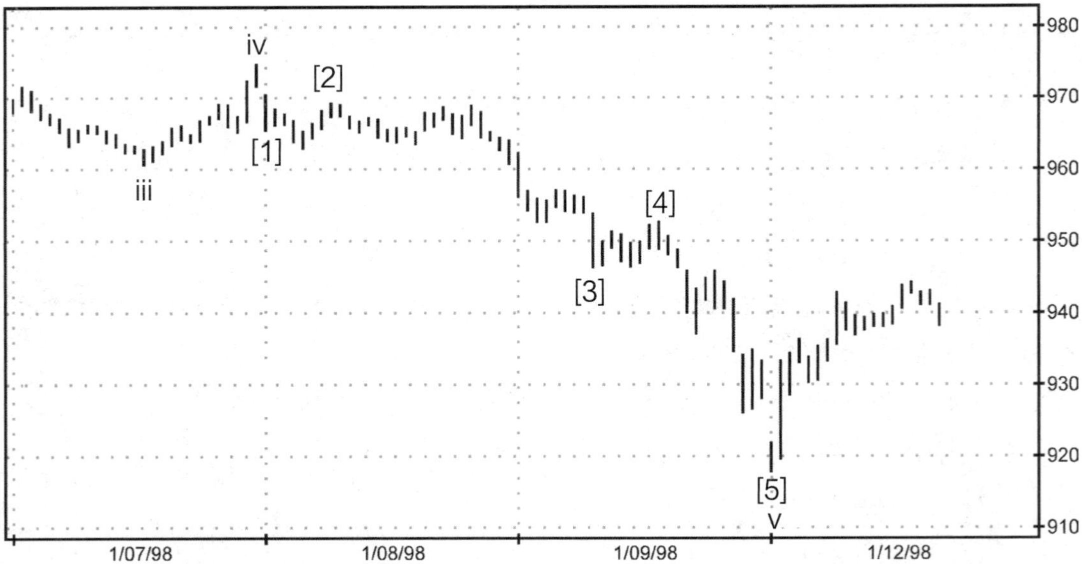

图 4.11　1998 年 3 月（场内交易），标普 500 股指期货 15 分钟走势图

注：该图经允许后转载自彭博。Copyright 2013 彭博。版权所有。

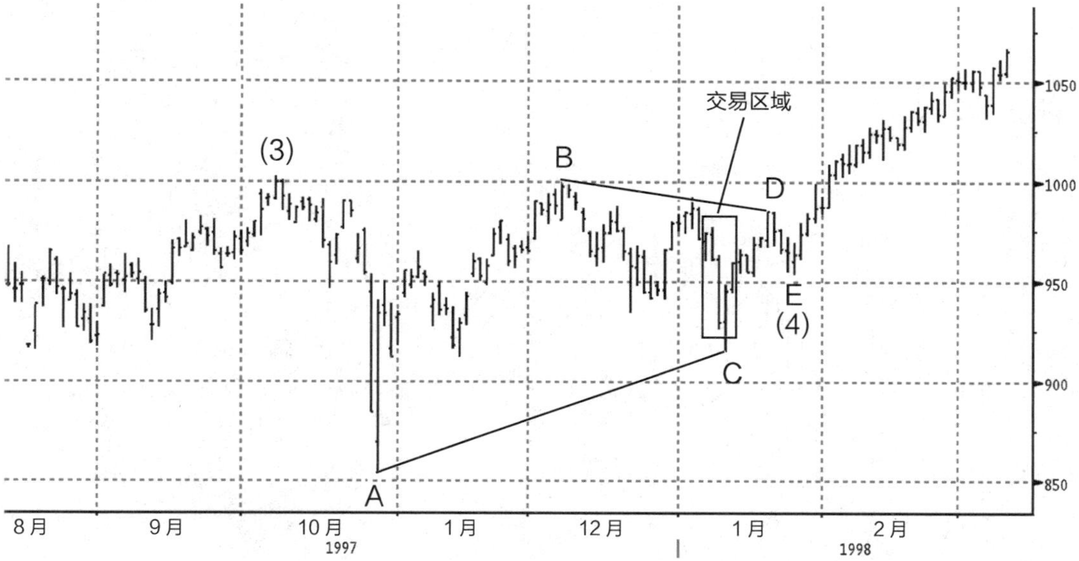

图 4.12　1998 年 3 月（场内交易），标普 500 股指期货日走势图

注：该图经允许后转载自彭博。Copyright 2013 彭博。版权所有。

都已经结束了。理性加上艾略特波浪能够成功，没有根据的感情用事无法成功。

结果呢？我止损出场，损失 17 650 美元，利润降到了 14 125 美元。浪 C 确实结束于 917.7 点，我却在浪 D 上涨中卖空。图 4.12 展示了浪（4）三角形。

学到的交易教训：当你在应用波浪理论进行交易时，情绪能够打败你。基于我的波浪分

精明投资者的诀窍

在市场趋势中，净下跌幅度（或净上涨幅度）绝不会和单个下跌幅度（或单个上涨幅度）的总和一样长。为了最大化收益，你需要利用价格的调整运动买入或者卖出。

图 4.13　30 年期国债期货，芝加哥期货交易所周走势图

注：该图经允许后转载自彭博。Copyright 2013 彭博。版权所有。

析，我获得了强有力的交易信息。我的首选数浪和备选数浪指向同样的方向，还指向几乎相同的目标价格。当浪 C 临近它预定的目标时，我没有参与到下跌的最后一部分，我的情绪战胜了自己。在交易中，有时最大的挑战不是了解一种艾略特波浪形态，而是了解你自己。

侥幸逃脱草率决定的惩罚

接下来的案例中，我将解释“第 3 浪的第 3 浪”推动浪怎样成为交易员最好的朋友。当时，我不仅关注白银期货和标普期货，还关注美国债券期货。1998 年 2 月底，我看到了另一个交

图 4.14　1998 年 3 月，30 年期国债期货，芝加哥期货交易所日走势图

注：该图经允许后转载自彭博。Copyright 2013 彭博。版权所有。

易机会，借此我可以利用锯齿形的浪 C。图 4.13 展示了直到 1998 年 2 月 23 日的债券期货周连续图中双重三浪的后期阶段。在这里，浪（Y）似乎是一个平台形形态。

在浪（Y）中，浪 C 似乎会形成一个推动浪，且浪 C 的浪 [v] 似乎会呈现一个锯齿形。通过日走势图（如图 4.14 所示），我画出了推动浪的趋势通道，并识别出锯齿形浪 [iv] 的浪（a）和浪（b）。

浪（a）接近于通道的下趋势线，结束于 119^16 点 [30 年期国债期货的报价方式是 1 个基点(1 000 美元)，以及 1 个基点的 1/32。如，

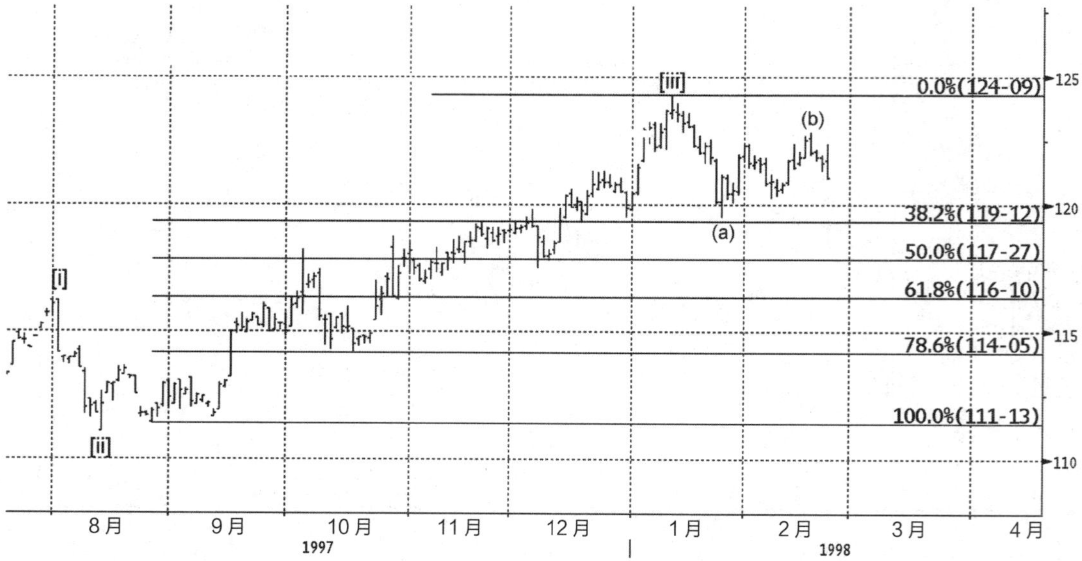

图 4.15　1998 年 3 月，30 年期国债期货，芝加哥期货交易所日走势图

注：该图经允许后转载自彭博。Copyright 2013 彭博。版权所有。

120^24 表示 120 24/32。——译者注]，几乎回撤了浪 [iii] 的 0.382。根据趋势通道，我预期浪(c)会很短,但足够交易了(如图 4.15 所示)。

如果初始的下跌运动是整个调整浪，但它所用的时间似乎太短了，它还有点像推动浪。这两种感觉使我确信，这一下跌运动极可能是

关键点

在锯齿形中,浪 A 和浪 C 总是由 5 个浪组成。

图 4.16　30 年期国债期货，芝加哥期货交易所日走势图

注：该图经允许后转载自彭博。Copyright 2013 彭博。版权所有。

锯齿形的第一浪，标记为浪（a）。

然后，浪（b）看上去已经结束于 122^26 点，因为它似乎完成了一个锯齿形，而且回撤超过了浪 (a) 的 0.618 (如图 4.16 所示)。因此，我决定根据下跌的浪（c）卖空 1998 年 3 月国债期货合约。我的目标价格是 118^01 点，因

关键点

在锯齿形中，浪 A 的长度通常等于浪 C 的长度。

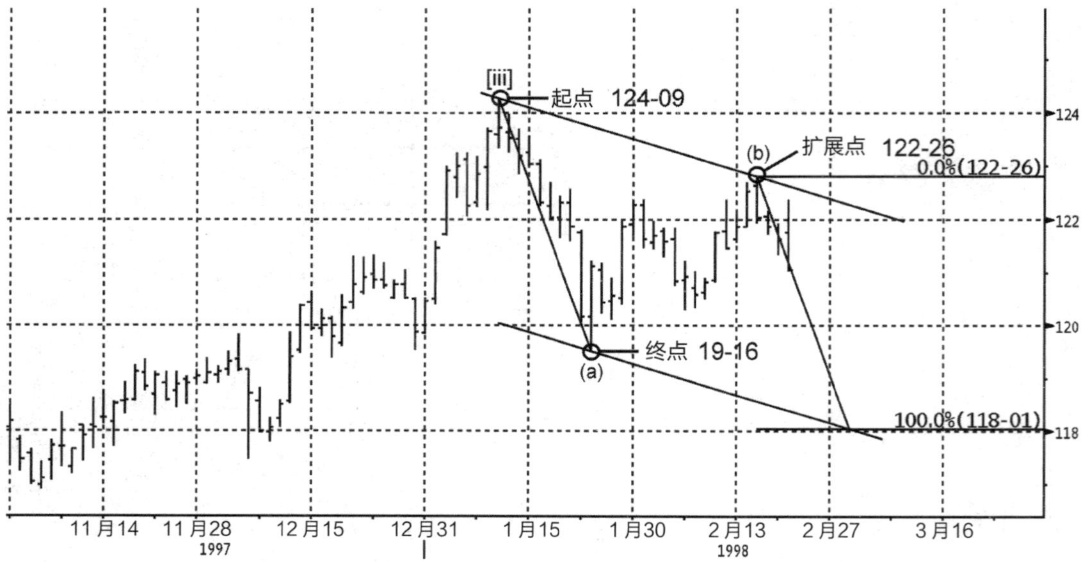

图 4.17　1998 年 3 月，30 年期国债期货，芝加哥期货交易所日走势图

注：该图经允许后转载自彭博。Copyright 2013 彭博。版权所有。

为在这一价格，锯齿形的浪（c）等于浪（a）（如图 4.17 所示）。

将目标价格与锯齿形的趋势通道进行比较，118^01 点落在通道的下趋势线似乎是非常合理的。

2 月 24 日上午，我监控价格运动（如图 4.18 所示），识别出浪（c）推动浪一系列的 1-2 结构。这意味着国债期货很可能进入了第 3 浪的第 3 浪。由于第 3 浪的第 3 浪是推动浪中最坚挺的浪，我立即以 121^02 点的价格卖空 25 手 1998 年 3 月国债期货合约。

我承认我表现得没有耐心，刚开始时没有决定止损点。幸运的是，市场在随后的 15 分钟里下跌了 0.5 点（如图 4.19 所示）。必须爱

图 4.18　1998 年 3 月（场内交易），30 年期国债期货，芝加哥期货交易所 15 分钟走势图

注：该图经允许后转载自彭博。Copyright 2013 彭博。版权所有。

上“第 3 浪的第 3 浪”推动浪，它们能够让你侥幸逃脱草率决定带来的后果。

这给了我一些喘息的空间，使我能够将止损点设定在 50% 回撤水平（120^24 点）上，并锁定了一笔利润（如图 4.20 所示）。实际上，我应该立即将止损点设定在比那一价格稍高的位置。

关键点

一个有效的交易计划包括：一个精选的入场点、一个保护性止损点、一个目标价格、一个有利的风险回报比和一个备选数浪。

图 4.19　1998 年 3 月（场内交易），30 年期国债期货，芝加哥期货交易所 15 分钟走势图

注：该图经允许后转载自彭博。Copyright 2013 彭博。版权所有。

图 4.21 向我们展示了市场是如何在第 3 浪的第 3 浪中达到新低，然后开始盘整型运动。当日临近收盘时，我决定不持仓过夜。因此，我以 120^13 的价格平仓了 25 手合约，获得了 16 406 美元的利润。

图 4.22 显示了当日推动浪是怎样结束的。

回到 1998 年 6 月（如图 4.23 所示），事实证明我是在浪 [iv] 双锯齿形第一个锯齿形的浪 c 上进行交易的。

国债期货最终下跌到 118^23 点。请注意最陡直的下跌发生在浪 [3] 的浪 (3)（如图 4.24 所示）。在走势图中，我调整了波浪标记的浪级，

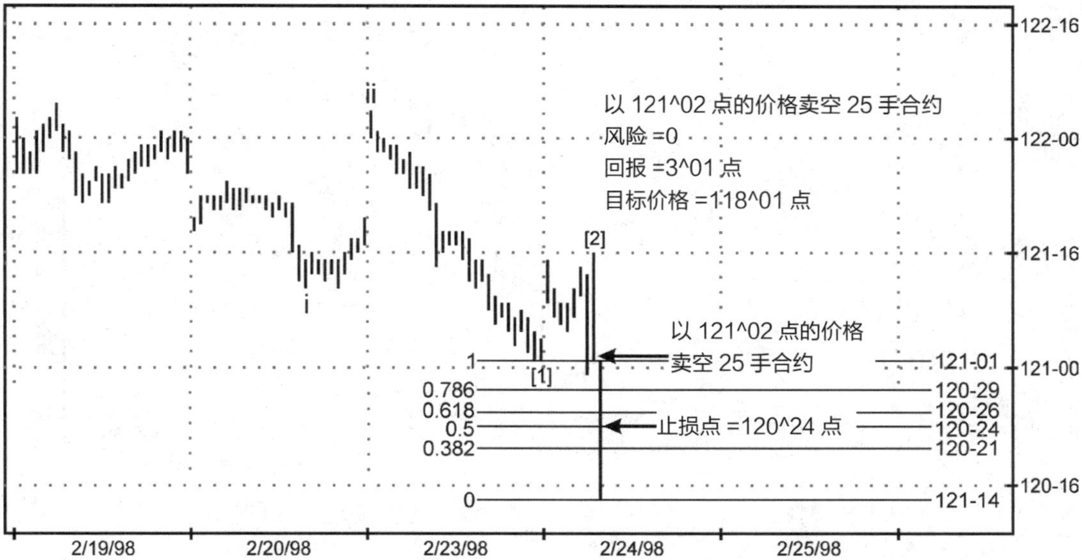

图 4.20　1998 年 3 月（场内交易），30 年期国债期货，芝加哥期货交易所 15 分钟走势图

注：该图经允许后转载自彭博。Copyright 2013 彭博。版权所有。

以便考虑双重锯齿形。

现在，我揭露一些令我难堪的事。事实证明，市场在浪 v 上波动非常剧烈，连续几个交易日单点摇摆。由于我被之前一些容易成功的交易宠坏了，并且不愿意拒绝实现多个最终目标价格的机会，我顽固地卖空市场。当时，市场处于浪 [5] 的浪（1）和浪 [5] 的浪（2）中间，我每次都止损出场，共损失 10 938 美元。然而，我最终还有一个正的净利润，这归功于“第 3 浪的第 3 浪”推动浪，它是我当月在国债期货交易中最好的朋友。

你可以在专用的读者资源网站上学到更多

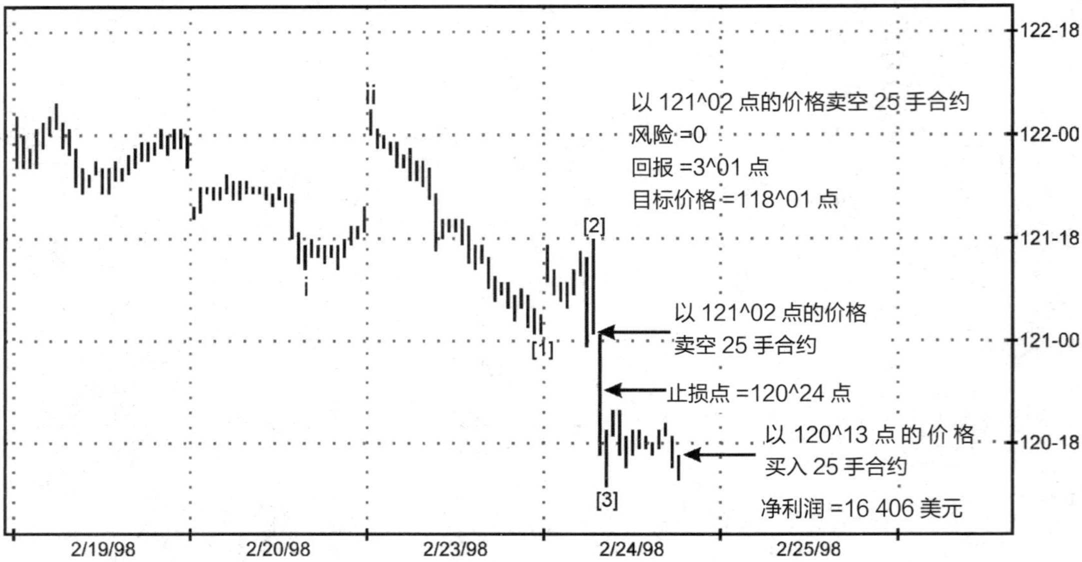

图 4.21　1998 年 3 月（场内交易），30 年期国债期货，芝加哥期货交易所 15 分钟走势图

注：该图经允许后转载自彭博。Copyright 2013 彭博。版权所有。

相关内容。你会看到弗罗斯特和普莱切特撰写的《艾略特波浪理论》的免费网上版本，还有艾略特波浪分析方面的课程：当你在实战中应用波浪理论时，怎样利用具体的形态交易，以及怎样使用斐波那契和其他技术指标来增强你的信心。请访问：www.elliottwave.com/wave/ReaderResources。

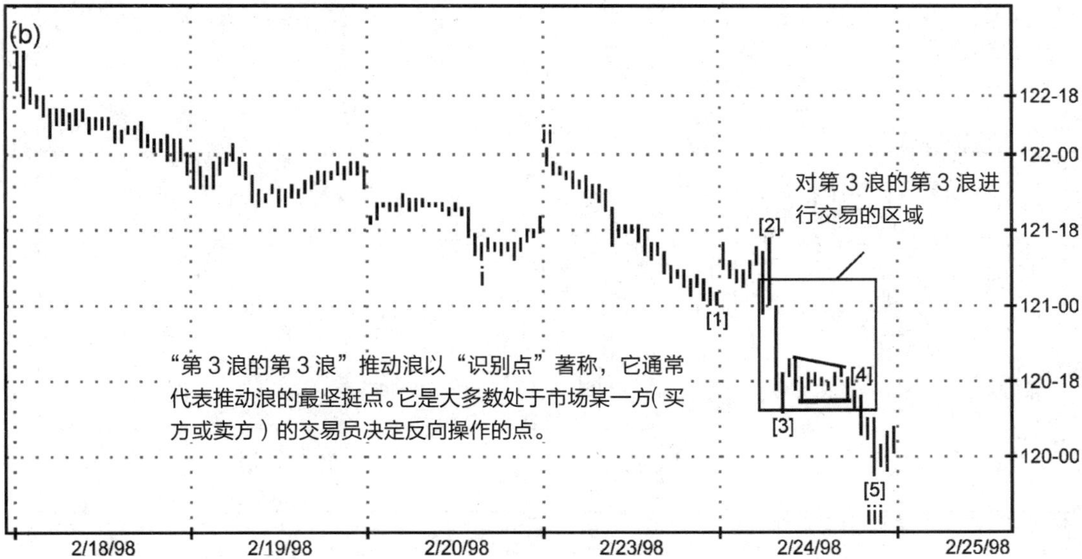

图 4.22　1998 年 3 月（场内交易），30 年期国债期货，芝加哥期货交易所 15 分钟走势图

注：该图经允许后转载自彭博。Copyright 2013 彭博。版权所有。

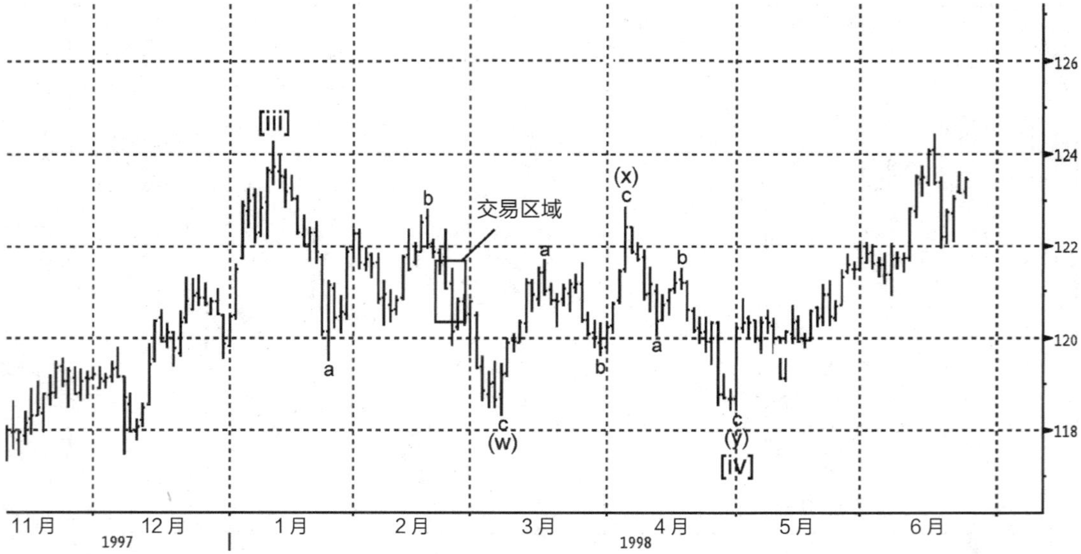

图 4.23　30 年期国债期货，芝加哥期货交易所日走势图

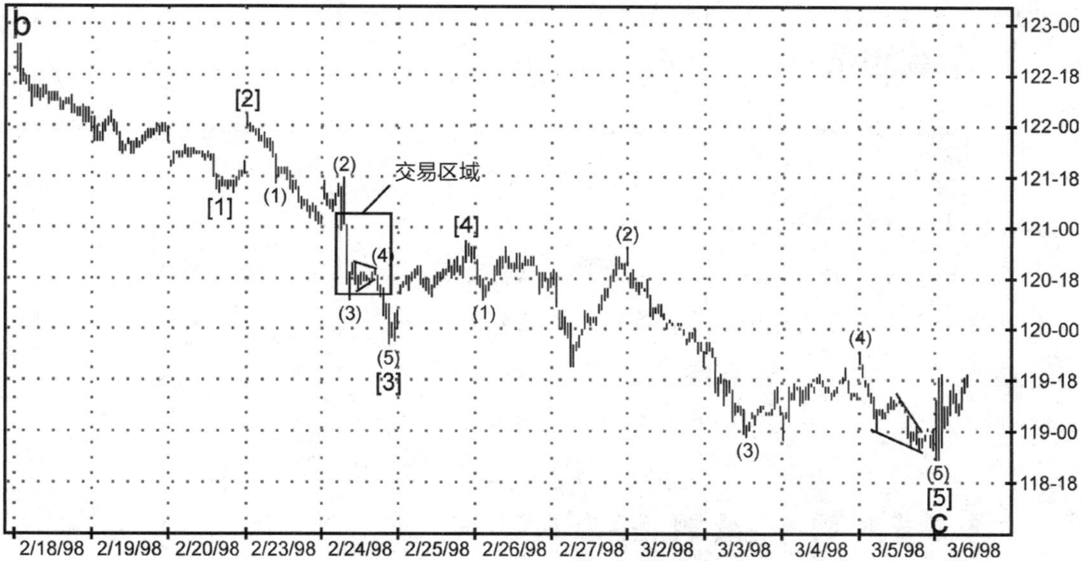

图 4.24　1998 年 3 月（场内交易），30 年期国债期货，芝加哥期货交易所 15 分钟走势图

注：该图经允许后转载自彭博。Copyright 2013 彭博。版权所有。

本章测试题

1. 备选数浪有多重要？

（A）刚开始重要，但当你能够熟练地读懂价格走势图时，它们就没那么重要了。

（B）非常重要，因为出现的备选数浪通常是正确的数浪。

（C）它们没那么重要，或者没有必要。

（D）重要，因为它们提供了一种应变计划，防范你的首选数浪是错误的。

2. 判断对错：当市场在锯齿形的浪 C 上对你不利时，你不应该提高你的头寸规模。

3. 下面哪一个是最常用于双锯齿形浪 Y 的长度关系？

（A）浪 Y 等于浪 W。

（B）浪 Y 等于浪 W 的 0.618。

（C）浪 Y 等于浪 X。

（D）浪 Y 等于浪 W 的 2.618 倍。

本章测试题

4. 为什么对锯齿形和平台形的第 C 浪进行交易是有利的？

（A）它们总是更快速地往下运动。

（B）它们是能够为我们提供更多利润机会的延伸浪。

（C）它们是与主要趋势的走向一致的 5 浪结构。

（D）它们总是比浪 A 长，这是一个重要的有利条件。

5. 判断对错：在锯齿形中，浪 C 通常等于浪 A。

答案：1.D 2. 错 3.A 4.C 5. 对

第 5 章 05

VISUAL GUIDE TO ELLIOTT WAVE TRADING

终结倾斜三角形交易

终结倾斜三角形之后会发生迅速而陡直的反转，这就使终结倾斜三角形成为极佳的交易机会。

道琼斯工业平均指数的 5 个示例

如果说有一种艾略特波浪形态会让人对交易感到激动的话，那它就是终结倾斜三角形。这种形态在市场上很少见，初级分析师倾向于过分期待倾斜三角形。这种形态能考虑严格的止损，差错的代价不会很高。这种结尾形态在推动浪第 5 浪的位置或者 A-B-C 结构浪 C 的位置。一旦终结倾斜三角形结束，准备迎接价格迅速而陡直的反转吧。这种陡直的反转使终结倾斜三角形成了我的最爱。在 1998 年 4 月道琼斯工业平均指数（Dow Jones Industrial Average，简称 DJIA）两张小时走势图（如图 5.1 和 5.2 所示）中，你可以明白我讲的是什么意思。

在第 1 章“艾略特波浪交易剖析”中，我描述了对这种形态进行交易的 3 种方式，操作风格从保守到极端激进。这种极端激进的技术基于终结倾斜三角形后一个推动浪要比前一个推动浪短。为了利用这一特性，交易员可以在第 5 浪形成时建仓，保护性止损点设定在浪 5 比浪 3 长的那一点。

如果我们将交易技术运用于 DJIA 的小时

图 5.1 DJIA 小时走势图的小浪 5

来源：Chart courtesy 艾略特波浪国际公司。

图 5.2 DJIA 小时走势图的小浪 5

来源：Chart courtesy 艾略特波浪国际公司。

价格走势图（如图 5.3 所示），交易员可以从浪 [v] 开始形成时在 9 041.9 点做空，并将保护性止损点设定在 9 344.8 点。因为在 9 344.8 点上，浪 [v] 将比 [iii] 长，终结倾斜三角形将变得无效，另一种不同的形态正在形成。请注意，波浪理论有能力让交易员精确知道他 / 她的分析哪里出现了错误。

对终结倾斜三角形进行交易，一种不那么

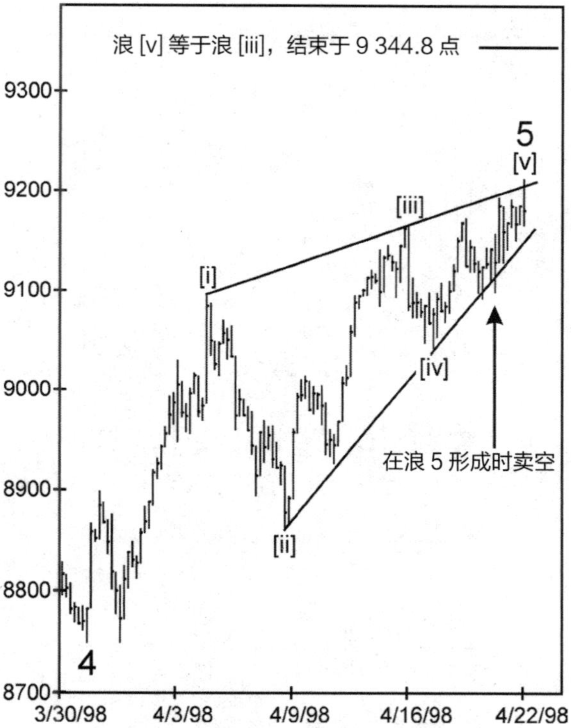

图 5.3 DJIA 小时走势图的小浪 5

来源：Chart courtesy 艾略特波浪国际公司。

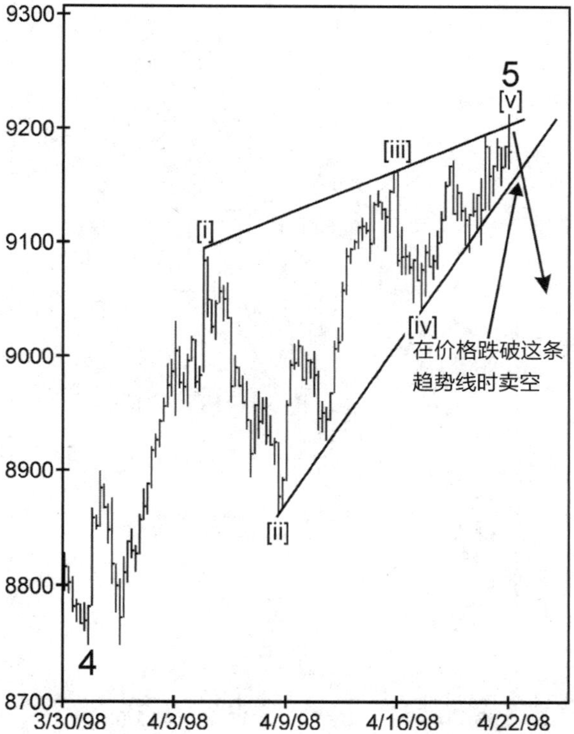

图 5.4 DJIA 小时走势图的小浪 5

来源：Chart courtesy 艾略特波浪国际公司。

激进的方法是，等待价格明确地突破连接浪 [ii] 和浪 [iv] 极点的趋势线。在 DJIA 走势图中（如图 5.4 所示），第 2 天（4 月 23 日）就出现了那种情形。

对终结倾斜三角形进行交易，最保守的方法是，在开始交易前等待价格突破浪 [iv] 的极点。在这张走势图中（如图 5.5 所示），你可以看到 DJIA 在 4 月 24 日跌破了浪 [iv] 的极点。

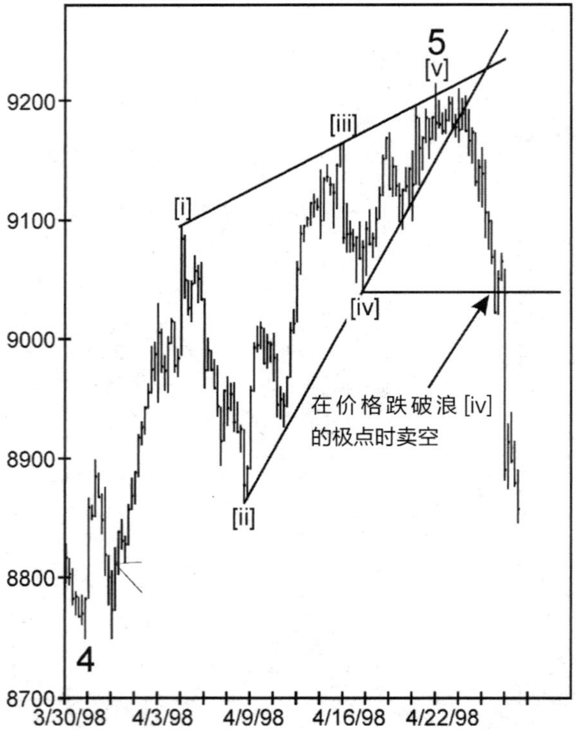

图 5.5　DJIA 小时走势图的小浪 5

来源：Chart courtesy 艾略特波浪国际公司。

激进的方法对性情急躁的人有吸引力，并且能够利用其止损。延迟交易的方法能够使交易员从两个方面获益：防止交易员试图低买高卖；帮助交易员更多依据支持性价格运动而不

关键点

终结倾斜三角形可以是推动浪的第 5 浪，也可以是平台形和锯齿形的浪 C。

精明投资者的诀窍

运用于终结倾斜三角形的指南提供了一个很好的例子，展示了波浪理论怎样使投资者精确知道他 / 她的分析哪里出现了错误。

精明投资者的诀窍

对终结倾斜三角形进行交易的保守方法是，在开始交易前等待价格突破浪 [iv] 的极点。

精明投资者的诀窍

对终结倾斜三角形进行交易的稍微激进的方法是，等待价格突破连接浪 [ii] 和浪 [iv] 极点的趋势线。

是推测来进行交易。

不论你的交易风格如何，终结倾斜三角形都值得你去寻找，因为它们很容易识别，并且提供了高可信度的交易机会。在我们的案例中，这一结尾形态引入了 350 点的下跌。不论是激进的交易还是保守的交易，这种交易机会都是有利可图的。

保守的交易员最容易错过

图 5.6 展示了 Broad Soft 公司（BSFT）第 5 浪终结倾斜三角形和它的迅速而陡直的反转的案例。激进地对终结倾斜三角形进行交易，交易员将在浪 5 开始形成时（图 5.6 中的点 M）卖空 BSFT 的股票。保护性止损点将设定在

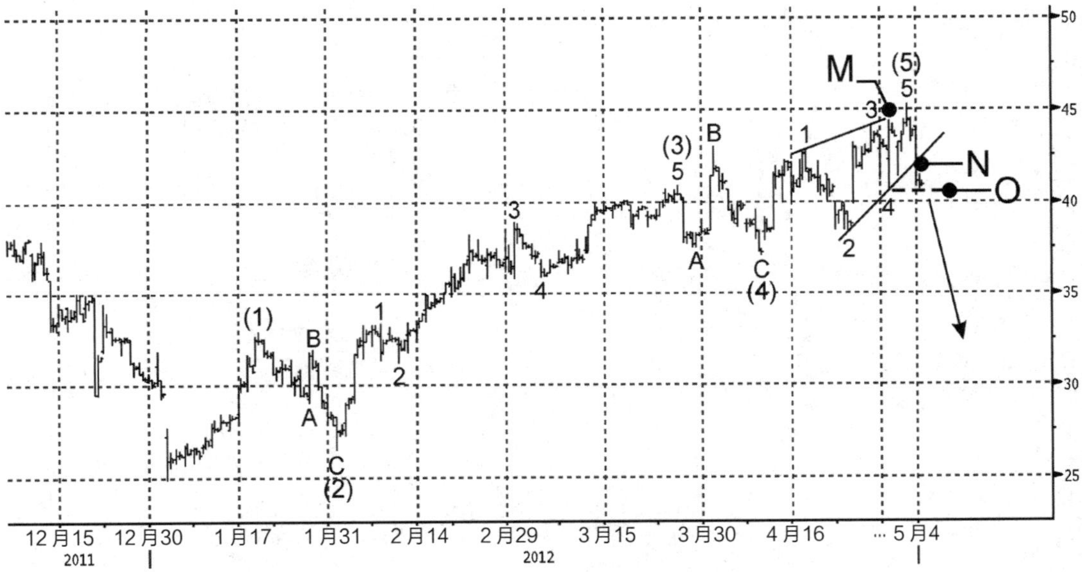

图 5.6　Broad Soft 公司 180 分钟走势图

注：该图经允许后转载自彭博。Copyright 2013 彭博。版权所有。

46.43 美元，因为在这一价位，浪 5 将比浪 3 长。

对终结倾斜三角形进行交易，一种不那么激进的方法就是，交易员将等待价格跌破连接浪 2 和浪 4 的极点的趋势线（点 N）。2012 年 5 月 4 日，BSFT 跌破了点 N，这意味着交易员将在 41.00 美元的低位区域进入交易。入场指令就是，保护性止损点设定在终结倾斜三角形的极点 45.32 美元。

图 5.7 显示价格出现了缺口，保守的入场无法执行。5 月 4 日，星期五，最低价是 40.65 美元，比浪 4 的极点 40.62 美元高 3 美分。周一上午，股票跳空下跌超过 17%，开盘价是 33.75 美元。选择保守的入场技术可能会使交易员完全错过交易，因为交易价格从未达到

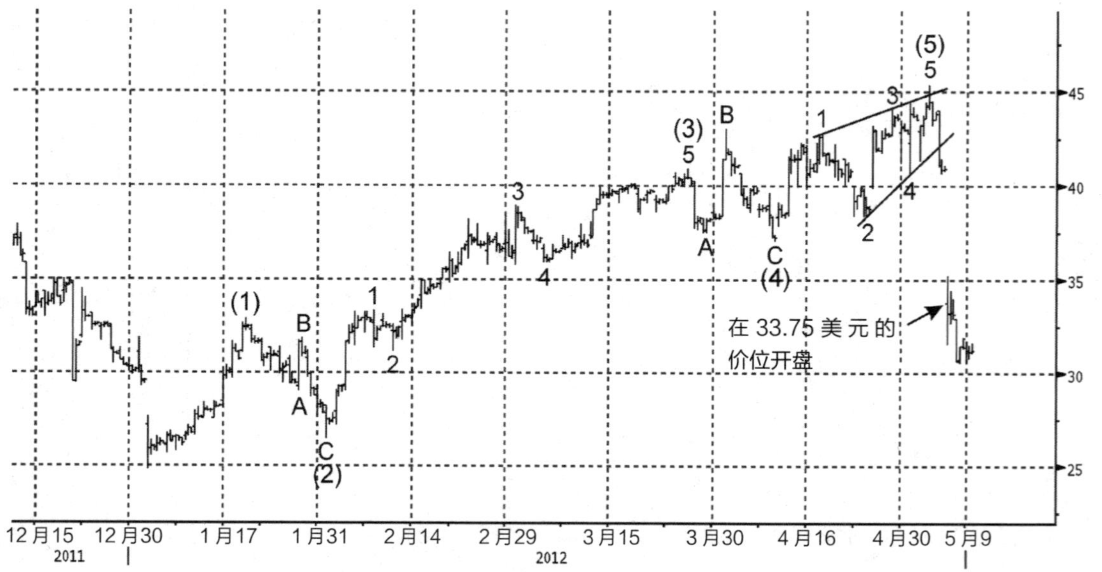

图 5.7 Broad Soft 公司 180 分钟走势图

注：该图经允许后转载自彭博。Copyright 2013 彭博。版权所有。

> **精明投资者的诀窍**
>
> 不论你的交易风格是激进的还是保守的，终结倾斜三角形都值得你去寻找，因为它们很容易识别，并且提供了高可信度的交易机会。

40.62 美元。即便如此，BSFT 的价格走势图还是很好地阐释了，终结倾斜三角形之后经常是一个迅速而陡直的反转。

严格遵守数浪法则

下一个考察 Silver Wheaton（SLW）价格

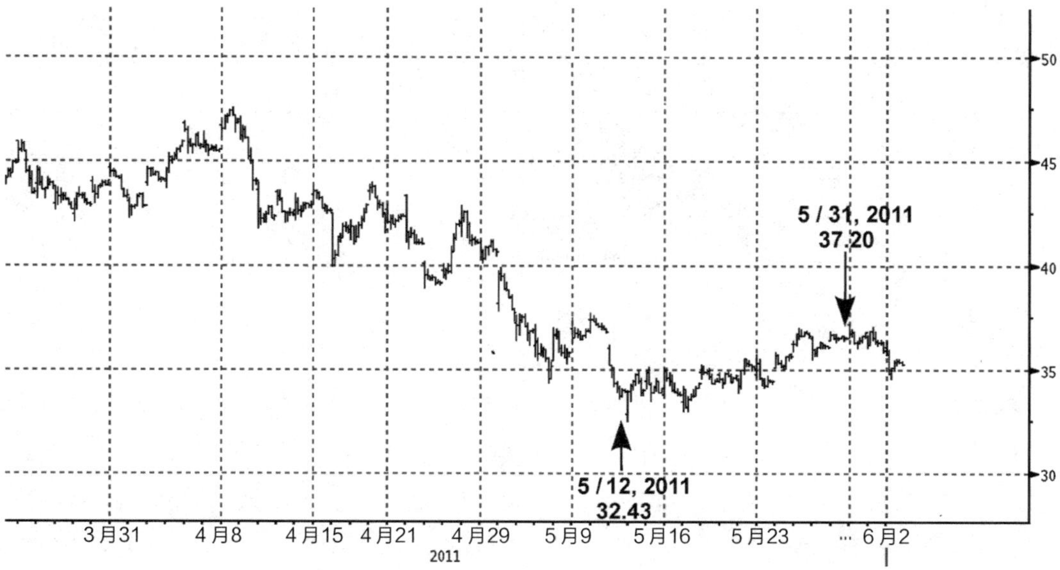

图 5.8 Silver Wheaton 公司 60 分钟走势图

注：该图经允许后转载自彭博。Copyright 2013 彭博。版权所有。

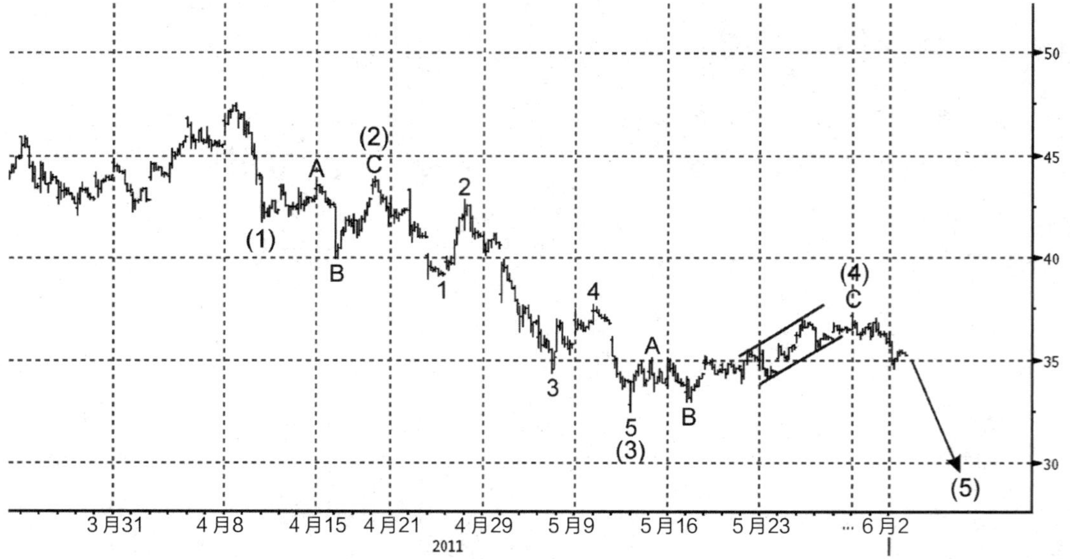

图 5.9 Silver Wheaton 公司 60 分钟走势图

注：该图经允许后转载自彭博。Copyright 2013 彭博。版权所有。

运动的交易案例中，我们将介绍这次交易机会，并用期权来交易。

在 SLW60 分钟价格走势图中（如图 5.8 所示），让我们首先看看价格从 2011 年 5 月 12 日的低位 32.43 美元上涨到 2011 年 5 月 31 日的高位 37.20 美元。这一价格运动缓慢且波动剧烈，其中很多波浪重叠。这正是你预期会在调整波浪形态中看到的。因此，这一小幅度上涨似乎是一个更大下跌趋势中的调整上扬。

图 5.9 给出了我对从 4 月 8 日高位 47.60 美元开始的价格运动的艾略特波浪解释。从那一高位开始，我标记了已经完成的浪（1）、浪（2）

和浪（3），结束于 5 月 12 日的低位 32.43 美元。接下来的上涨运动和盘整型运动可以细分为一个平台形，即 3 浪上涨的浪 A、3 浪下跌的浪 B 和略微收缩的终结倾斜三角形浪 C。

波浪理论为价格运动提供了分析背景，允许我们将 5 月低位开始的上涨运动确认为高一浪级下跌 5 浪结构中的第 4 浪调整浪。将浪（4）的浪 C 视作终结倾斜三角形后，我们可以预测下一轮看空将出现在浪（5），价格将跌破 32.43 美元的低位。现在，采取什么方法能利用好这次交易机会呢？

一种方法是等待更多的价格线，并在 6 月 2 日买入 10 手 2011 年 6 月执行价为 34.00 美元、期权价格为 82 美分的看跌期权。当我交

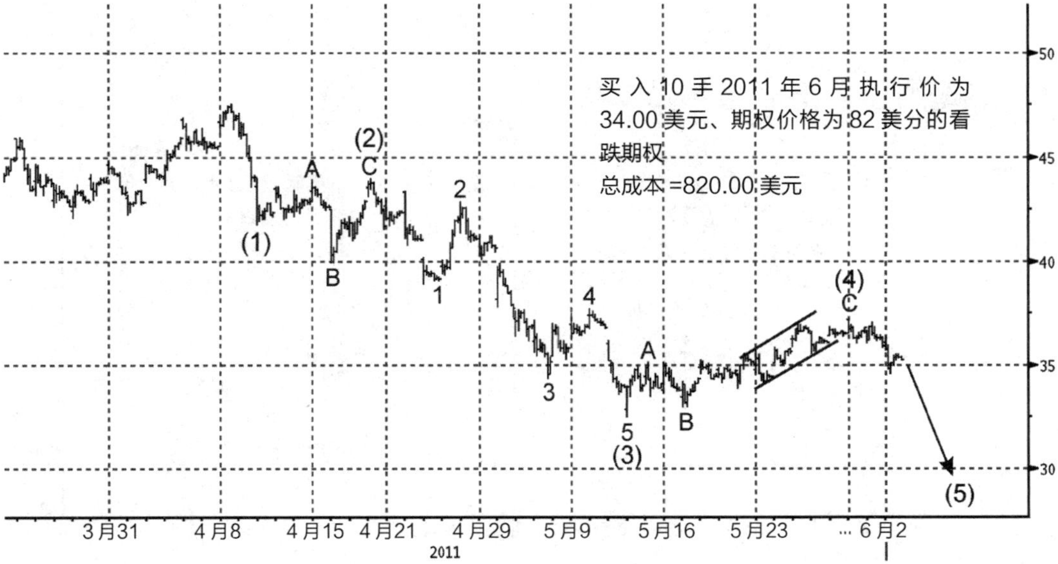

图 5.10　Silver Wheaton 公司 60 分钟走势图

注：该图经允许后转载自彭博。

易期权时，我总是喜欢买入略处于价外的看涨期权/看跌期权。头寸的成本是820.00美元（不含佣金）（如图5.10所示）。

接下来的几天里，价格按照我们提出的艾略特波浪预测那样进一步下跌（如图5.11所示）。6月8日，价格跌破了浪（3）的低位32.43美元。因此，我们可以继续持仓一个星期以上。尽管一个完整的推动浪的要求已经达到，但我们保守地在6月13日平仓，以2.72美元的期权价格卖出10手2011年6月执行价为34美元的看跌期权。从我们以82美分入场到2.72美元出场，我们获得了230%的回报率。

我们预期的情况发生了，SLW在接下来的几天里继续下跌至29.79美元的低位（如

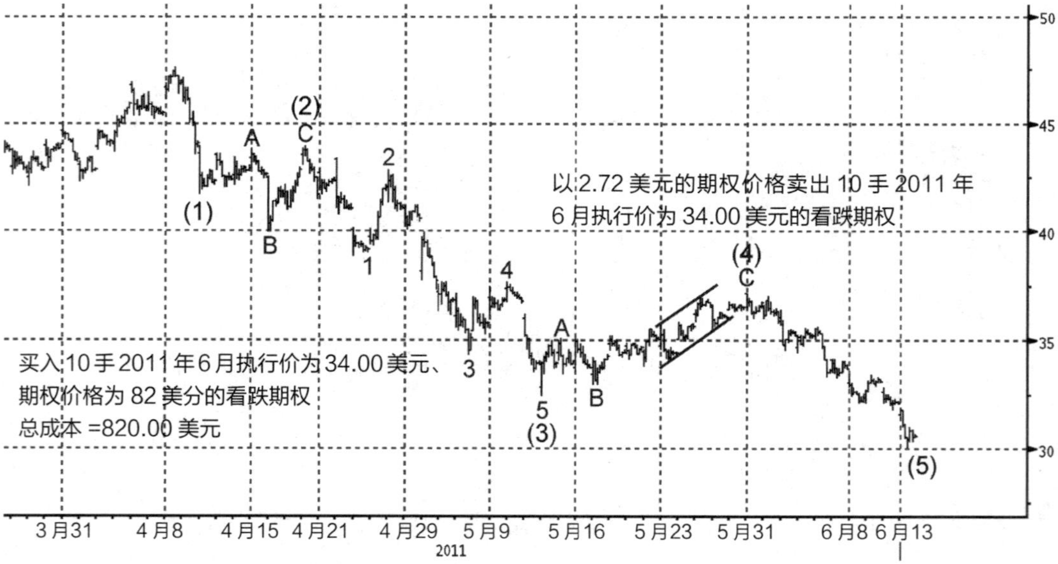

图5.11 Silver Wheaton公司60分钟走势图

注：该图经允许后转载自彭博。Copyright 2013 彭博。版权所有。

图 5.12 所示)。如果我们再多持仓几天，我们出场时将可能获得超过 375%的回报率，因为 2011 年 6 月执行价为 34.00 美元的看跌期权当时的买入价是 3.90 美元。尽管一些人可能会为错过一笔额外的利润感到懊悔，但当最小目标已经实现时，通常最好的方法是听从一句古老的忠告，“二鸟在林不如一鸟在手”。

让我们从分析而不是交易的角度，再看看 SLW 的价格走势图（如图 5.13 所示)。你会看到它遵循了许多波浪原理的法则，其中就包括交替。这一适用于调整浪法则告诉你，要在浪 2 和浪 4 中寻找不同的形态。

比如，如果浪 2 是急剧型调整，可以预期浪 4 是一个持续时间很长的盘整型调整。如果

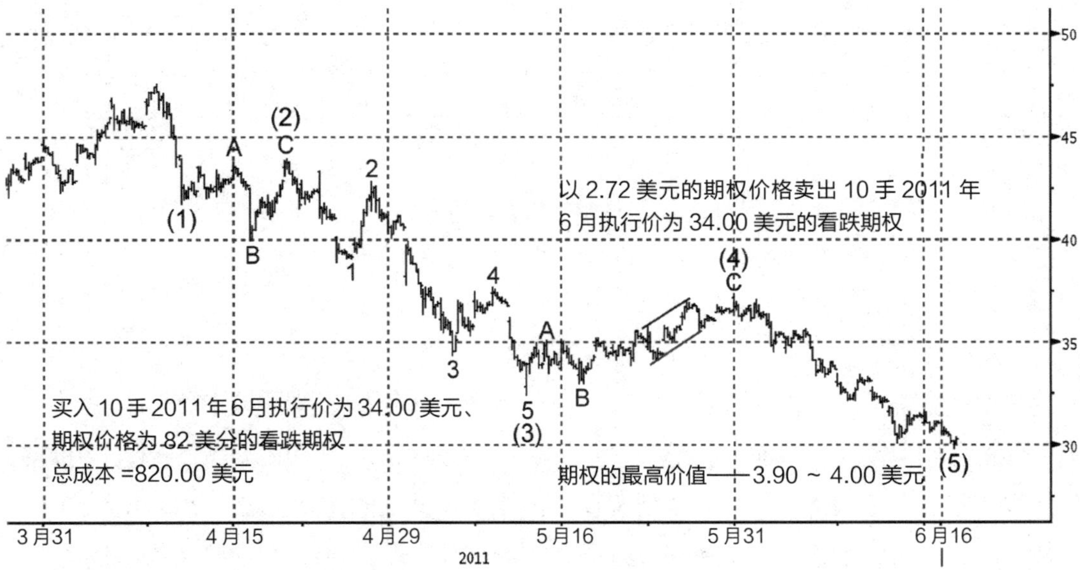

图 5.12　Silver Wheaton 公司 60 分钟走势图

注：该图经允许后转载自彭博。Copyright 2013 彭博。版权所有。

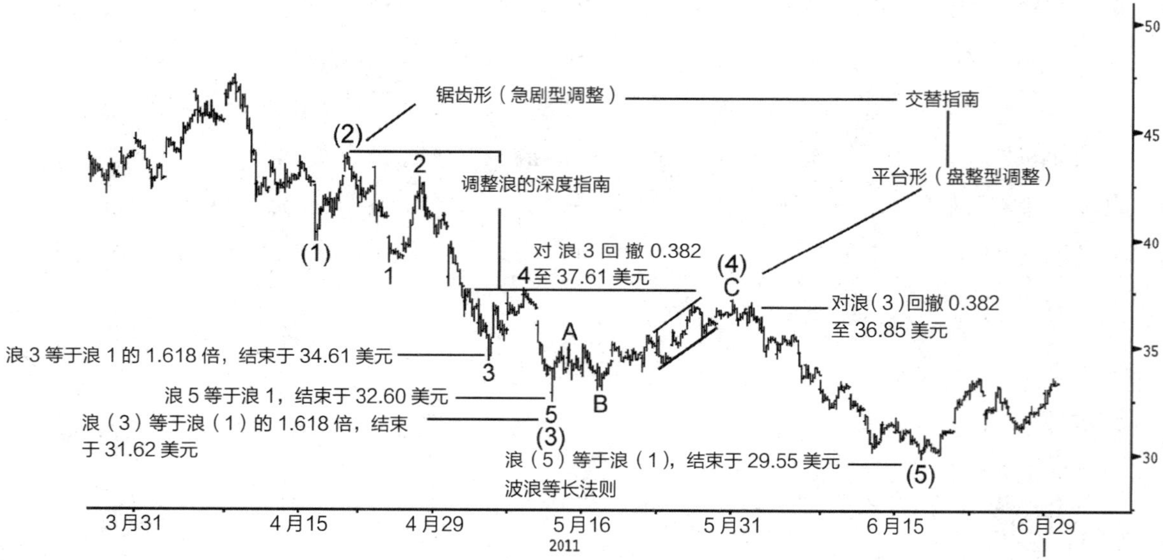

图 5.13 Silver Wheaton 公司 60 分钟走势图

注：该图经允许后转载自彭博。Copyright 2013 彭博。版权所有。

浪 2 是盘整型调整，可以预期浪 4 是急剧型调整。锯齿形是急剧型调整浪，而平台形和三角形是盘整型调整浪。急剧型调整与盘整型调整的区别是，急剧型调整绝不会产生新的价格极点。请注意 SLW 的走势图，浪（2）是锯齿形（短、陡直），而浪（4）是平台形调整浪（横向、持续时间长）。这就是交替。

在这张走势图中，第二个起作用的法则决定了调整浪的深度。当 5 浪结构完成时，回撤倾向于使价格回到前面第 4 浪的运动范围内，并结束于第 4 浪的终点。走势图很清楚地表明，浪（4）结束于浪（3）的浪 4 终点附近。

第三个法则是等长：在推动浪中，当浪 3 延伸时，浪 5 和浪 1 倾向于等长。浪（3）的细分部分遵循了同一法则。浪 5 若等于浪 1，将结束于 32.60 美元，而它实际上结束于 32.43 美元，两者之间只有 17 美分的差异。

关键点

交替指南适用于调整浪。比如，如果浪 2 是急剧型调整，则可以预期浪 4 将是一个持续很长的盘整型调整。如果浪 2 是盘整型调整，则可以预期浪 4 将是急剧型调整。

关键点

等长指南适用于推动浪：当浪 3 延伸时，浪 5 和浪 1 倾向于长度相等。

等长法则的一个推论是：在驱动浪中，通常有一个次级驱动浪会延伸。在股票市场和股指市场中，通常是浪 3 延伸。在商品市场中，第 5 浪更可能延伸。当浪 3 延伸时，浪 5 和浪 1 倾向于等长。请注意，在 SLW 中，浪（5）若等于浪（1），将结束于 29.55 美元。而浪（5）实际上的低位 29.79 美元，与等长法则价位的误差不超过 1%。

接下来，让我们检查一些斐波那契关系。对第 3 浪来说，最常见的斐波那契倍数是，它等于第 1 浪的 1.618 倍。如果 SLW 的浪（3）等于浪（1）的 1.618 倍，浪（3）将结束于 31.62 美元。而浪(3)实际上结束于 32.43 美元，仅比 1.618 倍的目标价位高出几个百分点。另一个指南起作用的例子在浪(3)内部。若浪(3)的浪 3 等于浪（3）的浪 1，它将结束于 34.61 美元。它实际上结束于 34.34 美元，仅比 34.61 美元低了 1 个百分点。

对第 4 浪来说，最常见的斐波那契回撤是，它等于第 3 浪的 0.382。SLW 的价格在反转到浪（5）的下行趋势前，有 3 次达到了 0.382 的回撤。浪（3）回撤 0.382 将达到 36.85 美元，而浪（4）实际上结束于 37.20 美元。

最终，对 SLW 进行交易取得了非常好的效果。它基于识别一个基本的驱动浪，但法则和斐波那契关系将为数浪增加了信心。

小仓位测试风险

让我们转向我的一次实际经历，怎样对A-B-C结构浪C位置的终结倾斜三角形进行交易。泰克资源公司（Teck Resources Limited，TCK）在2012年3月和4月的波浪形态大体上是扩散平台形，其中浪（C）呈现为终结倾斜三角形（如图5.14所示）。如果我当时识别出的形态是正确的，那么在一个略超过37.97美元的新高之后，价格上将会迅速而陡直地反转至浪3的极点37.97美元。这一反转应该使价格跌破浪（C）的起点33.61美元。

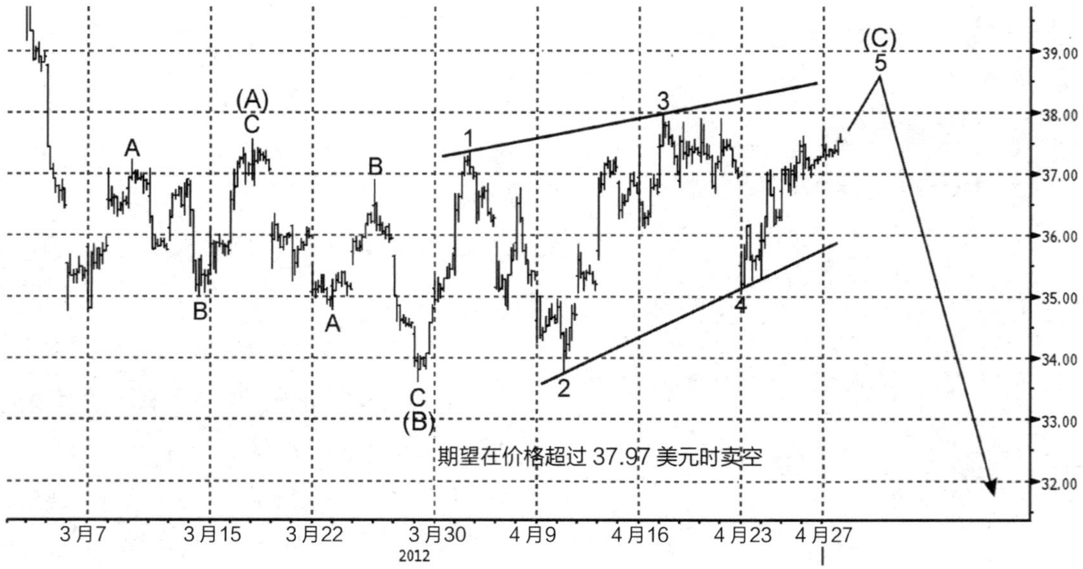

图5.14　泰克资源公司60分钟走势图

注：该图经允许后转载自彭博。Copyright 2013彭博。版权所有。

2012 年 5 月 2 日，TCK 产生了一个略超过浪 3 极点的新高（如图 5.15 所示）。在那个时候，一个完整波浪形态的最低要求已经满足了，我们也要为一个大幅度的价格下跌做好准备了。为了利用好这个交易机会，我决定使用一种修正的终结倾斜三角形技术。

与其在浪 5 形成时卖空或者价格跌破 2-4 趋势线时入场，我决定在价格跌破浪 5 的浪 [b] 极点 36.94 美元时，建立一个小仓位。这样有一点激进，但允许我使用确定的价格运动，因为这需要价格跌破一个前期摆动低位。此外，为了抵消过早进入交易的风险，我仅仅建立了一个小仓位。

当 36.94 美元入场触发时，初始保护性止

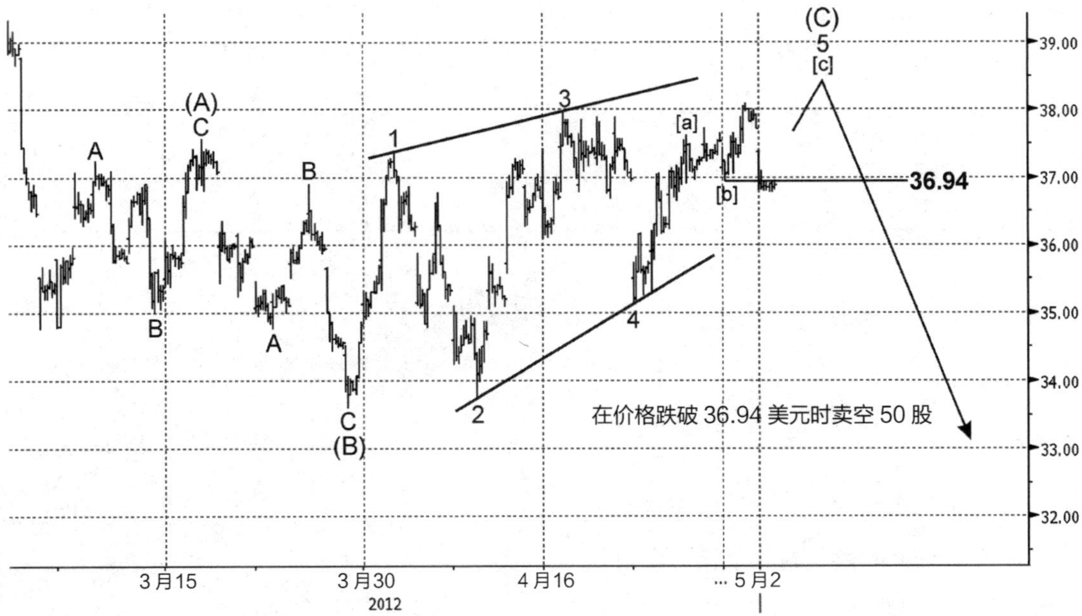

图 5.15　泰克资源公司 60 分钟走势图

注：该图经允许后转载自彭博。Copyright 2013 彭博。版权所有。

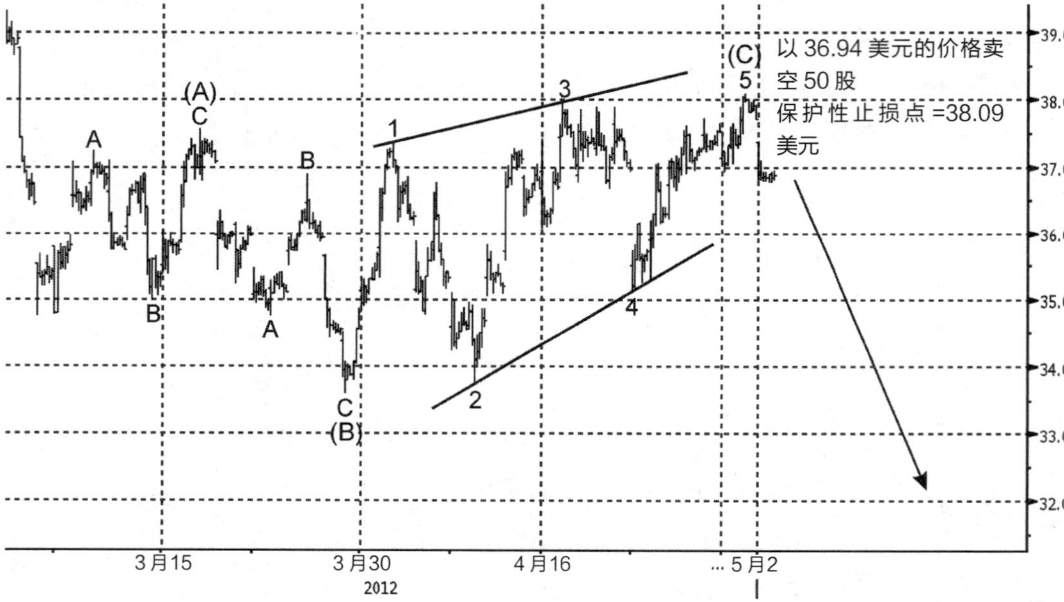

图 5.16　泰克资源公司 60 分钟走势图

注：该图经允许后转载自彭博。Copyright 2013 彭博。版权所有。

损点设定在价格运动的高位 38.09 美元（如图 5.16）。只要这笔交易的最低目标实现，即价格跌破 33.61 美元，那么头寸的风险回报比将是令人满意的 3:1。如图 5.17 所示，我决定在价格跌破 35.13 美元时加仓，再卖空 100 股。我

精明投资者的诀窍

建立小仓位抵消过早进入交易的风险。

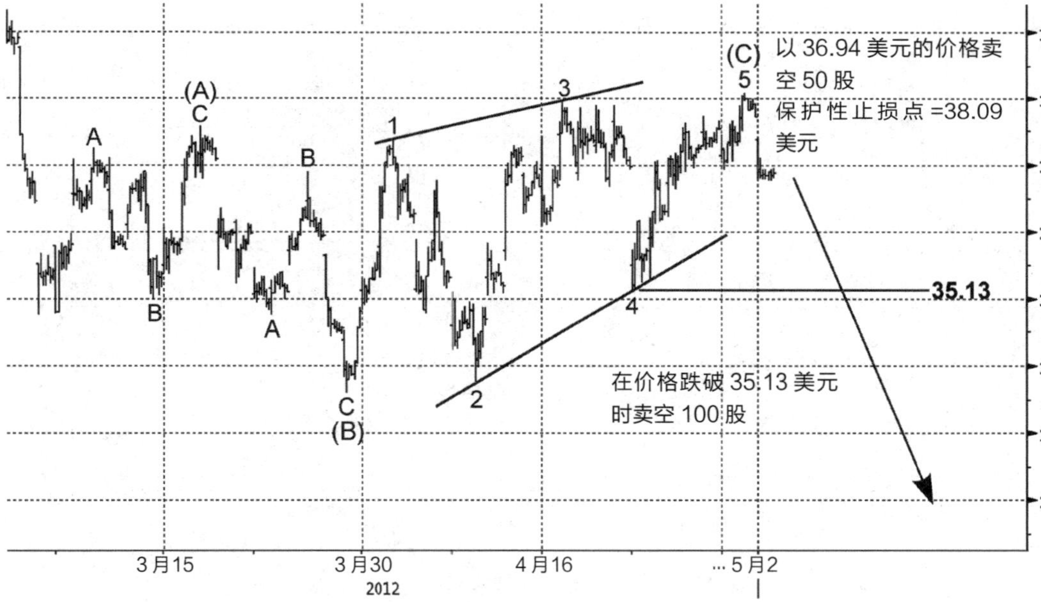

图 5.17　泰克资源公司 60 分钟走势图

注：该图经允许后转载自彭博。Copyright 2013 彭博。版权所有。

使用第 1 章中讨论的更保守的策略，在价格跌破终结倾斜三角形的浪 4 极点时卖空。

5 月 4 日，第 2 个头寸触发了，我在 TCK 中的总头寸为：以 35.73 美元的平均价格卖空 150 股（如图 5.18 所示）。在第一笔交易中，我将初始的保护性止损点设定在 38.09 美元。再卖空 100 股后，我将保护性止损点降低到最近的第 2 浪极点 37.17 美元。

5 月 8 日，也就是 4 天后，TCK 跌破了终结倾斜三角形的起点 33.61 美元（如图 5.19 所示）。

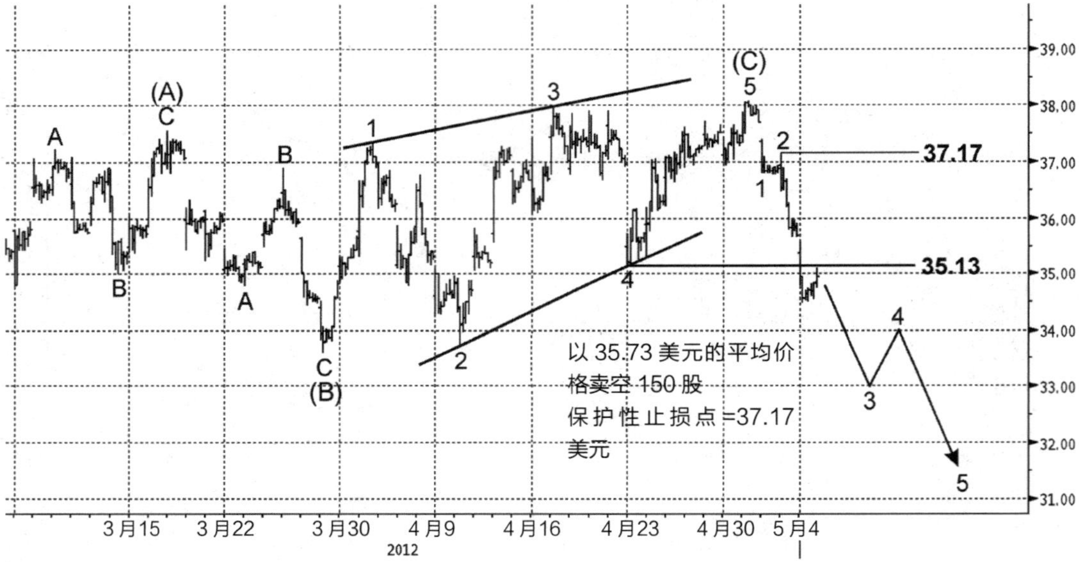

图 5.18　泰克资源公司 60 分钟走势图

这笔交易的最低期望已经实现，我将头寸的保护性止损点显著地降到 34.00 美元。在降低止损点时，我还考虑到现在可以数出从 38.09 美元到 32.67 美元的 5 浪下跌了。在一个明显的 5 浪下跌下，我知道下行趋势在短期内有限，下一个显著的价格运动是上涨。

5 月 9 日（如图 5.20 所示），我将这笔交易的止损点从 34.00 美元降到 33.00 美元，减少风险以保护浮动盈利。

当日晚些时候，TCK 的交易价格突破了 33.00 美元，这笔交易止损出场。结果是，价格下跌了 2.73 美元，下跌幅度 7.64%。对于一

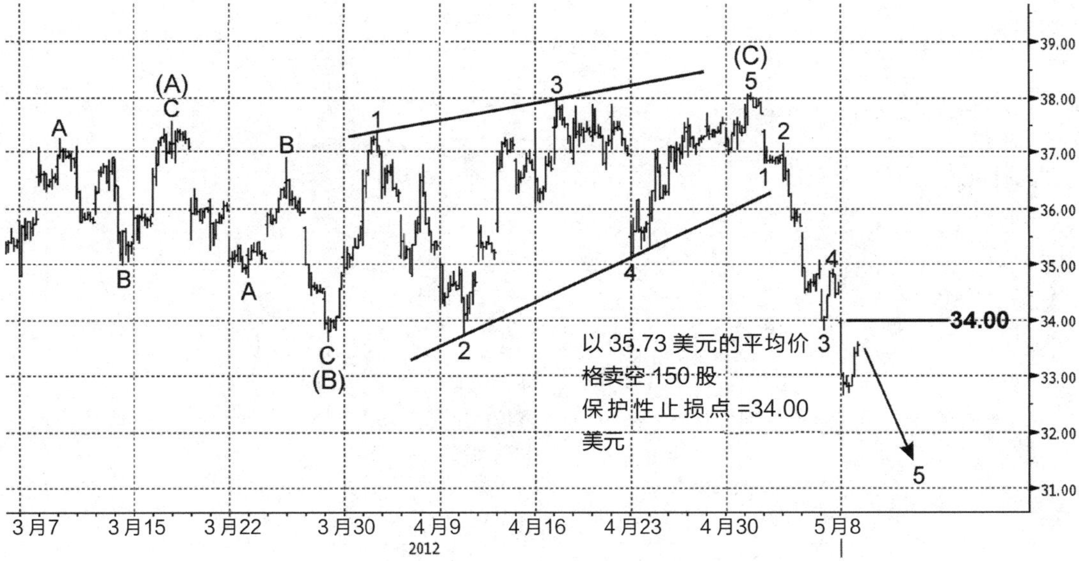

图 5.19　泰克资源公司 60 分钟走势图

注：该图经允许后转载自彭博。Copyright 2013 彭博。版权所有。

笔仅仅持续了 6 天的交易，这是一个不错的回报率。

对欧元的终结倾斜三角形进行交易

2008 年 4 月，在外汇交易市场上，欧元对美元的汇率发生了一个有趣的现象。在 2000 年 10 月的低位 0.8245 后，基于最近的期货合约，欧元持续上涨，创造了多个高位纪录。

有什么方法能够让我们知道市场的上涨势头什么时候截止？艾略特波浪模型知道问题的答案。欧元在两个不同的浪级上的终结倾斜三

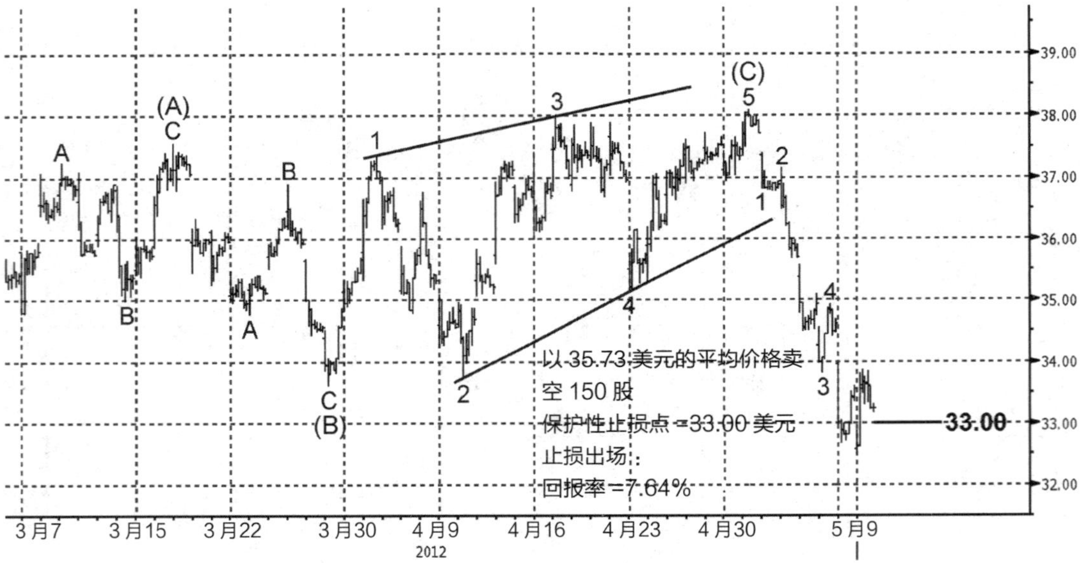

图 5.20　泰克资源公司 60 分钟走势图

角形，展示了两个重要的高位卖空信号。让我们从开始说起。

在 2008 年 4 月 22 日的欧元期货合约日连续图中（如图 5.21 所示），我们看到价格在浪（i）、浪（ii）和浪（iii）中有明确的上涨。在浪（iii）中，我们可以作出一种可能的数浪（从浪 i 到浪 v），其中浪 v 的极点是 1.5985。我们也观察到，浪 v 包含 5 个重叠的浪，这 5 个浪收缩并且呈现倾斜三角形形态。这是终结倾斜三角形的标志特征，它预示着一个迅速而陡直的反转即将来临。

根据艾略特波浪法则，反转将至少运动到

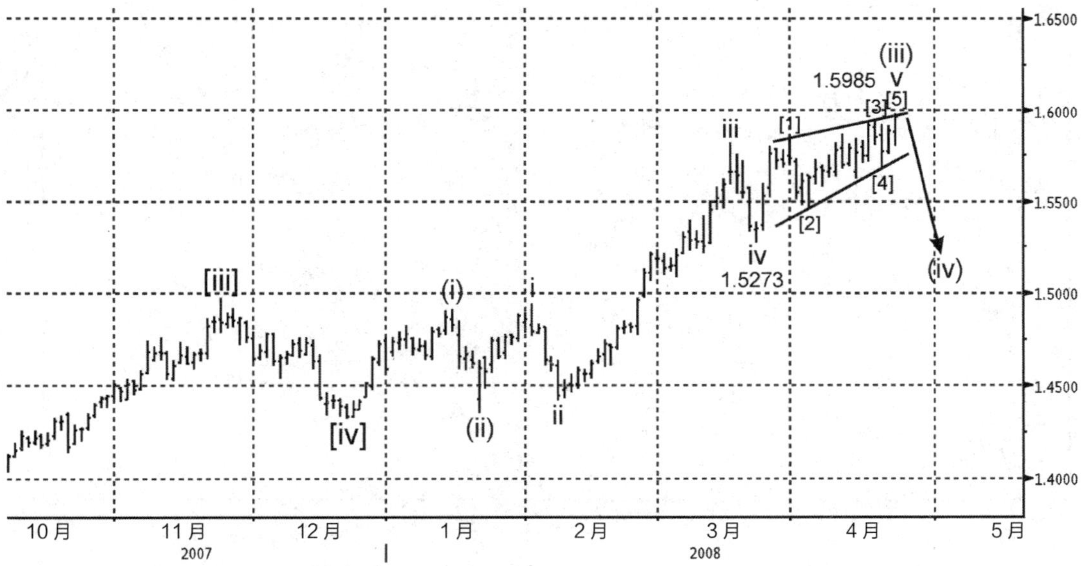

图 5.21 欧元期货日连续图

注：该图经允许后转载自彭博。Copyright 2013 彭博。版权所有。

终结倾斜三角形的起点，也可能更远。在这里，这一价位是浪 iv 的终点 1.5273。

终结倾斜三角形的一个关键特征是，所有的初始次级浪将形成单一锯齿形，或者多重锯齿形。

下面的小时走势图（如图 5.22 所示）是这种倾斜三角形的特写镜头，完美揭示了锯齿形的形态。

浪 [1]、浪 [2] 和浪 [4] 似乎是单一锯齿形，而浪 [3] 和浪 [5] 似乎是双锯齿形。浪 [5] 产生了一个翻越，因为它略微超过了 [1] - [3] 趋势线。翻越经常预示着终结倾斜三角形的结束。一旦

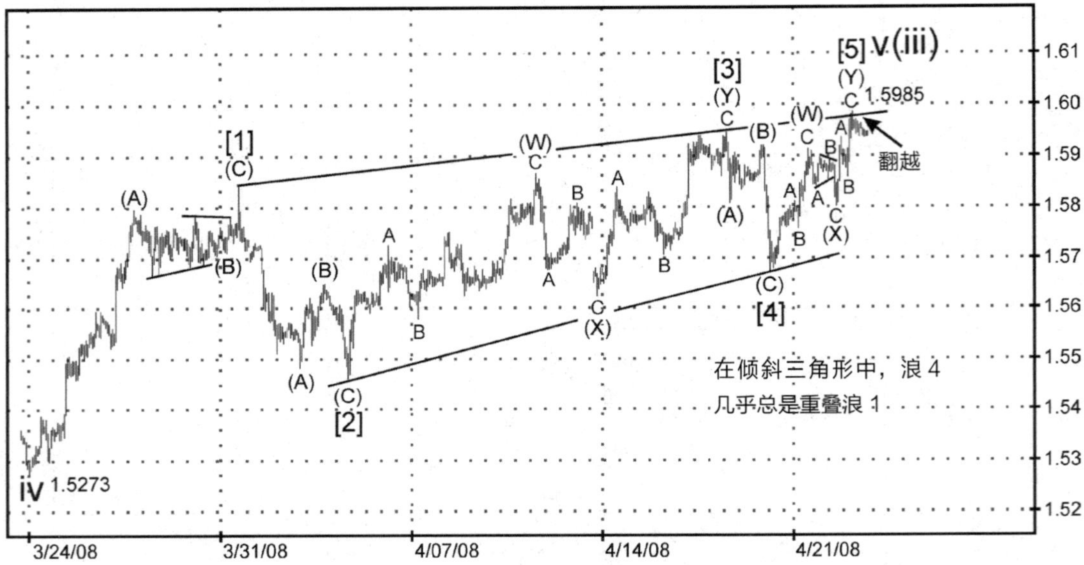

图 5.22　2008 年 6 月欧元期货 60 分钟走势图

价格跌破［2］-［4］趋势线，我们将有强有力的证据证明，倾斜三角形结束于 1.5985。下一个价格运动将迅速地下跌到 1.5273，可能还会跌破这个价位。

如图 5.23 所示，我们通过使用斐波那契回撤，可以建立更低的目标价格。在这里，1.5273 的目标价格落在 0.382 和 0.500 的回撤水平之间。

精明投资者的诀窍

在终结倾斜三角形完成后，价格反转到倾斜三角形的起点，将花费倾斜三角形形成时间的 1/3 到 1/2。

图 5.23　欧元期货日连续图

注：该图经允许后转载自彭博。Copyright 2013 彭博。版权所有。

目标区域与下面的事实一致：第 4 浪通常回撤较小幅度（如 0.382），返回到前面低一浪级的第 4 浪。

基于这些知识，我们应该在此时使用 2008 年 6 月期货合约卖空欧元。日连续图中所有的价格水平都包含 6 月期货合约。

你可以等到价格跌破［2］-［4］趋势线后再卖空，而不是立即执行交易，这取决于你的风险承受能力。就我而言，我比较喜欢现在采取行动，而不是等到价格跌破［2］-［4］趋势线，尤其当我有强有力的证据证明终结倾斜三角形已经结束时。

假设我们决定以 4 月 22 日的收盘价 1.5957 卖空欧元（如图 5.24 所示）。我们的目标价格

图 5.24　欧元期货日连续图

注：该图经允许后转载自彭博。Copyright 2013 彭博。版权所有。

是 1.5273，这是倾斜三角形开始的价位。我们的保护性止损点是 1.6161。在这一价位，浪 [5] 将比浪 [3] 长，倾斜三角形是无效的。我们的潜在风险是 204 点，而潜在回报是 684 点，由此产生的风险回报比超过 3:1。

在 4 月 24 日的小时走势图中（如图 5.25

关键点

在收缩的终结倾斜三角形中，浪 3 总是比浪 1 短，浪 5 总是比浪 3 短。

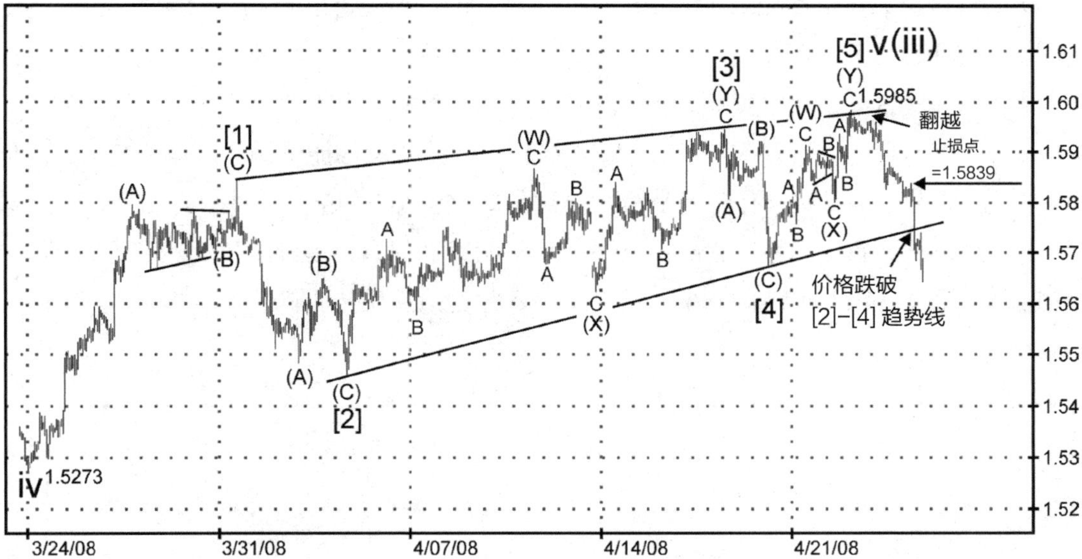

图 5.25　2008 年 6 月欧元期货 60 分钟走势图

注：该图经允许后转载自彭博。Copyright 2013 彭博。版权所有。

所示)，欧元跌破了 [2] - [4] 趋势线，这强有力地证明倾斜三角形结束于 1.5985。此时，我们将止损点进一步降低。我们不愿意看到价格显著上涨到 [2] - [4] 趋势线之上，所以我们将止损点设定为 1.5839(价格跌破 [2] - [4] 趋势线前最后一个显著高位)。

下面是一周后的价格走势图（如图 5.26 所示)，欧元继续下跌。我们有机会将止损点设定在 [2] - [4] 趋势线之下了。一个可选择的合理价位是 1.5663，因为它代表最近调整浪的高位。我们也进行了市价委托：在价格达到 1.5273 时买入欧元，保护性止损点为 1.5663。

5 月 7 日，欧元达到了 1.5255 的低位。当价格达到 1.5273 时，市价委托单将会执行，净利润为 684 点（如图 5.27 所示）。

图 5.28 展示了欧元价格怎样运动到了 8 月 8 日。

浪（iv）结束于 1.5255。有趣的是浪（v）也呈现为一个终结倾斜三角形。它同样也展示了一个翻越，然后达到 1.5988 的高位，这仅仅比之前的高点多几个价格变动单位。之后是一个迅速而陡直的反转，欧元再没有上涨回去。你能够知道欧元将继续跌破走势图中终结倾斜三角形的起点 1.5255 吗？

是的，你能够知道，但只有通过分析下跌的波浪结构和高一浪级的波浪形态才能做到。无论如何，一旦你识别出第二个倾斜三角形，你就知道反转即将发生，并且你下一笔交易的

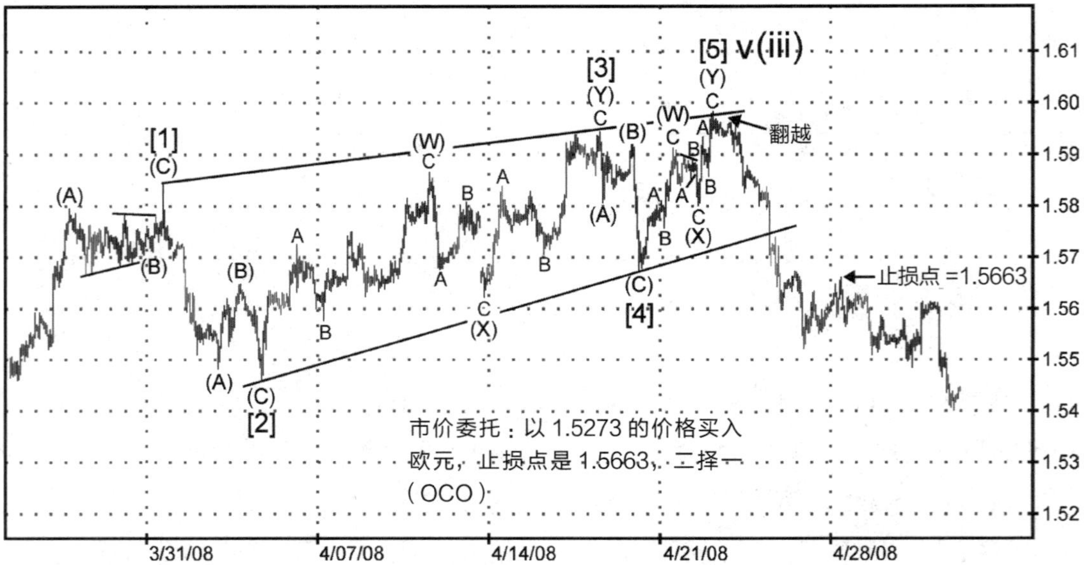

图 5.26　2008 年 6 月欧元期货 60 分钟走势图

注：该图经允许后转载自彭博。Copyright 2013 彭博。版权所有。

初始目标价格就是 1.5255。

总之，在两个不同的浪级分别出现了一个终结倾斜三角形，并且达到几乎相同的价位，这是主要趋势衰竭的信号。第二个终结倾斜三角形的翻越幅度比更大，反转也更猛烈。

你可以在专用的读者资源网站上学到更多相关知识。你会看到弗罗斯特和普莱切特撰写的《艾略特波浪理论》的免费网上版本，还有艾略特波浪分析方面的课程：当你在实战中应用波浪理论时，怎样利用具体的形态交易，以及怎样使用斐波那契和其他技术指标来增强你的信心。请访问：www.elliottwave.com/wave/ReaderResources。

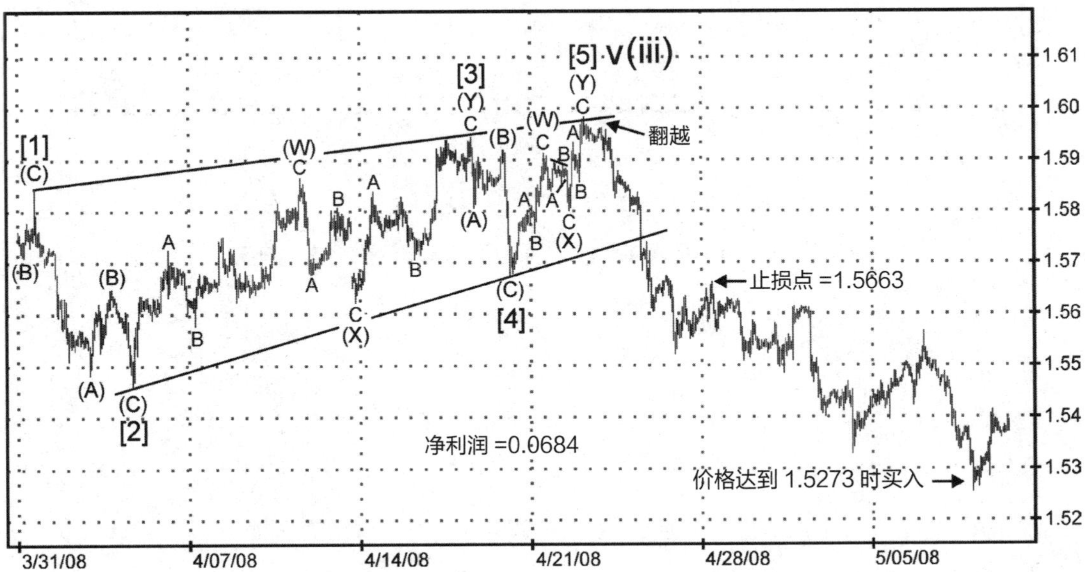

图 5.27　2008 年 6 月欧元期货 60 分钟走势图

注：该图经允许后转载自彭博。Copyright 2013 彭博。版权所有。

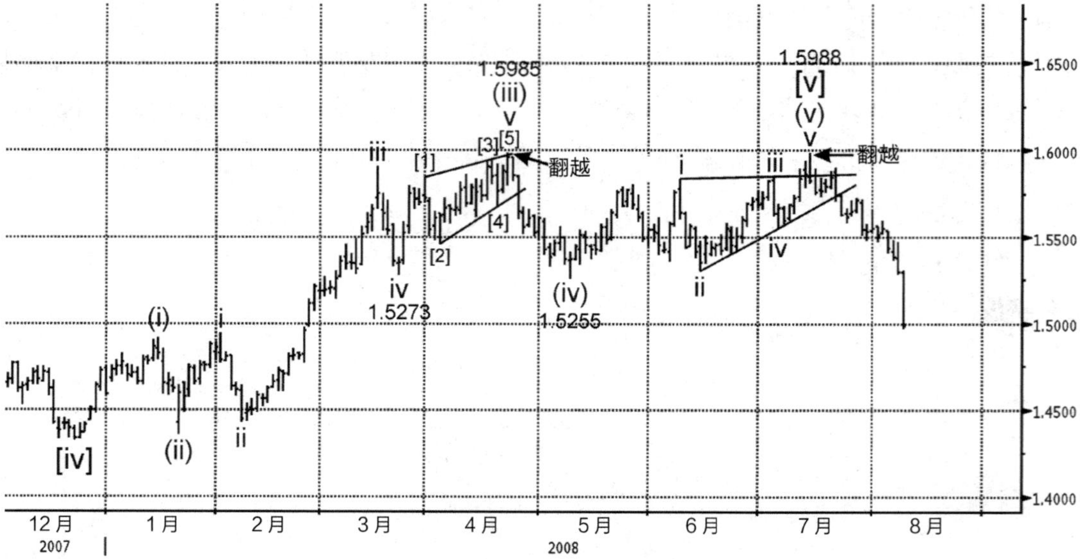

图 5.28 欧元期货日连续图

注：该图经允许后转载自彭博。Copyright 2013 彭博。版权所有。

本章测试题

1. 终结倾斜三角形可能发生在哪里？

（A）终结倾斜三角形的浪 5

（B）锯齿形或平台形的浪 A

（C）推动浪的浪 5、平台形和锯齿形的浪 C

（D）调整浪形态的终点

2. 判断对错：终结倾斜三角形表明主要趋势将会继续一段时间。

3. 终结倾斜三角形结束后，你预期会发生什么？

（A）趋势变成盘整型运动。

（B）市场将急剧反转到倾斜三角形开始的地方。

（C）三角形将会出现。

（D）另一个反方向的倾斜三角形将会出现。

4. 终结倾斜三角形、衰竭的第 5 浪和第 5 浪延伸有什么共同点？

（A）它们总是呈现更快速的下跌趋势。

（B）它们是提供了更多有利可图的机会的延伸浪。

（C）在它们之后是一个迅速而陡直的反转。

（D）它们都是推动浪。

5. 判断对错：收缩的终结倾斜三角形中，浪 3 比浪 1 短。

答案：1.C 2. 错 3.B 4.C 5. 对

第三部分

超越艾略特波浪形态

管理投资的艺术，是一门获得和舍弃股票与其他证券，使收益最大化的艺术。何时入市比买卖什么股票更加重要。选股并非不重要，但比起入市时机，它是次要的。无论是交易商，还是投资者，要想在股市中成为胜者，就必须知道大势的方向，并顺势投资，而不是逆势操作。

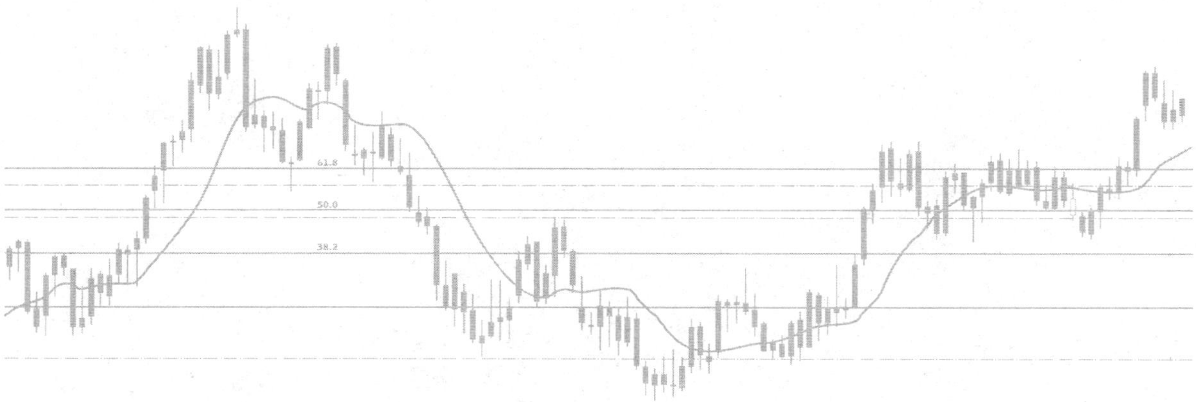

第 6 章 06

VISUAL GUIDE TO ELLIOTT WAVE TRADING

技术指标与波浪理论双重确认

市场反应研究是技术分析的本质。技术分析包含不同的工具，技术员用它们研究市场的反应。例如，人们可以通过识别大众心理变化产生的波浪形态，运用波浪理论模型进行技术分析。其他技术分析方法有：日本蜡烛图、点数图、相对强弱指标和指数平滑移动平均线。

关键点

人们可以通过识别大众心理变化产生的波浪形态，运用波浪理论模型进行技术分析。

哪种工具最好呢？技术员对这一问题争论激烈，但我是这样看的，最适合你的工具就是最好的工具。

对我来说，这一工具就是波浪理论。尽管我是一个艾略特主义者，我还是会使用其他形式的技术分析方法，寻找支持或挑战我的分析的证据，从而改善我的交易。

有时，波浪理论和你的技术指标可能会发生分歧。当这种情况发生时，对此的回应显然是放弃交易，改为观察其他市场的走势图，以便发现更好的交易机会。你可能遇到一个漂亮的波浪形态但不被技术指标支持，或者是一个耀眼的技术指标但与波浪形态不一致。无论哪一种情况发生，实际上都能帮助你更好地管理风险。

例如，如果你交易 50 股股票，而不是像通常那样交易 100 股，那么你仍然能够再冒一次险，风险变小了。

下面展示三个我怎样运用技术指标交易的案例。

对看跌的相对强弱指标背离信号进行交易

如图 6.1 所示，第一个案例展示了相对强弱指标（RSI）怎样帮助我识别科锐（CREE）中的交易机会。相对强弱指标是威尔斯·威尔德创造的工具，用它衡量势头和识别背离信号

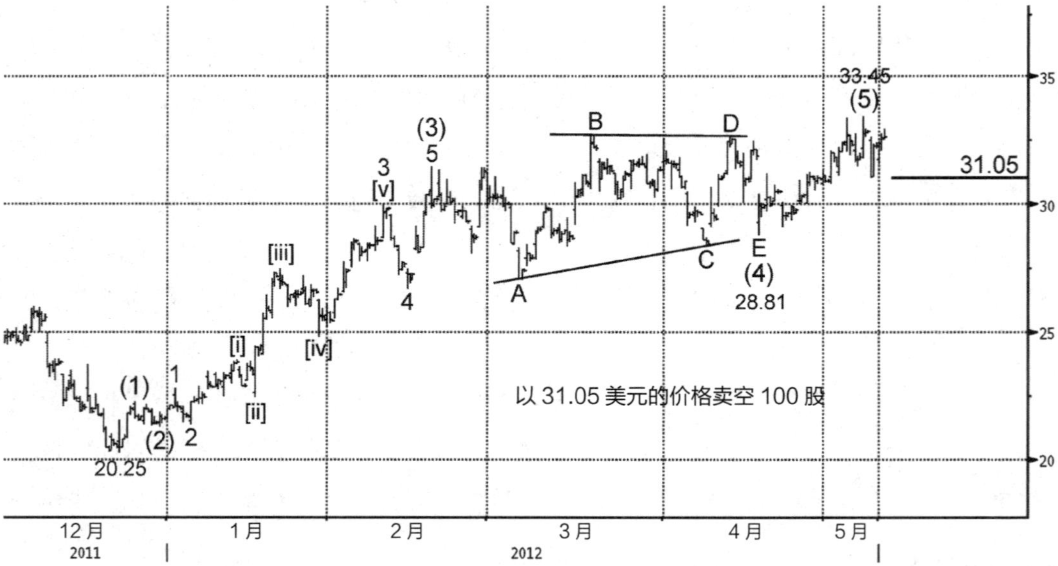

图 6.1　科锐公司 180 分钟走势图

注：该图经允许后转载自彭博。Copyright 2013 彭博。版权所有。

很有用。当价格和基础指标的运动方向相反时，背离信号形成了。在一个看涨的背离信号中，价格创了新低，相应的指标却没有创新低。在一个看跌的背离信号中，价格创了新高，相应的指标却没有创新高。

科锐以 5 浪的形态从 2011 年 12 月的低位 20.25 美元上涨到 2012 年 5 月的高位 33.45 美元。对于调整浪的深度，艾略特波浪指南表明，调整浪将使价格回到前面第 4 浪的运动范围，通常接近于第 4 浪的终点。在这个案例中，浪 (4) 的终点是 28.81 美元。一笔合理的交易似乎是卖空，因为价格至少会回撤到 28.81 美元。我的交易计划是，当价格跌破 31.05 美元（一个摆动低位）时，卖空 100 股科锐的股票。如果

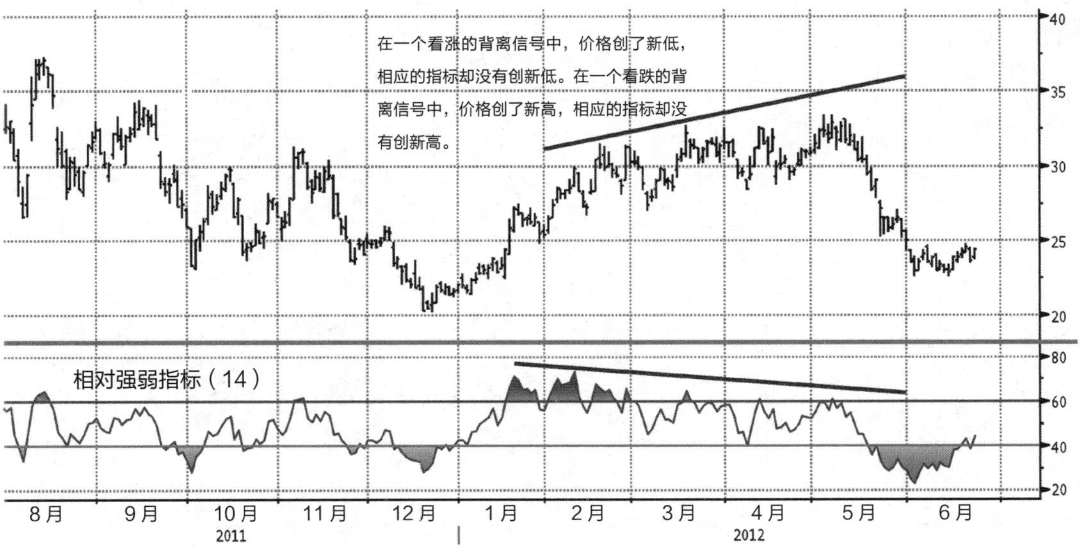

图 6.2 科锐公司日走势图

注：该图经允许后转载自彭博。Copyright 2013 彭博。版权所有。

交易执行，那么初始的保护性止损点将是高位33.45美元。

数浪不是唯一支持卖空科锐的证据。注意到图6.2,价格和相对强弱指标从2月开始背离，这预示着一个减弱的上涨势头。

科锐在3月、4月和5月都创了新高，相对强弱指标却没有创新高。这种看跌的背离信号经常是价格下跌的先兆。

因此，把看跌的艾略特波浪形态与看跌的相对强弱指标之间的背离信号结合在一起，相对于交易员只使用其中一种工具来说，卖空股票的证据更加充足。

接下来的几天里（如图6.3所示），科锐跌破了31.05美元，从而触发了卖空头寸。初始

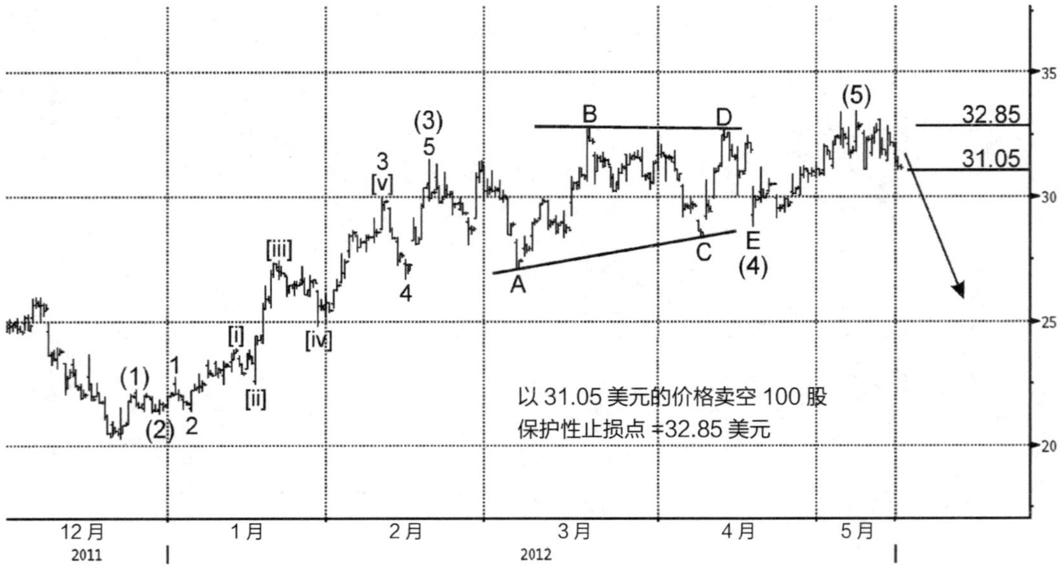

图6.3　科锐公司180分钟走势图

注：该图经允许后转载自彭博。Copyright 2013 彭博。版权所有。

的保护性止损点设定在 32.85 美元，因为价格突破 32.85 美元将把从 33.45 美元开始的下跌标记为调整跌价，并证明高一浪级的上涨趋势还在继续。

在我们 5 月 15 日入场之后，科锐正如我们预期的那样继续下跌（如图 6.4 所示）。我们将保护性止损点降到 31.95 美元。在入场价格为 31.05 美元且保护性止损点为 31.95 美元时，交易的风险将小于 1 美元。

在开始一笔交易时，谨慎的做法是制定一个初始的保护性止损点。当价格达到你分析的价位时，这笔交易将不再可行。随着交易继续，你渐进地移动你的止损点，适时地减少风险。正如许多销售员有“一定要成交”的座右铭，许多专

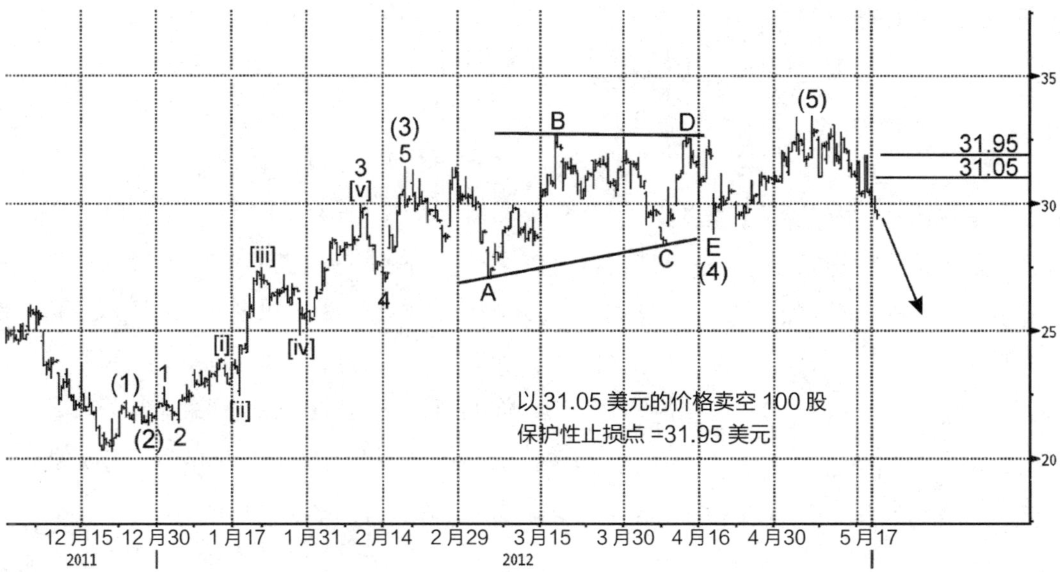

图 6.4　科锐公司 180 分钟走势图

注：该图经允许后转载自彭博。Copyright 2013 彭博。版权所有。

精明投资者的诀窍

入场后，集中精力管理你的风险：减少风险、消除风险和保护浮动盈利。

关键点

一笔成功的交易由三种要素组成：交易员的心理（60%）、风险管理（30%）和技术（10%）。

业交易员的座右铭是“一定要管理风险”。这听上去很容易，但一笔成功的交易更多地依赖于交易员的心理，而不是风险管理。如果要分析一笔成功的交易，我认为风险管理占30%，技术占10%，而心理占60%。

通过将保护性止损点降到我们的入场价格31.05美元（如图6.5所示），我们能够将风险减少至零。除去交易成本，如果我们此后止损出场，我们的损失为零。这就是我所谓的自由交易。

下一步的动作是，将止损点再次降到30.05美元，保护浮动盈利（如图6.6所示）。这一价位低于我们的入场价格，主要是对5月22日的跳空下跌作出回应。

5月23日（如图6.7所示），我们将止损点降到27.05美元，进一步地保护浮动盈利。入场价格为31.05美元，当前的保护性止损点为27.05美元，我们已经在这一头寸上成功地锁定了4美元的利润。

5月29日，也就是一周后，价格达到了保护性止损点27.05美元（如图6.8所示）。9个交易日产生了12.88%的回报率，换算成的利润是400美元。正如你看到的那样，价格仅仅超过保护性止损点几美分而止损出场后，科锐又下跌了15%。这是否意味着保护性止损点设定得太严格了？可能吧，但这是有争议的。作为一个交易员，你的目标是一件事——赚钱。你的目标不是在价格达到最高位点卖出，或者价格达到最低点买入。你的目标不是把每笔交易做到完美，或者对每笔交易都设定最佳的止损点。事实上，如果价格在5月22日达到了止损点30.05美元，这笔交易仍然是获利的。不要因为自己做得不完美而责怪自己。如果你

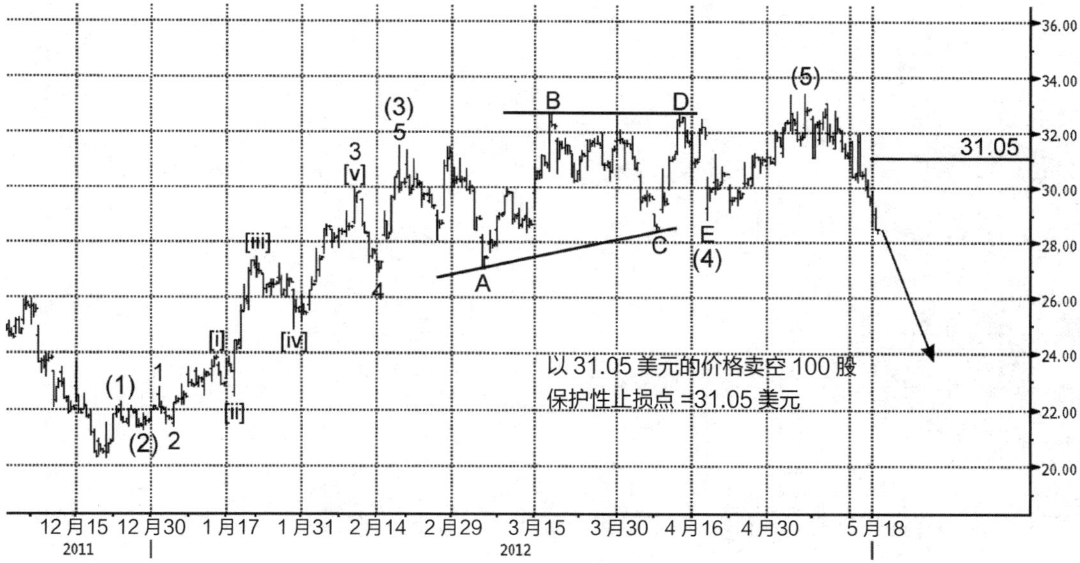

图 6.5　科锐公司 180 分钟走势图

注：该图经允许后转载自彭博。Copyright 2013 彭博。版权所有。

赚钱了，你就起身离开电脑，像一只柴郡猫那样咧嘴笑吧。请记住，你这笔交易的对手方亏钱了。

尽管你可能想从每笔交易中榨取所有的钱，但这种心态可能会产生一些副作用，例如过早地进入交易。作为一名交易员，更明智的做法是获取一次趋势的 60%～80%，而不是与牛仔和自己竞争，他们是试图在市场中低买高卖的交易员。

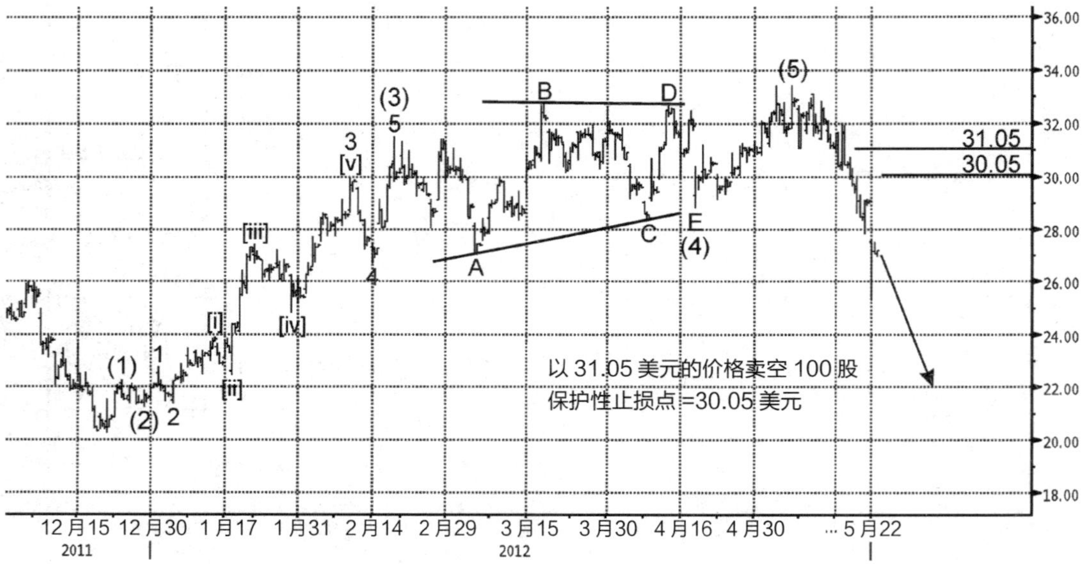

图 6.6 科锐公司 180 分钟走势图

注：该图经允许后转载自彭博。Copyright 2013 彭博。版权所有。

K 线和 MACD 支持看涨的数浪

如图 6.9 所示，下一个交易案例是沃尔玛，我们将运用日本 K 线和平滑移动平均线指数（MACD）。如果你对日本 K 线不熟悉，我强烈推荐史蒂夫·尼森的书《日本蜡烛图技术》（*Japanese Candlestick Charting Techniques*）。在这个视觉指南系列中，你还能够找到迈克尔·C. 豪尔写的一本 K 线图的书。

简而言之，价格 K 线图包含了走势图中“开盘价—最高价—最低价—收盘价”（O-H-L-C）的数据。不同之处在于，数据排布的方式不同。

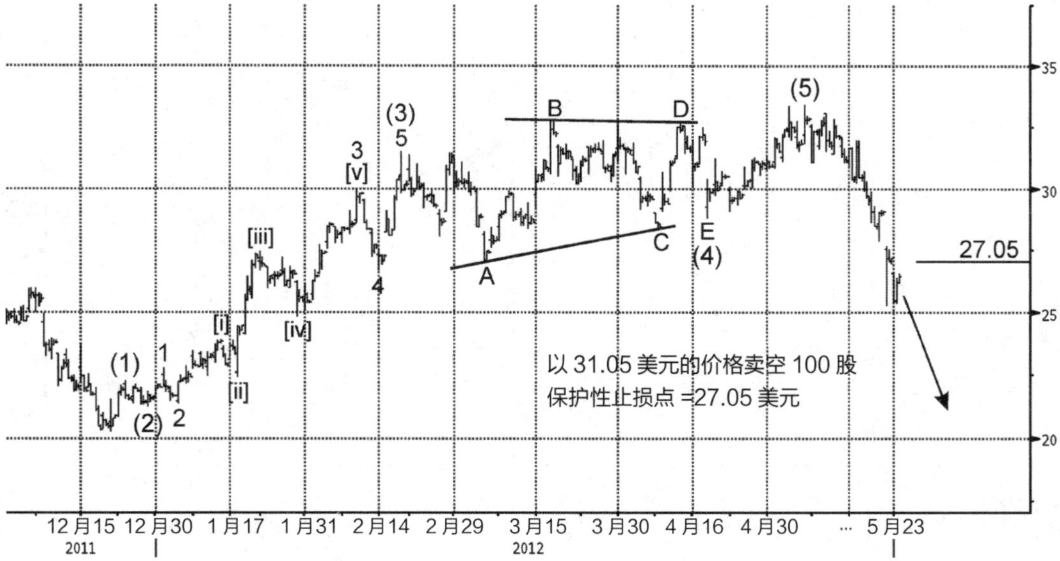

图 6.7　科锐公司 180 分钟走势图

注：该图经允许后转载自彭博。Copyright 2013 彭博。版权所有。

日本 K 线图极好地展示了多头和空头之间的力量平衡，还提供了市场变化的早期迹象。

MACD 是杰拉德·阿佩尔在 19 世纪 70 年代末发明的一个动量指标，是一个基于移动平均线的滞后指标，但它在长期趋势中仍然是一个极佳的择机工具，能很好地评估减弱或增强的动量条件。

在沃尔玛从 2011 年 3 月到 2012 年 5 月的日走势图中（如图 6.9 所示），一个推动浪正在形成。在这个推动浪中，前 3 浪结束于 62.63 美元。随后的价格运动中，浪（4）是一个平台形调整浪，它由 3 个浪组成，即浪 A-B-C。

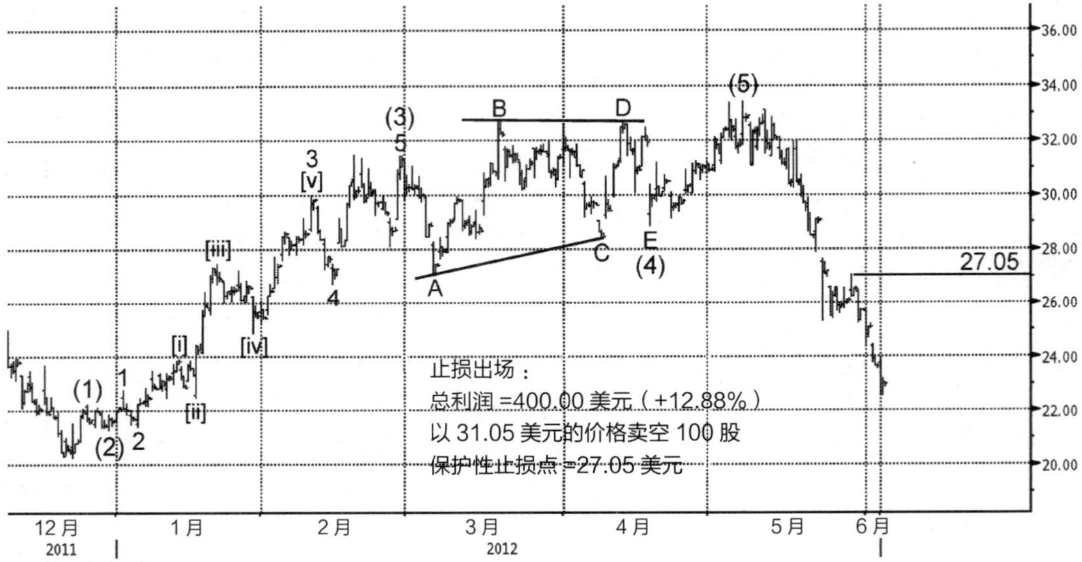

图 6.8 科锐公司 180 分钟走势图

注：该图经允许后转载自彭博。Copyright 2013 彭博。版权所有。

浪 A、浪 B 和浪 C 都可以细分为 3 个更小的浪。这个形态最显著的特征是，浪 B 在浪 A 的起点附近结束。基于这个标记，我们预期价格将在浪（5）中创新高，并超过 62.63 美元。

我喜欢依靠不止一种证据或准则。让我们检验两种指标，看看它们是否与我们的艾略特波浪分析相吻合。我们从 K 线图开始。

精明投资者的诀窍

平台形调整浪由 3 个浪（浪 A-B-C）组成，这 3 个浪都可以细分为 3 个更小的浪，且浪 B 在浪 A 的起点附近结束。

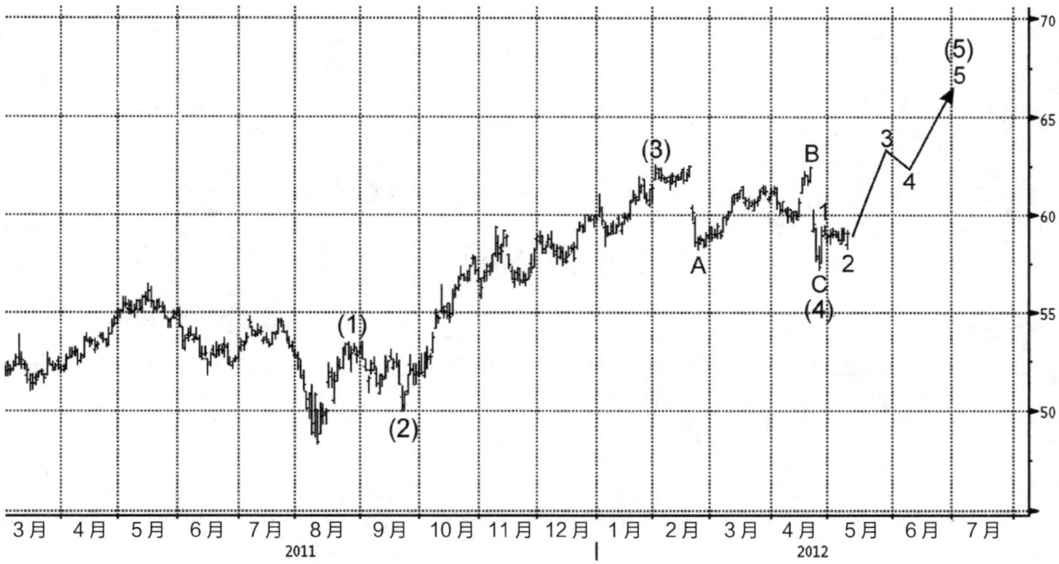

图 6.9　沃尔玛日走势图

注：该图经允许后转载自彭博。Copyright 2013 彭博。版权所有。

一条 K 线是一根价格线，它由上下各一根影线和实体组成。当收盘价在开盘价之上时，一根看涨的蜡烛就形成了。它称为实体。最高价和收盘价之间的差异是上影线，而开盘价和最低价之间的区域是下影线。此外，不论是看涨的还是看跌的 K 线，它们都形成与价格变化相一致的形态。

在沃尔玛中，4 月后期和 5 月初期的 K 线形态称为看涨吞没形态（如图 6.10 所示）。当开盘价低于前一条 K 线的收盘价，且收盘价高于前一条 K 线的开盘价时，这一形态就出现了。

它是一种看涨的反转形态，意味着上涨趋势正在形成。将 K 线形态和同样令人信服的

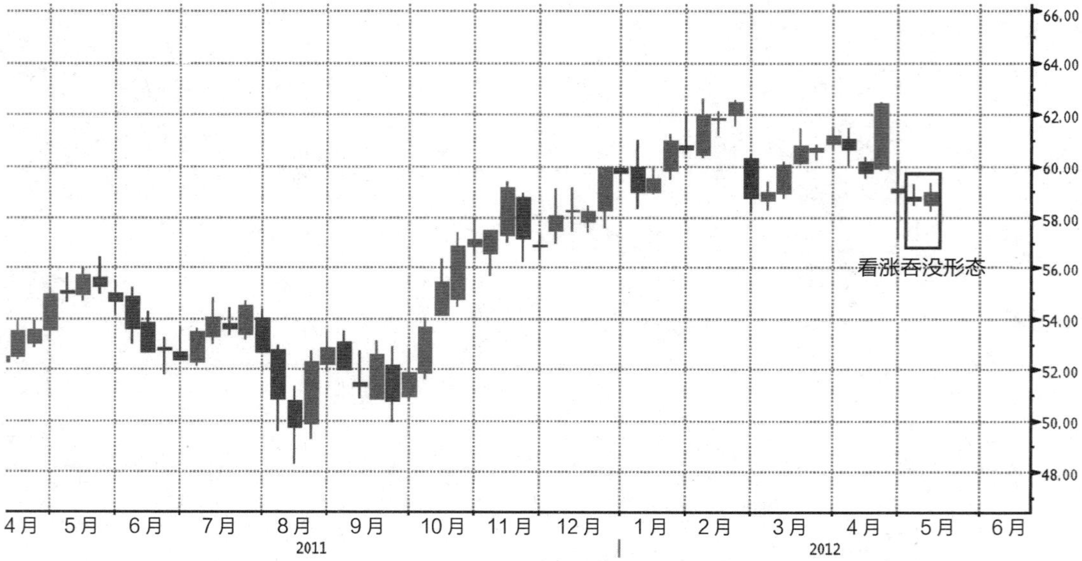

图 6.10 沃尔玛周 K 线图

注：该图经允许后转载自彭博。Copyright 2013 彭博。版权所有。

看涨数浪结合起来，我们就能够坚定地做买方交易。

现在，让我们加入另一种研究。图 6.11 所示的价格走势图包含两个指标：MACD（包括蓝色的 MACD 线和黑色的 MACD 信号线）和 MACD 柱状图。MACD 线是 12 期指数移动平均线与 26 期指数移动平均线之差。MACD 信号线仅仅是 MACD 线的 9 期指数移动平均线。MACD 柱状图代表了 MACD 线与 MACD 信号线之差。

MACD 和 MACD 柱状图中的动量特征都是一种看涨的背离信号。注意，沃尔玛第（4）

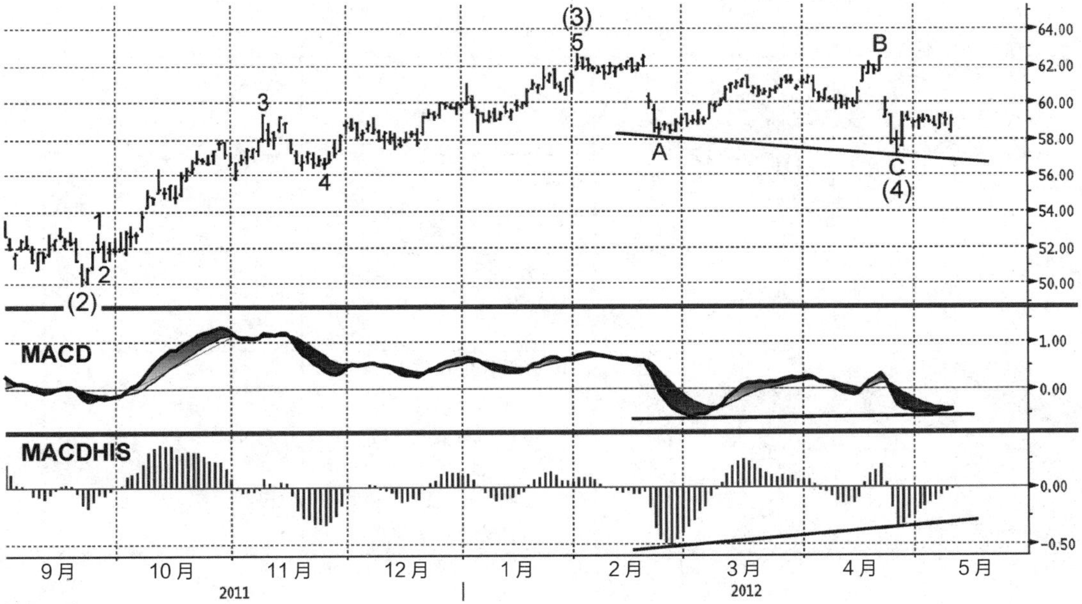

图 6.11　沃尔玛日走势图

注：该图经允许后转载自彭博。Copyright 2013 彭博。版权所有。

浪平台形的浪 C 中的 MACD 读数比浪 A 中的读数要高。这种看涨的背离信号意味着市场行情在变坚挺。

在看涨的数浪、周走势图中的看涨吞没形态以及 MACD 和 MACD 柱状图中的看涨背离信号下，我们有三种确凿的证据买入沃尔玛。

在这个案例中（如图 6.12 所示），我认为用两种方法来交易沃尔玛会很有趣，而且有教育意义。第一步，我们以 59.10 美元的价格买入 100 股，保护性止损点设定为 58.27 美元。除去佣金，购买价格是 5 910 美元。第二步，我们买入 10 手 2012 年 9 月执行价 60 美元、期

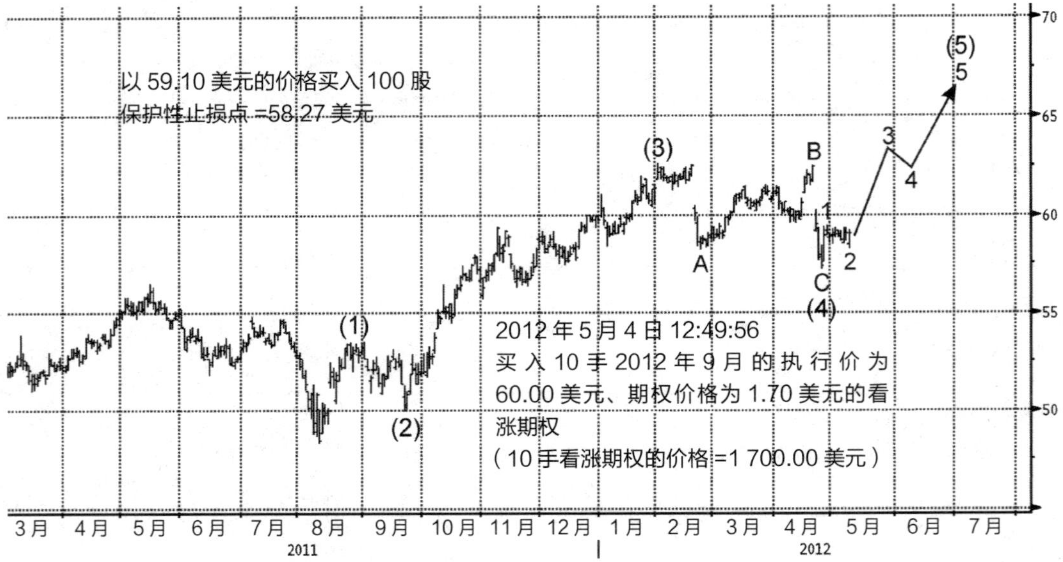

图 6.12　沃尔玛日走势图

注：该图经允许后转载自彭博。Copyright 2013 彭博。版权所有。

权价格 1.70 美元的看涨期权。除去佣金，我们期权头寸的购买价格是 1 700 美元。

如图 6.13 所示，在我们买入股票和期权后，沃尔玛在 5 月 17 日显著地跳高开盘。我们将初始保护性止损点从 58.27 美元上调到 59.80 美元，刚好比我们的入场价格高一点。我们以 3.65 美元的期权价格卖出 5 手 9 月的看涨期权，获得了 1 825 美元的收入（不考虑佣金）。这让我们收回了 1 700 美元的初始投资，增加了 125.00 美元的利润。此外，我们还有 5 手 9 月的看涨期权，它们似乎还有盈利空间。

在跳高开盘后，沃尔玛创了新高（如图 6.14

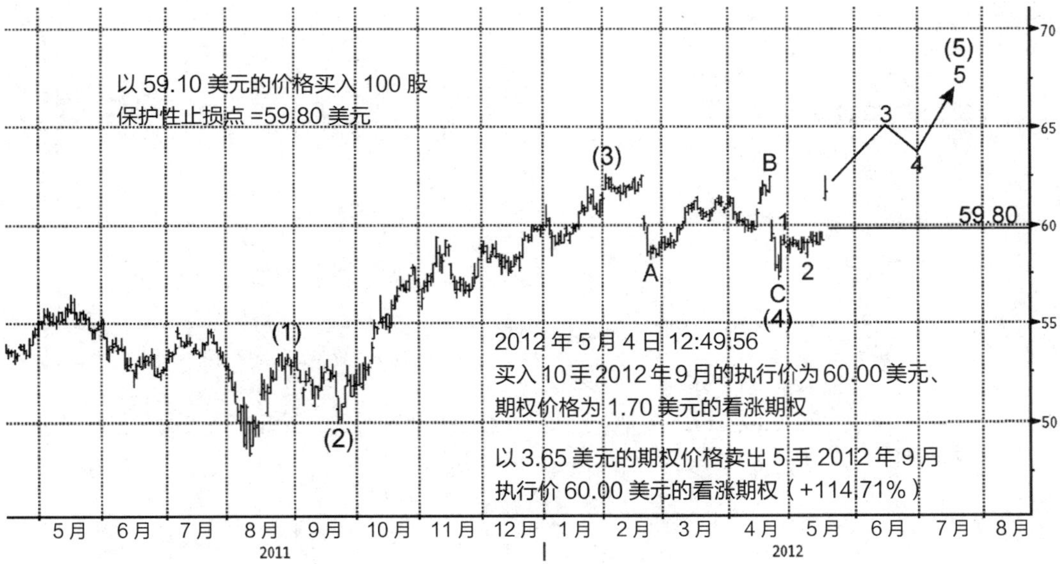

图 6.13　沃尔玛日走势图

注：该图经允许后转载自彭博。Copyright 2013 彭博。版权所有。

所示）。我们以 4.40 美元的期权价格卖出剩下的期权。在我们的期权交易上，我们挣回了初始投资 1 700 美元（不考虑佣金），并且获得了 2 325 美元的额外收益。

现在回到我们开始的交易。风险管理是每个交易员最优先考虑的步骤，我们将保护性止损点上调到 63.10 美元，从而锁定了一大笔利润。

如图 6.15 所示，沃尔玛在接下来的几天里进一步上涨。由于上涨趋势继续，我们将保护性追踪止损点从 63.10 美元上调到 64.10 美元（如图 6.16 所示），再上调到 65.10 美元（如图 6.17 所示）。

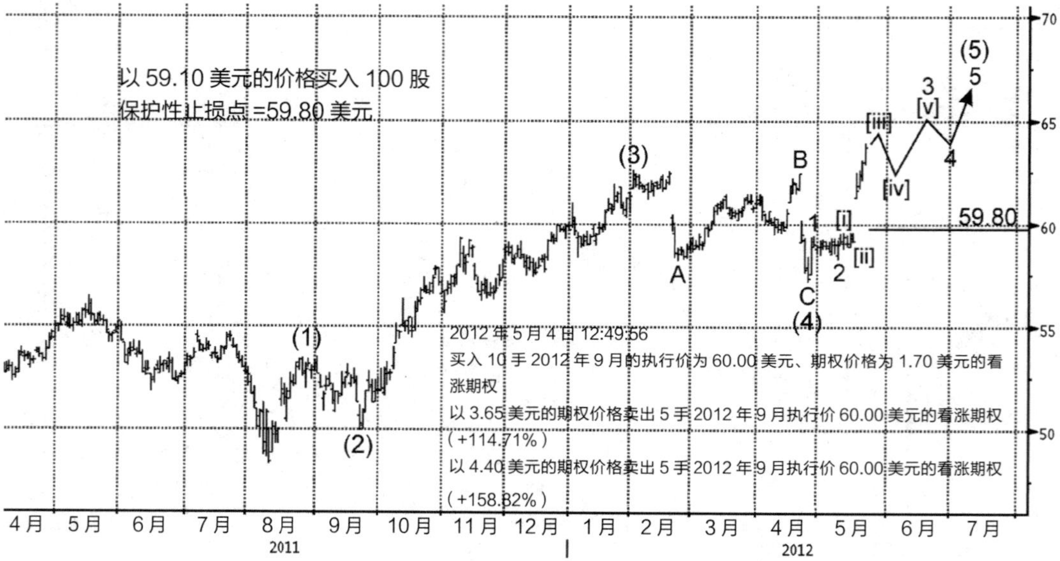

图 6.14　沃尔玛日走势图

注：该图经允许后转载自彭博。Copyright 2013 彭博。版权所有。

当价格到达 65.60 美元时，我们的追踪止损点实现了。我们平仓，获利 650 美元，回报率 9.91%（如图 6.18 所示）。

初始保护性止损点从 58.27 美元上调到 59.80 美元，刚好比我们的入场价格高一点。我们以 3.65 美元的期权价格卖出 5 手 9 月的看涨期权，获得了 1 825 美元的收入（不考虑佣金）。这让我们收回了 1 700 美元的初始投资，增加了 125.00 美元的利润。此外，我们还有 5 手 9 月的看涨期权，它们似乎还有盈利空间。

在跳高开盘后，沃尔玛创了新高（如图 6.14 所示）。我们以 4.40 美元的期权价格卖出剩下

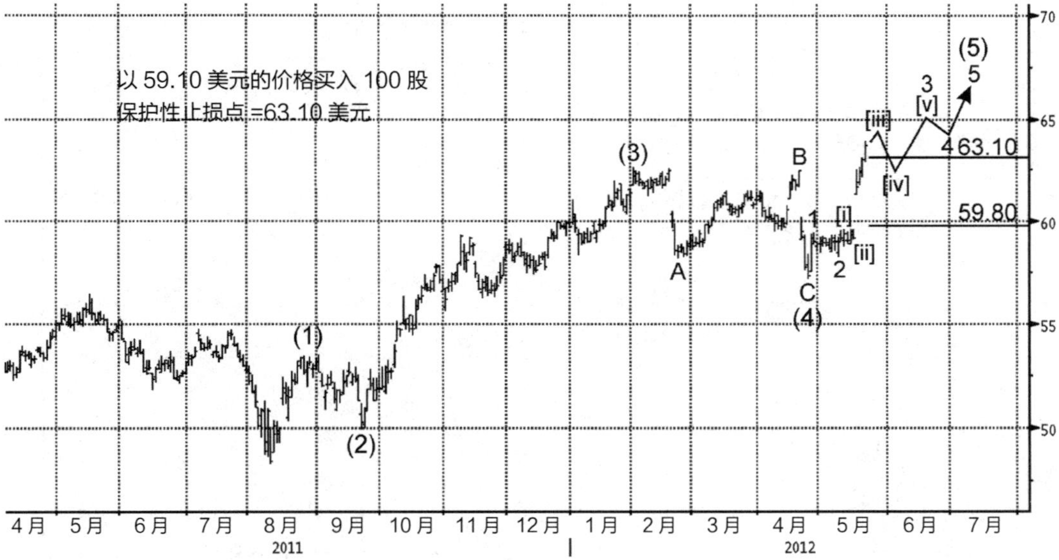

图 6.15 沃尔玛日走势图

注：该图经允许后转载自彭博。Copyright 2013 彭博。版权所有。

的期权。在我们的期权交易上，我们挣回了初始投资 1 700 美元（不考虑佣金），并且获得了 2 325 美元的额外收益。

现在就回到我们开始的交易。风险管理是每个交易员最优先考虑的步骤，我们将保护性止损点上调到 63.10 美元，从而锁定了一大笔利润。

视频

观看怎样通过使用艾略特波浪分析和确凿的技术证据识别趋势的变化的视频，请访问：www.wiley.com/go/elliottwavevg。

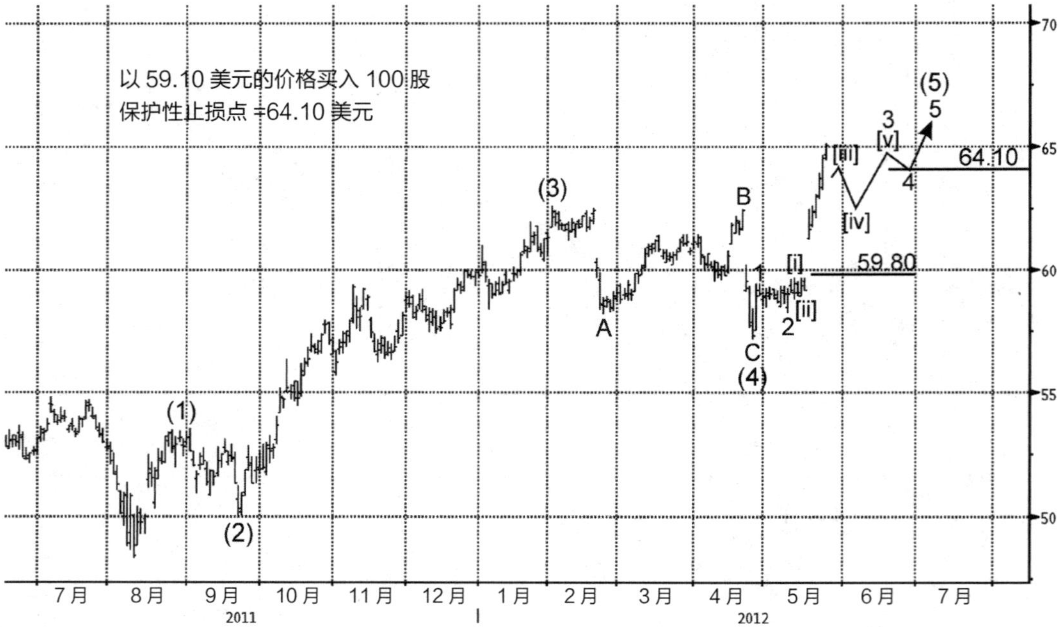

图 6.16　沃尔玛日走势图

注：该图经允许后转载自彭博。Copyright 2013 彭博。版权所有。

如图 6.15 所示，沃尔玛在接下来的几天里进一步上涨。由于上涨趋势继续，我们将保护性追踪止损点从 63.10 美元上调到 64.10 美元（如图 6.16 所示），再上调到 65.10 美元（如图 6.17 所示）。

当价格到达 65.60 美元时，我们的追踪止损点实现了。我们平仓，获利 650 美元，回报率 9.91%（如图 6.18 所示）。

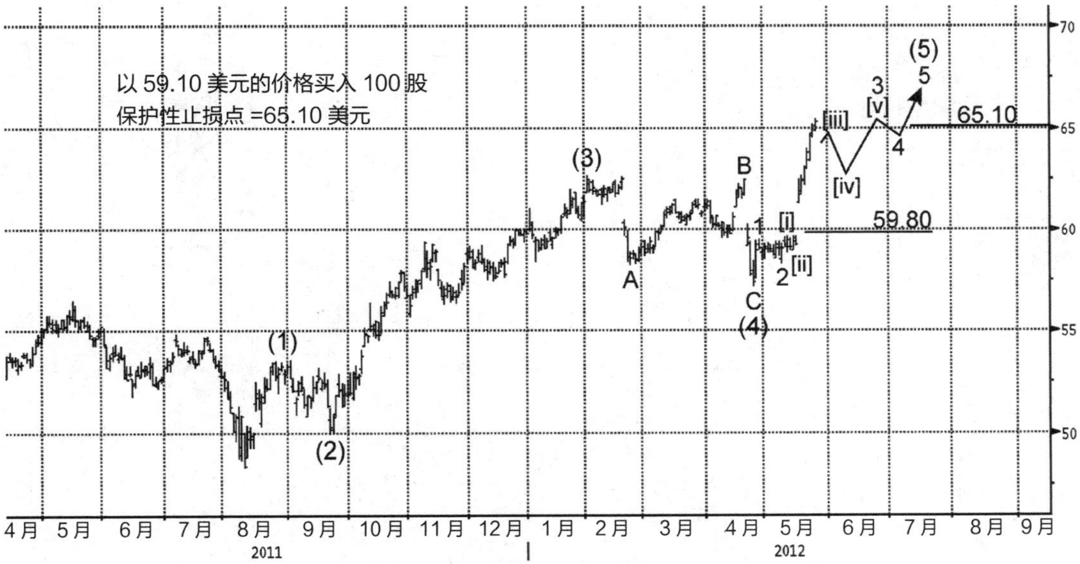

图 6.17　沃尔玛日走势图

注：该图经允许后转载自彭博。Copyright 2013 彭博。版权所有。

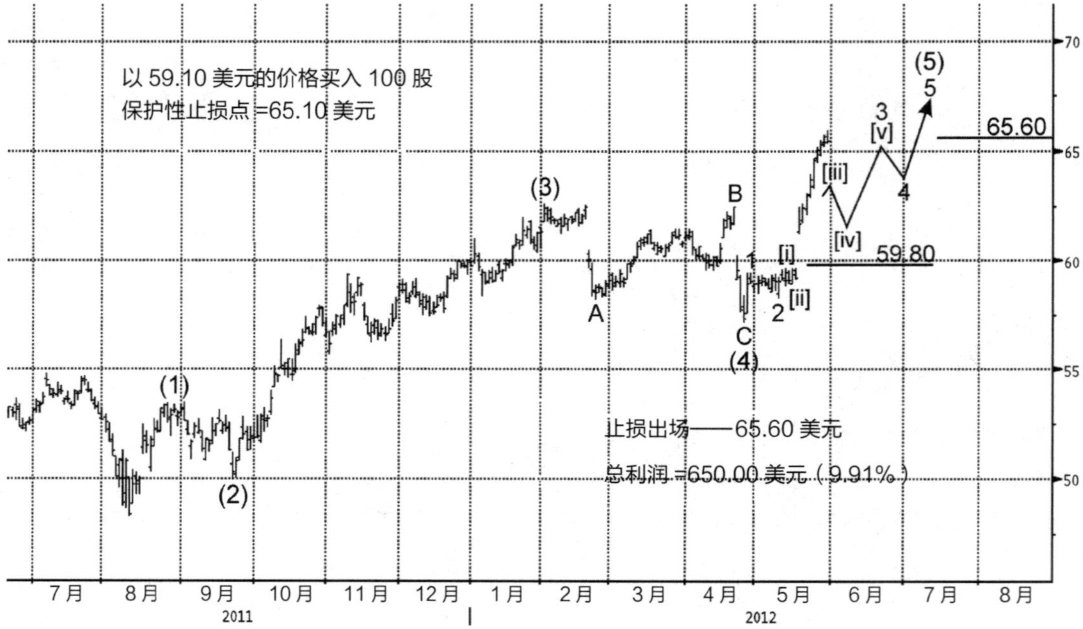

图 6.18　沃尔玛日走势图

注：该图经允许后转载自彭博。Copyright 2013 彭博。版权所有。

用多种技术指标进行交易

对于第三个交易案例，我们将同时使用相对强弱指标、K 线和 MACD 三种技术指标和波浪分析来对永利度假村（Wynn Resorts，WYNN）进行交易。

永利度假村从 2011 年 12 月的 101.02 美元上涨到2012年5月的高位138.28美元。如图6.19所示，它是一个双锯齿形。这种艾略特波浪意味着，在某一时刻，2011 年 12 月的上涨将会完全回撤掉。

3 月和 4 月的价格运动值得注意，因为 3 月的交易价格呈现一个收缩三角形，而 4 月的波浪形态是一个终结倾斜三角形。

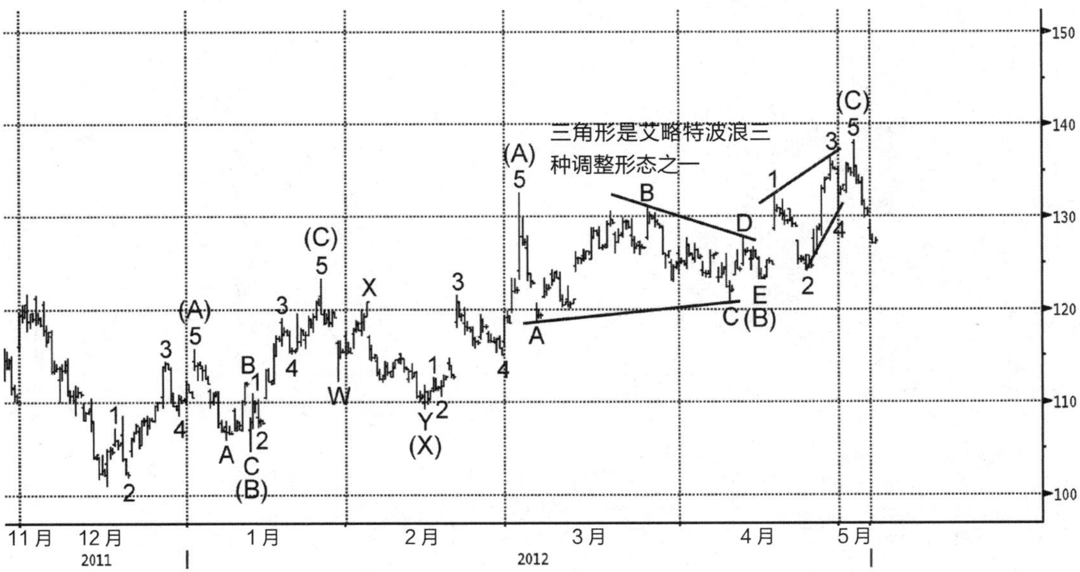

图 6.19　永利度假村 180 分钟走势图

注：该图经允许后转载自彭博。Copyright 2013 彭博。版权所有。

三角形是艾略特波浪三种调整形态之一。它经常呈现的形态是在收敛趋势线之间的盘整型价格运动。三角形中的5个浪标记为A-B-C-D-E，这5个浪都可以细分为3个更小的浪。就三角形本身而言，它只能在浪4、浪B或者浪X形成。对交易员来说，最重要的是，三角形总是在一个波浪序列的最后一浪前就已出现。

终结倾斜三角形是最后的波浪形态，它只能在推动浪的第5浪或者A-B-C形态的浪C形成。三角形预警尾浪正在临近，而终结倾斜三角形则让你知道尾浪即将到来。

三角形和4月的终结倾斜三角形都很容易识别。

我整个周末都在分析这张走势图（我花费

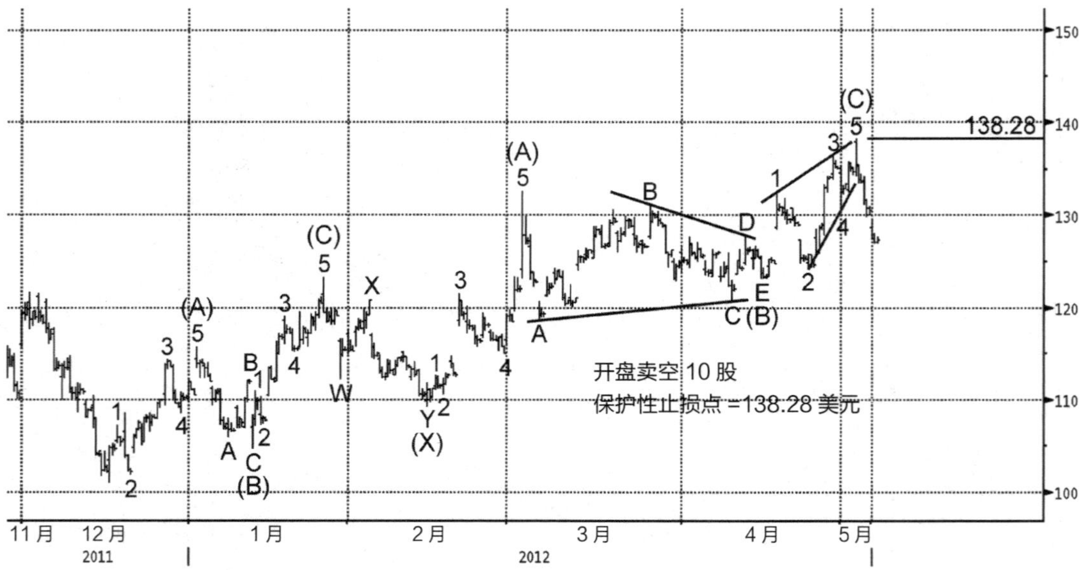

图 6.20　永利度假村 180 分钟走势图

注：该图经允许后转载自彭博。Copyright 2013 彭博。版权所有。

大量的时间寻找交易机会）。我设计了一个交易计划，即在 5 月 7 日（星期一）卖空 10 股永利度假村的股票（如图 6.20 所示）。

我渴望建立头寸，因为永利度假村的交易价格已经达到了双锯齿形最后一个浪（C）的浪 4 低位之下。如果你回顾第 1 章的内容，一种对这一形态进行交易的保守入场技术是，在价格突破倾斜三角形的浪 4 极点时入场。一旦交易执行，交易的初始保护性止损点将是 5 月的高位 138.28 美元。

在令人信服的艾略特波浪情形之外，我们可以看到另外两种支持卖空永利度假村的证据。例如，在日走势图上，有一种明显看跌的相对强弱指标背离信号（如图 6.21 所示）。尽

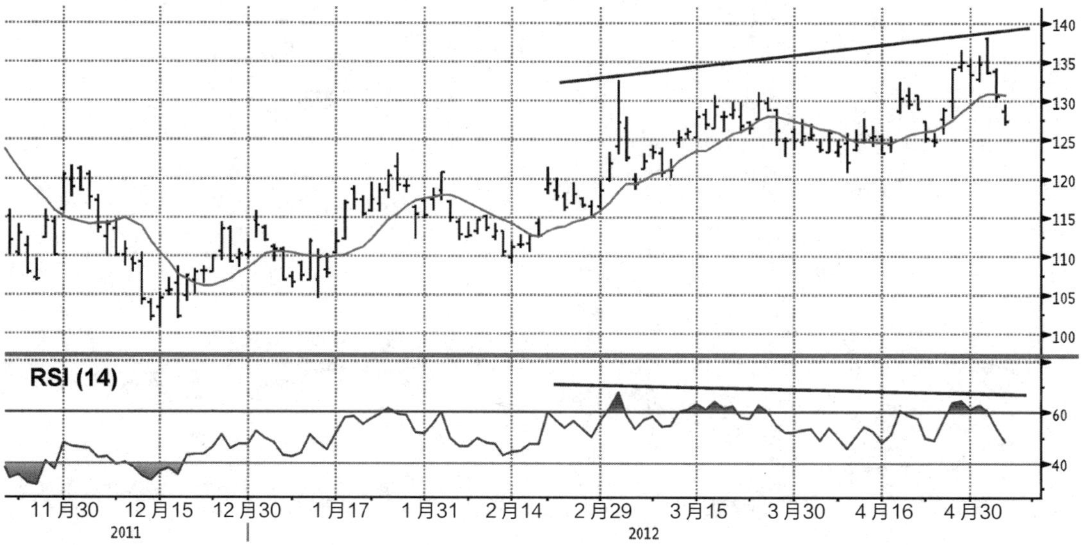

图 6.21 永利度假村日走势图

注：该图经允许后转载自彭博。Copyright 2013 彭博。版权所有。

管看跌的背离信号不经常导致价格反转，但在和看跌的艾略特波浪标记一起使用时，它表现得更加重要。

通过使用 MACD 和 MACD 柱状图，我们可以看到类似看跌的背离信号（如图 6.22 所示）。因此，两种不同的动量测度都支持了看跌的艾略特波浪标记。

目前，我们检验的价格走势图都是标准的 O-H-L-C 价格走势图。让我们看看图 6.23 所示的 K 线图能够告诉我们什么。

5 月初期，永利度假村形成了乌云盖顶的 K 线形态。乌云盖顶是一种看跌的反转形态。

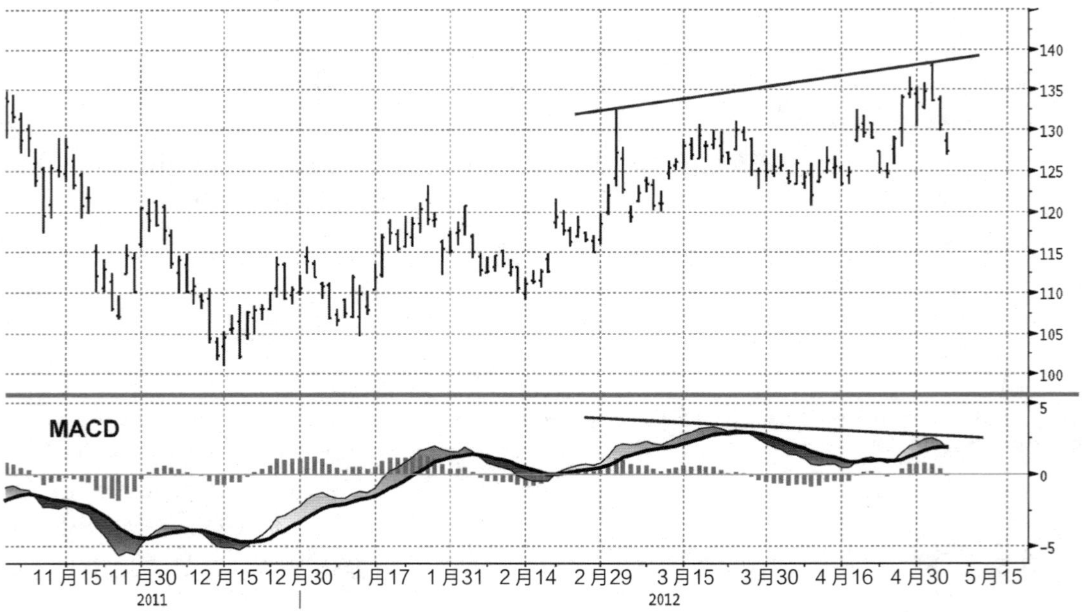

图 6.22　永利度假村日走势图

注：该图经允许后转载自彭博。Copyright 2013 彭博。版权所有。

当一根白色（或者绿色）的蜡烛紧跟着一根黑色（或者红色）的蜡烛，后者的开盘价高于前者的最高价，后者的收盘价结束于前者的实体内，乌云盖顶就形成了。

我们还有其他证据支持卖空。这就是我所谓的基于证据的分析和交易。通过将多种形式的技术分析结合使用而达成的交易决策，你能够提高获得成功的概率。（即便如此，记住交易风险只能减少不能消除，这是很重要的。）

在我们入场后的两周里，永利度假村下跌了近 20%（如图 6.24 所示）。由于下跌速度太快，我们很难进行追踪止损。这样的情形发生时，我只需要注意前一天的高位或低位，事情变得相对简单。5 月 18 日，永利度假村前一天

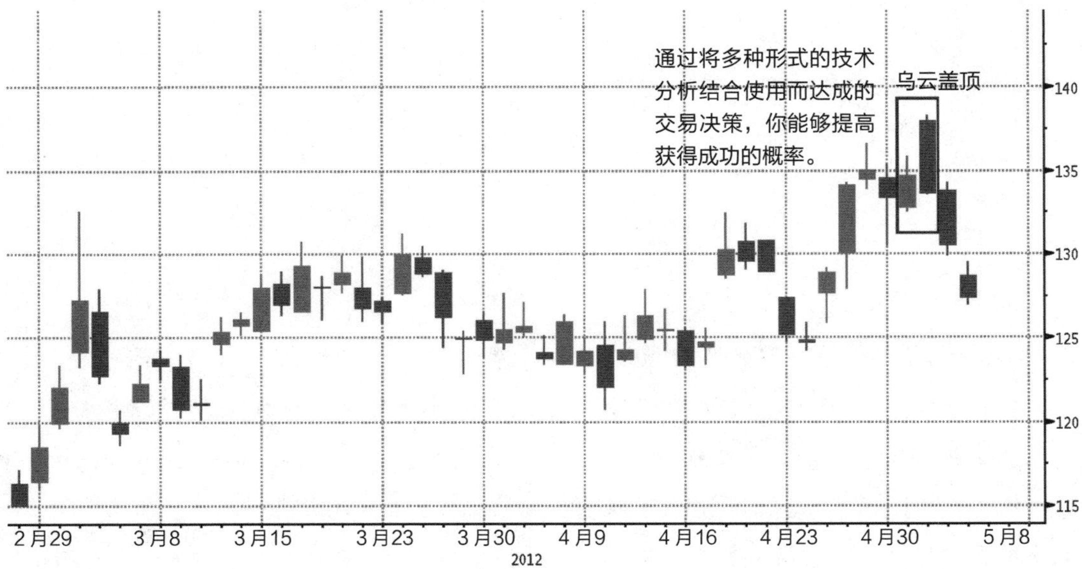

图 6.23 永利度假村日 K 线图

注：该图经允许后转载自彭博。Copyright 2013 彭博。版权所有。

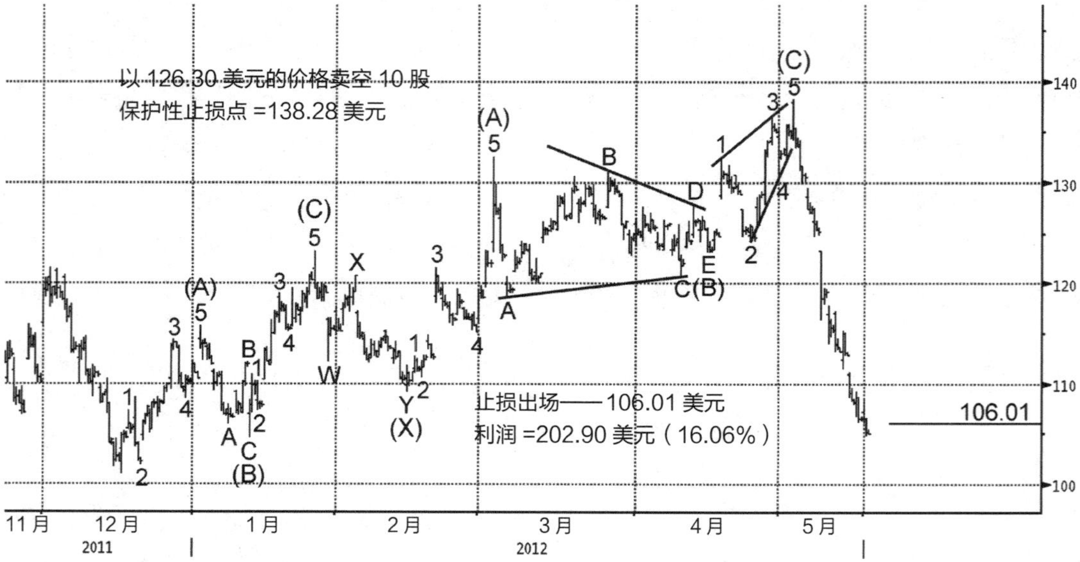

图 6.24　永利度假村 180 分钟走势图

的高位被突破了，交易价格在 106.01 美元以上。因此，我止损出场了 。我们在仅仅 10 个交易日里获利 202.90 美元，回报率为 16.06%。

你可以在专用的读者资源网站上学到更多。你会看到弗罗斯特和普莱切特撰写的《艾略特波浪理论》的免费网上版本，还有艾略特波浪分析方面的课程：当你在实战中应用波浪理论时，怎样利用具体的形态交易，以及怎样使用斐波那契和其他技术指标来增强你的信心。请访问：www.elliottwave.com/wave/ReaderResources。

本章测试题

1. 如果艾略特波浪分析和其他技术指标不一致，你应该怎么做？

(A) 不交易，在其他地方寻找更好的交易机会。

(B) 仅仅依靠你的波浪分析。

(C) 将精力集中于你偏好的技术指标。

(D) 改变你的波浪分析。

2. 判断对错：当价格呈现上涨趋势而相对强弱指标（RSI）呈现下跌趋势时，这种背离信号经常是价格上涨的先兆。

3. 为了管理交易中的风险，应该集中于下面哪种三部曲？

(A) 分析、检查技术指标、设定初始的保护性止损点。

(B) 设定初始的保护性止损点、在止损出场前退出交易、获取利润。

(C) 减少风险、消除风险、保护浮动盈利。

(D) 选择首要数浪、选择备选数浪、将它们与你偏好的技术指标进行比较。

本章测试题

4. 你每笔交易的目标是：

（A）尽可能接近完美。

（B）设定最佳的止损点。

（C）在最高点卖出或者在最低点买入。

（D）赚钱。

5. 判断对错：交易员的心理比风险管理或者技术更加重要。

6. 日本蜡烛图和 O-H-L-C 价格走势图的主要差别是什么？

（A）成交量数据体现的方式。

（B）数据展示多头和空头之间力量平衡的方式。

（C）背离信号呈现的方式。

（D）MACD 能更好地用在蜡烛图上。

答案：1.A 2. 错 3.C 4.D 5. 对 6.B

第 7 章 07

VISUAL GUIDE TO ELLIOTT WAVE TRADING

使用波浪理论交易期权获利

艾略特波浪分析和期权策略可以形成一个强有力的组合。与直接的期货交易相比，第 7 章展示了一种基本的期权策略。第 8 章讨论了一些更为复杂的期权交易策略。

你使用期权交易最好的理由之一是，它们能让一笔焦虑的交易变成一笔高舒适度的交易。尽管直接做多或做空期货和现金工具经常比期权有更高的风险回报比，但交换条件是，期权通常帮助你获得多倍的收益，获得更高的资本回报率。

第 5 章结尾，我们讨论了欧元终结倾斜三角形的交易场景。图 7.1 展示了 2008 年 4 月 22 日的数浪和交易细节。

下面是扼要重述：一个第 5 浪终结倾斜三角形已经结束，或者很快结束。根据艾略特波浪法则，终结倾斜三角形之后将是一个陡直而迅速的反转，价格至少回到倾斜三角形开始的地方。4 月 22 日收盘时，我们以 1.5957 的价格卖空 2008 年 6 月欧元期货合约。目标价格是 1.5273，它代表了浪（iv）的终点和倾斜三角形的起点。保护性止损点是 1.6161，因为在这一价位，浪 [5] 的价格范围将大于浪 [3] 的价格范围，倾斜三角形无效。止损点的潜在风险是 0.0204，初始回报是 0.0684，风险回报比是 3.4:1。

按照你想要的方式对一次交易精确地择机

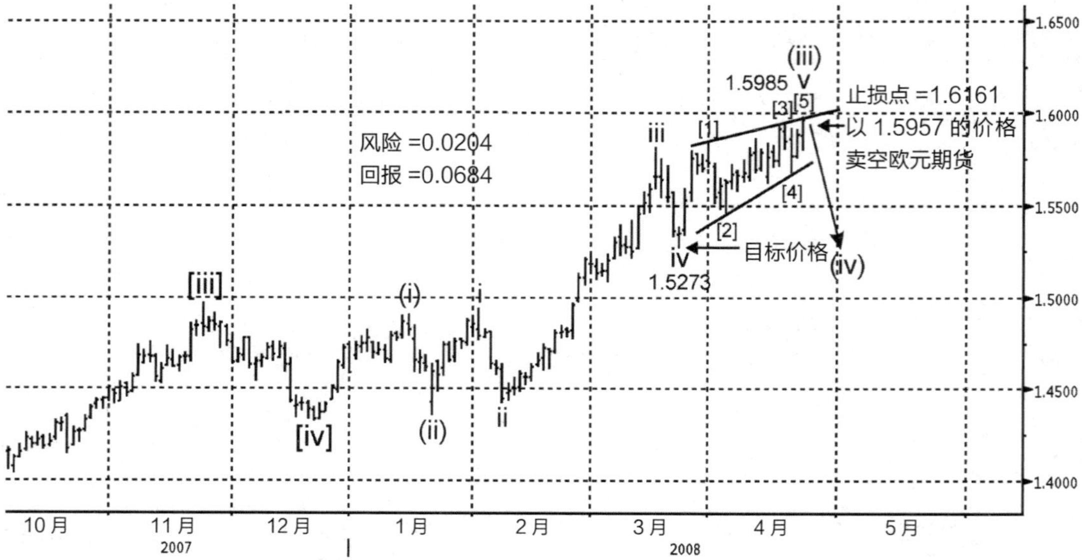

图 7.1　欧元期货日连续图

注：该图经允许后转载自彭博。Copyright 2013 彭博。版权所有。

从而使你处在一个舒适的位置，并不可能总是这样的。例如，我们假设你在进入交易之前再等待一个交易日，以便在行动之前检查所有的分析。4 月 23 日收盘时，你将以 1.5854 的价格卖空，目标价格同样是 1.5273，保护性止损点同样是 1.6161。但潜在风险提高至 0.0307，潜在回报是 0.0581，从而产生了 1.89:1 的风险回报比。这些数字不怎么好看。不只是低得多

> **关键点**
>
> 尽管直接做多或做空期货和现金工具经常比期权有更高的风险回报比，但交换条件是，期权通常帮助你获得多倍的收益，获得更高的资本回报率。

的风险回报比和潜在回报，还有更高的绝对潜在风险。

如果预测出现错误，你能忍受这笔交易让你损失超过 3 手（307 点）吗？你会怎么做？如果收紧止损点，交易可能更容易在错误的时间止损出场，接下来你不得不为了及时赶上价格运动而仓促地再次进入交易。请记住，这种波浪情形意味着一个迅速而陡直的下跌运动即将来临。

如果没有适当的计划，这笔交易将不止一次止损出场，最终损失也将超过最初的估计。我们同样也不要忘记在几次止损出场后你所经受的情感创伤：你可能患上战斗疲劳症，无法再次扣动扳机。如果你什么也不做，你可能会错过一个极佳的机会。第 5 浪终结倾斜三角形不是每天都有的。让我们同样假设你的资本有限，你对欧元期货合约的保证金要求也感到不舒服。2008 年 4 月，芝加哥商品交易所每手欧元期货合约的初始保证金要求是 3 510 美元。

幸运的是，在这种情形下，如果你愿意放弃一些潜在回报，一种特殊的期权策略能够帮助你。它就是卖权空头价差（如图 7.2 所示）。

下面是这种策略的运行机制。你买入 1 手平价看跌期权。在定义上，平价期权的执行价等于期权标的资产当前的市场价。这一头寸将利用价格的下跌运动。同时，你卖出 1 手价外看跌期权。在定义上，价外期权的执行价低于期权标的资产当前的市场价。你卖出这 1 手价外看跌期权，并将执行价设定为你预期在交易时间范围内价格下跌结束时的价位。价外看跌期权帮助减少总风险，也将最大收益限定在价外看跌期权的执行价。买入看跌期权和卖出看跌期权的到期日相同。

> 买入 1 手平价看跌期权
> 卖出 1 手价外看跌期权
> 借方净额
>
> 适度看空
> 相对长期策略，
> 3 ～ 6 个月
> 最大风险为借方净额
> 最大回报为执行价差减去借方净额
>
> 盈亏平衡价格：买入的看跌期权的执行价减去借方净额

图 7.2　卖权空头价差

这一头寸产生了借方净额或者现金净流出。最大风险为借方净额，最大回报为平价看跌期权和价外看跌期权的执行价差减去借方净额。期权到期日的盈亏平衡价格是买入的看跌期权的执行价减去借方净额。

定义

看跌期权代表了卖出标的资产的权利，但没有必须卖出的义务。类似地，看涨期权代表了买入标的资产的权利，但没有必须买入的义务。

卖权空头价差最适合于短期的调整运动，例如相对较低浪级的浪 2 或者浪 4。如果价格运动受到限制的预测是正确的，那么你能够负担起在某一价位卖出价外看跌期权，而不用牺牲额外的潜在收益。特别注意：由于这个策略产生借方净额，时间是不利的因素。因此，你选择一个合适的期权到期日很重要，你要为价格运动到最大可能留出足够的时间。

然而，一个离到期日很长的卖权空头价差可能出现问题，即便在买入的看跌期权达到它最大的潜在利润（换句话说，它成为深度价内期权），并且卖出的看跌期权成为平价期权的情况下。深度价内期权的价值对到期日不敏感，对隐含波动性的变化不敏感。期权价值的变化与标的资产价格几乎是一对一的。期权价值几乎等于内在价值，内在价值是执行价和标的资产价格之差。如果离到期日时间很长而且隐含的波动性增加，那么当你达到目标价格并且卖出你买入的看跌期权时，你不会因此而获得额外的收入。

与此相反，平价期权的价值对到期日和隐含波动性的变化非常敏感。如果离到期日时间很长而且隐含的波动性增加，那么当你达到目标价格并且买回你卖出的看跌期权时，你会为此付出代价。

当使用卖权空头价差时，这一头寸产生的最大收益是，预期的价格运动在到期日结束，并且当时的价格等于卖出的看跌期权的执行价。那样的话，就没有必要买回你卖出的看跌期权了，因为它到期时没有任何价值。

让我们看看 2008 年 4 月 23 日卖权空头价

> **关键点**
>
> 在到期日，期权的价值仅仅是执行价和标的资产的收盘价之差的函数。在到期日之前，期权价值是一些变量的函数，包括标的资产的价值、隐含波动性和离到期日时间。

差的一些数字。我们使用 2008 年 6 月欧元期货合约的看跌期权，观察这个策略相对于卖空期货，是否减少了潜在风险并且释放了一些现金流。请记住，在到期日，期权的价值仅仅是执行价和标的资产收盘价之差的函数。在到期日之前，期权价值是一些变量的函数，包括标的资产的价值、隐含波动性和离到期日的时间。图 7.3 总结了这些信息。

在这一期货合约中，最高价是 1.5964，最低价是 1.5826，收盘价是 1.5854。基于实际的期权收盘价格，你平价买入 1 手执行价为 1.5850 的 2008 年 6 月欧元期货合约看跌期权，价格为 0.0228，并卖出 1 手执行价为 1.5250 的 2008 年 6 月的欧元期货合约价外看跌期权，收入为 0.0054。这产生了借方净额（现金净流出），或者说上限为 0.0174 的最大风险。我们在到期日的最大回报是 0.0426。

由于我们预期欧元会下跌到 1.5273，我们在到期日的潜在回报是 0.0403，由此产生的风险回报比是 2.3:1。我们的盈亏平衡价格是 1.5676。

为什么我选择 1.5250 作为卖出看跌期权的执行价？因为它是最接近之前确定的执行价，当时的目标价格是 1.5273。

为什么我选择 2008 年 6 月期货合约？在欧元到达 1.5273 之前，我试图确保看跌期权还没有到期，从而最大化潜在利润。

另一方面，期权的到期日越远，期权的代价越高。我们的研究表明，价格回到倾斜三角形开始的地方所花的时间是倾斜三角形形成时间的 1/3 到 1/2。倾斜三角形运行了 21 个交易日，接近 4 周的时间。理想的情况是，我们想要的看跌期权应该在倾斜三角形结束两周后到期。加上弥补失误的缓冲时间，到期日应该是 5 月中旬。5 月期权（6 月期货合约）的到期日为 5 月 9 日，这是很理想的到期日，但它没有给不定时出现的错误留下回旋余地。6 月期权

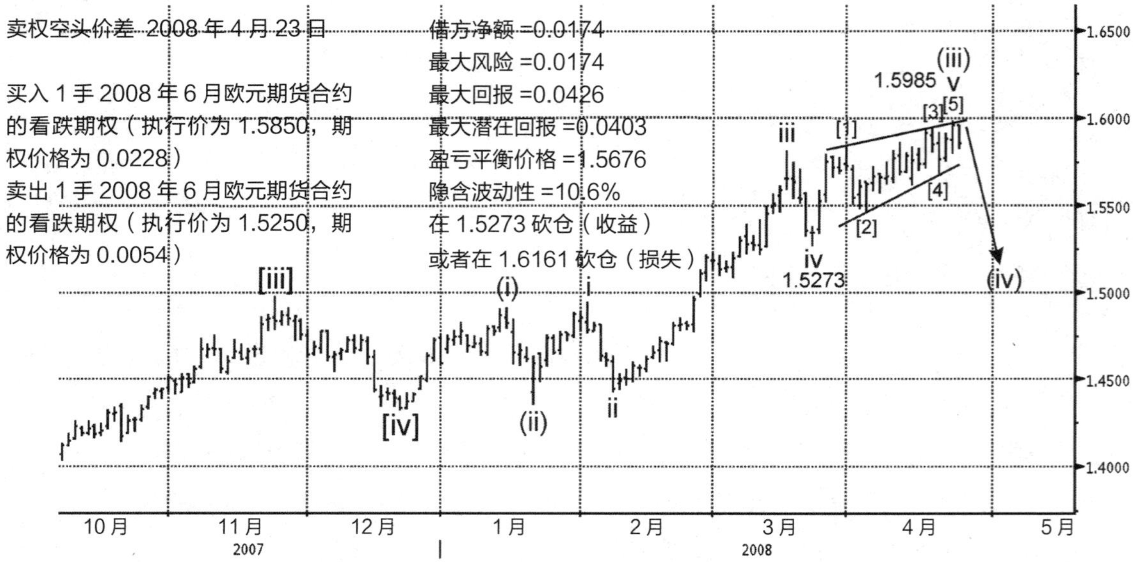

图 7.3 欧元期货日连续图

注：该图经允许后转载自彭博。Copyright 2013 彭博。版权所有。

的到期日为6月6日。这一日期将给价格回到倾斜三角形开始的地方留出足够的时间，而且比到期日更长的期权所花的代价低。

让我们看看这个策略怎样改变原本属于卖空期货交易的数字。最大风险从0.0307降到0.0174，最大的潜在回报从0.0581降到0.0403，但风险回报比从1.89:1提高到2.3:1。

下一步，让我们看看潜在的投资回报率。2008年4月，卖空每手欧元期货头寸需要3 510美元的初始保证金。在卖权空头价差上，买入的看跌期权不需要保证金，因为期权价格已经全额支付。借方净额是0.0174或者174点。

> **精明投资者的诀窍**
>
> 内在价值是指价内期权的执行价和标的资产的价格之差。

1 手欧元期货合约代表 125 000 欧元，每手合约一点值 12.50 美元。现金总流出为 2 175 美元。卖出的看跌期权（作为价差的一部分）需要一笔初始保证金，它等于期货合约保证金的 1%，即 35.10 美元。

因此，这一期权策略的现金费用加上现金保证金是 2 210.10 美元，而期货头寸的成本是 3 510 美元。

通过使用期权，每手合约你可以释放 1 300 美元的现金，你可以用这笔现金在不同的市场中交易。使用期权策略提高了最大的潜在资本回报率。

实际回报率是多少？看实际现金流的时机到了。在期货头寸中，每手合约支付 3 510 美元的保证金，赚取了 581 点（7 262.50 美元）的潜在收益。交易结束时，我们收回保证金 3 510 美元。这笔交易的回报率是 206.9%。

使用期权策略，每手合约需要支付 2 210.10 美元，以便在买入的看跌期权上获得潜在的 577 点(7 212.50 美元)的潜在收益。交易结束时，我们收回保证金 35.10 美元。这笔交易的回报率是 227.9%，外加 1 300 美元的空闲资金。

下一步是，欧元达到 1.5273 时砍仓，并且最好发生在临近期权到期时。如果在到达 1.5273 之前，欧元上涨到 1.6161，这个策略更替为退出交易，并抢救剩余的期权价值，避免招致最大损失。如图 7.4 所示，让我们看看下一张走势图在接下来几天时间里发生了什么变化。

在第 5 浪终结倾斜三角形之后，确实发生了迅速的反转。正如你看到的那样，价格在 5 月 8 日到达 1.5273 的目标。与我们预期一致的是，回撤时间接近倾斜三角形形成时间的 1/2。当日的最高价是 1.5415，最低价是 1.5255。从风险的角度看，没有任何理由继续持有头寸，退出这笔期权交易的时机到了。

在 5 月 8 日收盘时，卖出执行价为 1.5850 的看跌期权，期权价格为 0.0508；买入执行价

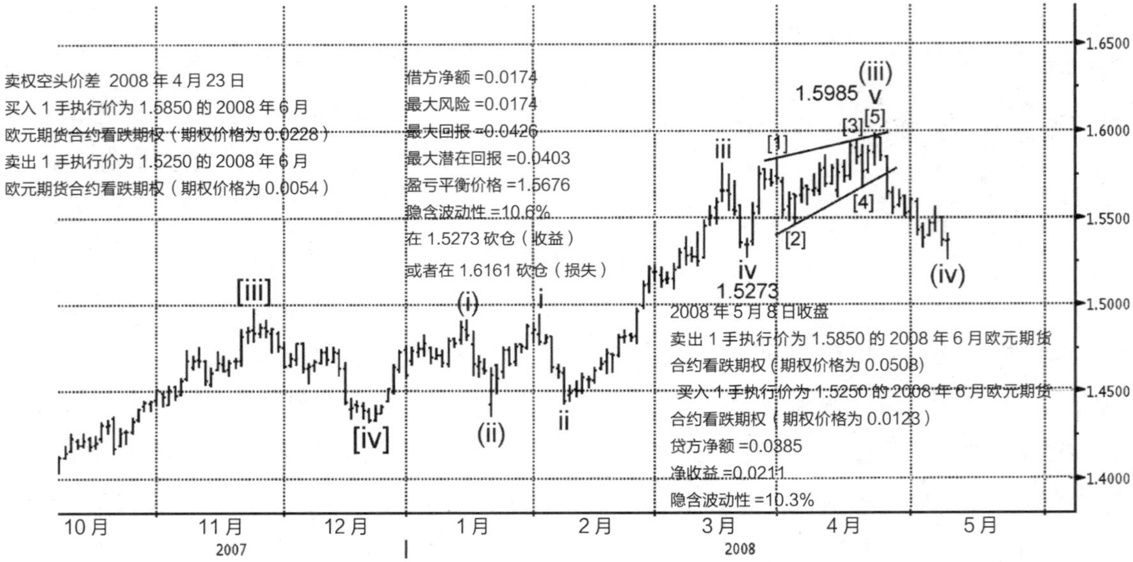

图 7.4 欧元期货日连续图

注：该图经允许后转载自彭博。Copyright 2013 彭博。版权所有。

为 1.5250 的看跌期权，期权价格为 0.0123。这产生了 0.0385 的贷方净额和 0.0211 的净利润。为什么买回卖出的看跌期权？一旦将买入的看跌期权兑现，卖出的看跌期权就变成“无担保”的了。

如果我们的预测被证明是错误的，欧元进一步下跌，那么你将在卖出的看跌期权上亏钱，并有可能损失那笔利润，甚至更多损失。如图 7.5 所示，欧元确实上涨到创纪录的高位。

既然价格到达预期的目标 1.5273，为什么这笔交易仅仅获得 0.0211 的净利润，而没有获得最大潜在回报 0.0403 呢？一半的差异是，

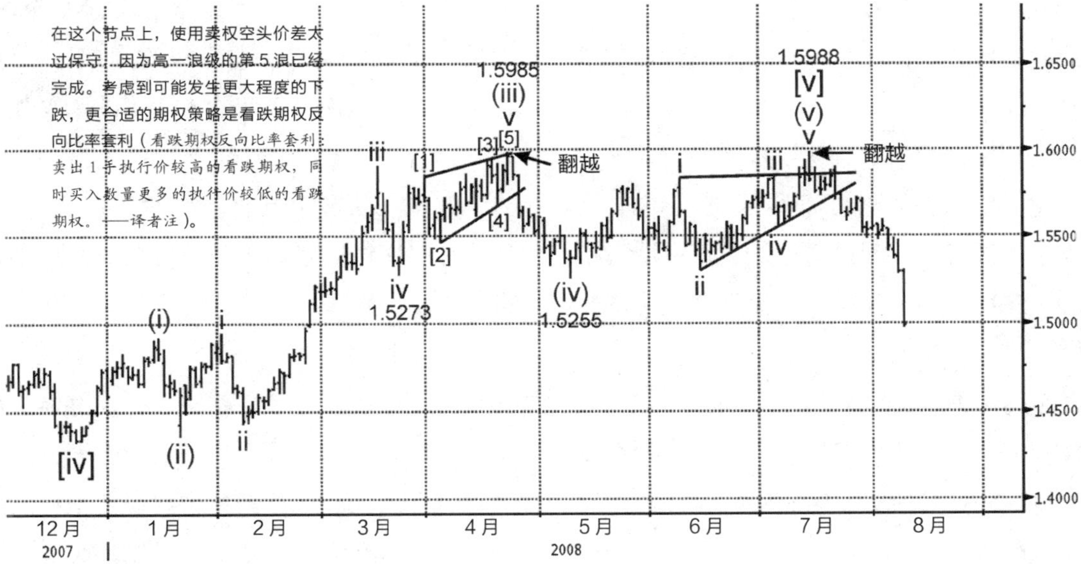

图 7.5　欧元期货日连续图

注：该图经允许后转载自彭博。Copyright 2013 彭博。版权所有。

欧元在 5 月 8 日收于 1.5366，这比目标价格高出 93 点。因为历史的盘中期权价格不易得到，我们是基于实际收盘价格来模拟交易案例的。

实际上，你的策略应该是对经纪人下达指令，当 6 月欧元期货合约的交易价格达到 1.5273 时卖出期权头寸。这一运作将产生一笔更接近最大潜在回报的利润，但仍然不会精确到那一数字，因为经纪人对期权市场这种指南的执行不可能总是那样完美，而且价格达到目标价格的时间也比理想的时间快：离看跌期权到期还有 1 个月的时间。

在使用期权时，过长时间意味着，代价是

很高的。买入的执行价为 1.5850 的看跌期权，最终变成深度价内期权。当你将它卖出时，你能获得它的内在价值，但无法利用离到期日所剩的时间赚钱。

与此相反，卖出的看跌期权最终变成平价期权，它对到期日所剩的时间很敏感，你必须支付更多的钱将它买回。请记住我在讨论之初指出的：深度价内期权的价值对到期日所剩的时间和隐含波动性的变化不敏感。期权价值的变化几乎与标的资产价格的变化一一对应，并且期权价值几乎等于内在价值。相反，平价期权的价值对到期日所剩的时间和隐含波动性的变化非常敏感。

在我任职于花旗银行的交易部门期间，每当有人声称知道市场走向时，我总是嗤之以鼻："不要告诉我会发生什么，告诉我什么时候发生！"当然，我们在谈论价格运动什么时候开始的重要性，以便确定入场或退场的时机。

当时，我完全没有意识到那种限制对期权价差的重要性。在使用某些类型的期权策略时，知道价格运动什么时候结束与知道价格运动什么时候开始同样重要。

你可能会说："一种艾略特波浪指南表明，这一价格运动所花的时间是倾斜三角形形成时间的 1/3 到 1/2。为什么我们不能依靠那个估计，对我们的期权选择一个更短的到期日。"你可以那样做，但你必须将你对压力的承受能力考虑在内。

倾斜三角形形成花了 4 周时间。回顾过去，5 月的期权将是完美的。因为期权的到期日是 5 月 9 日，从倾斜三角形结束到 5 月 9 日几乎只有 2 周时间。

你可以在 5 月 8 日几乎不花代价地买回卖出的看跌期权，因为它在第二天到期，而你仍然可以在买入的看跌期权上挣得几乎相同的点数。为什么我们没有使用 5 月的期权呢？当时间的衰减对你不利时，离到期日仅剩 1 个月的风险是很高的，离到期仅剩 2 周就是让人紧张万分的情形了。

在这种情形下，到期日所剩的时间产生了一种令人不悦的风险，即便它与一种重要的艾略特波浪指南非常匹配。

当你的艾略特波浪分析预示着价格即将变化时，实际上你不是总能顺利建仓。这在很大程度上取决于个人的风险偏好。设定保护性止损点就显得尤其重要了。

潜在的损失可能大到难以承受，不论风险回报比有多高。挑战就是，在你的分析告诉你做什么和做什么让你感觉舒适之间找到一个平衡点。

你可以在专用的读者资源网站上学到更多。你会看到弗罗斯特和普莱切特撰写的《艾略特波浪理论》的免费网上版本，还有艾略特波浪分析方面的课程：当你在实战中应用波浪理论时，怎样利用具体的形态交易，以及怎样使用斐波那契和其他技术指标来增强你的信心。

请访问：www.elliottwave.com/wave/ReaderResources。

本章测试题

1. 请问，卖权空头价差最适合于下列哪种情形？

（A）延伸的第 3 浪

（B）第 5 浪

（C）终结倾斜三角形

（D）短期调整运动

2. 判断对错：不是所有的调整都会产生一个净的回撤。

3. 期权策略能够很好地适用于艾略特波浪的原因是：

（A）数浪可能会出错。

（B）期权可以让你拥有超过 1 种有效数浪。

（C）使用艾略特波浪来设定保护性止损点太难了。

（D）艾略特波浪是一种期权定价预测模型。

答案：1.D 2. 错 3.B

第 8 章 08

VISUAL GUIDE TO ELLIOTT WAVE TRADING

更高级的期权交易中应用波浪理论

在艾略特波浪模型下，不管什么特定的时间，通常会有超过一种有效的数浪。

有时，这些数浪会指向不同的方向。如果你直接做多（做空），你就不得不选择一种你认为最可能发生的情形，或者什么也不做。

通过使用期权，你能够创造一种适用于多种情形的策略，即便那些情形指向不同的方向。你不必冷眼旁观什么也不做。

接下来，我会展示两个使用期权策略的案例来证明这一点。

熊市梯式看涨期权抓住一次大的价格运动

你有没有经历过这样一种情况：在你直接做多或者做空的交易中，不是因为你对市场下一次运动的走向有信心，而是因为你害怕错过在某一时刻即将发生的“大的价格运动”？交易之后，你止损出场，甚至不止一次止损出场。接着，你决定在下一次这种情形发生时，你什么也不做。然后，你真的错过了一次大的价格运动！艾略特波浪分析并不总能减少这样的不确定性。幸运的是，一种期权策略能够在这种情形中起作用。

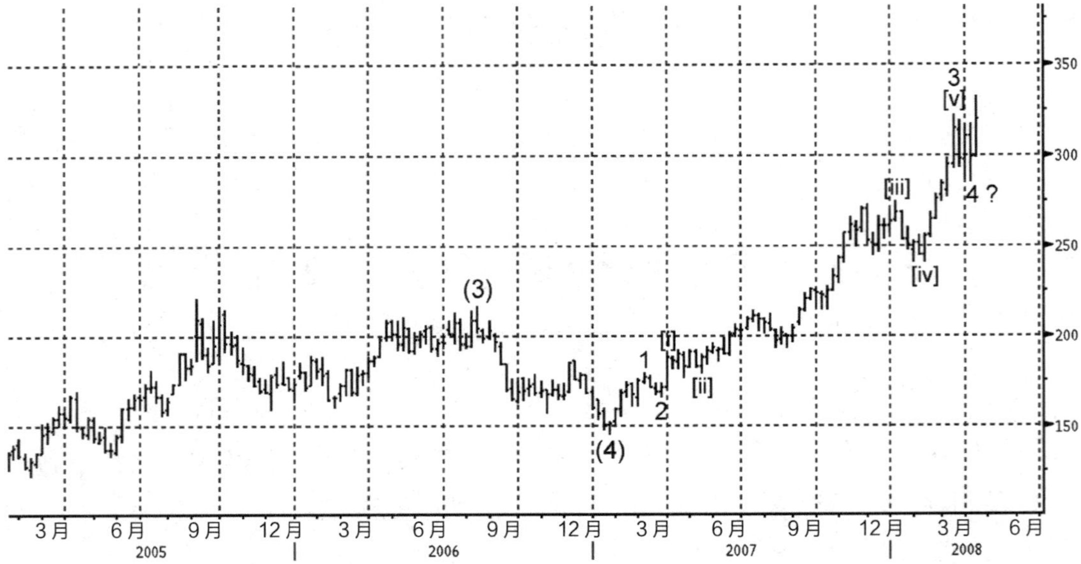

图 8.1 燃料油周连续图

注：该图经允许后转载自彭博。Copyright 2013 彭博。版权所有。

让我们看看从 2008 年开始的燃料油期货。

图 8.1 是 2008 年 4 月 11 日前的燃料油周连续图。

从 2007 年的低位开始，我们能够数出浪 1、浪 2、浪 3 和可能的浪 4。在浪 3 中，我们能够数出浪 [i]、浪 [ii]、浪 [iii]、浪 [iv] 和浪 [v]。尽管浪 3 似乎是延伸浪，但我们知道，在商品市场高一浪级中，延伸浪通常是第 5 浪。双重延伸很少发生。

在我们的案例中，将会有一次很大的机会做多燃料油的浪 5。主要的问题是，浪 4 是否已经结束。从浪 4 终点开始的小幅度上涨可能

图 8.2 燃料油周连续图

注：该图经允许后转载自彭博。Copyright 2013 彭博。版权所有。

是扩散平台形的一部分，接下来燃料油还会下跌。燃料油可能在浪 5 中飞速上涨。在作出决定之前，我们需要量化下跌和上涨的可能性。让我们先看看浪 4 的回撤。

请记住，所有的调整浪都必须对它们所调整的浪作出净回撤。在图 8.2 中，浪 4 仅回撤浪 3 的斐波那契 0.236，结束于 284.89 点。尽管幅度较小，这是一次可以接受的调整。

对第 4 浪来说，它回撤浪 3 的 0.382 更为常见。值得关注的是，浪 4 还没有进入前面低一浪级第 4 浪的价格范围，即浪 3 的浪 [iv] 的价格范围。对第 4 浪调整浪来说，这是一个常

图 8.3　燃料油周连续图

见的结束区域。两个事实都表明，浪 4 可能会进一步下跌。

让我们检查一下上涨的可能性。

在图 8.3 中，我使用了两种常见的斐波那契数字，计算了浪 5 终点的预测点。当我将浪 1 至浪 3 的净距离乘以 0.382，并将乘积加到浪 4 的终点上时，我得到了一个估计数 352.47 点。当我将浪 1 至浪 3 的净距离乘以 0.618，并将乘积加到浪 4 的终点上时，我得到了一个估计数 394.21 点。

4 月 11 日的最高价是 332.04 点，潜在的进一步上涨范围是 6% ~ 19%。

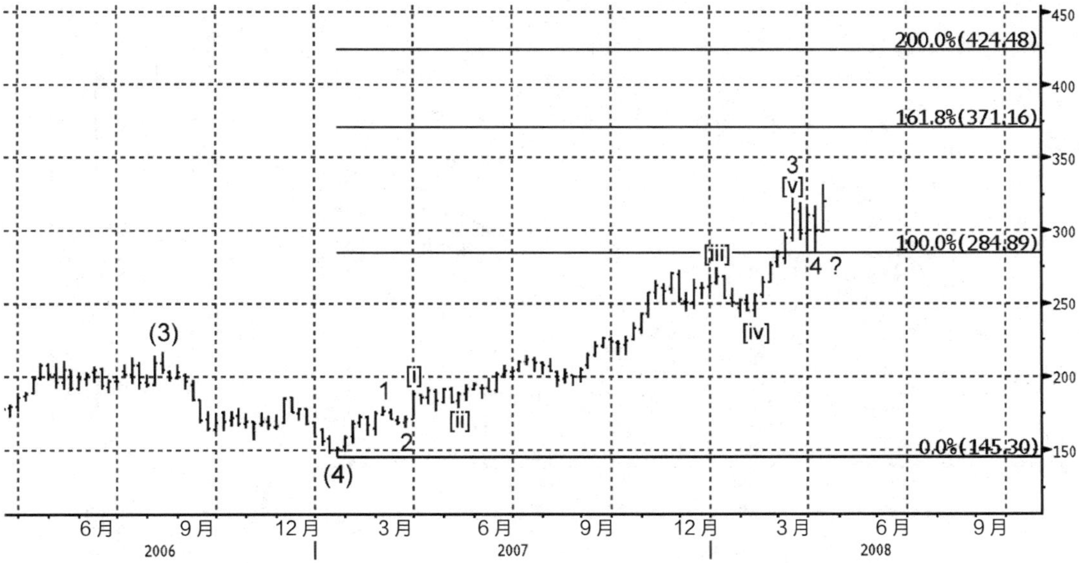

图 8.4　燃料油周连续图

注：该图经允许后转载自彭博。Copyright 2013 彭博。版权所有。

在图 8.4 中，我展示了如何使用斐波那契分割来估计浪 5 的终点。浪 4 的终点（或者起点）经常将整个推动浪划分成黄金分割（0.618/0.382）或者两个相等的部分。这张基于浪 4 终点的走势图确定了两个区域。为了产生黄金分割，浪 5 将结束于 371.16 点，处于两个斐波那契倍数预测点之间。如果浪 4 将整个推动浪划分成两个相等的部分，浪 5 将结束于 424.48 点，超过那两个斐波那契倍数预测点。尽管还没有斐波那契集束供我们使用，但浪 5 有一个潜在更高的价格区间。

为了使用具有时间敏感性的期权进行交易，

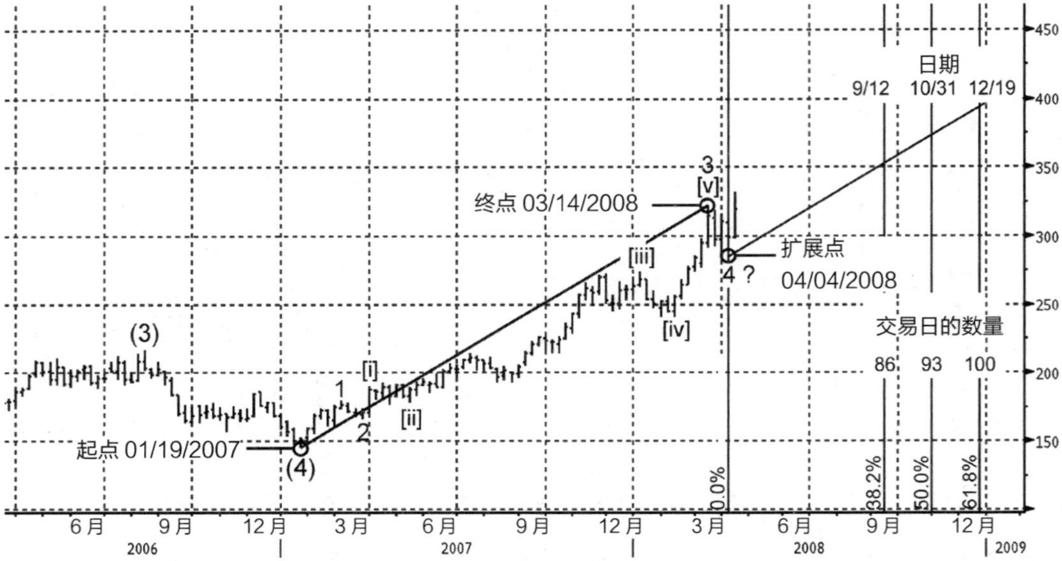

图 8.5 燃料油周连续图

我们需要确定浪 5 一个时间目标。

图 8.5 展示了我将使用斐波那契时间倍数来估计浪 5 的结束时间。作为一种指南，浪 5 的持续时间可能等于浪 1 至浪 3 持续时间乘以 0.382、0.5 或者 0.618。从这张周走势图上，你能够看到这些时间倍数发生的估计时间是 2008 年 9 月 12 日、10 月 31 日和 12 月 19 日。

关键点

作为一种指南，浪 5 的持续时间可能等于浪 1 至浪 3 持续时间乘以 0.382、0.5 或者 0.618。

卖出 1 手平价看涨期权

买入 1 手价外看涨期权

买入 1 手深度价外看涨期权

贷方净额

看涨

相对长期策略，3 到 6 个月

最大风险为前两个执行价之差减去贷方净额

最大回报有上限

盈亏平衡价格：卖出的看涨期权的执行价加上贷方净额

盈亏平衡价格：买入的看涨期权中较高的执行价加上最大风险

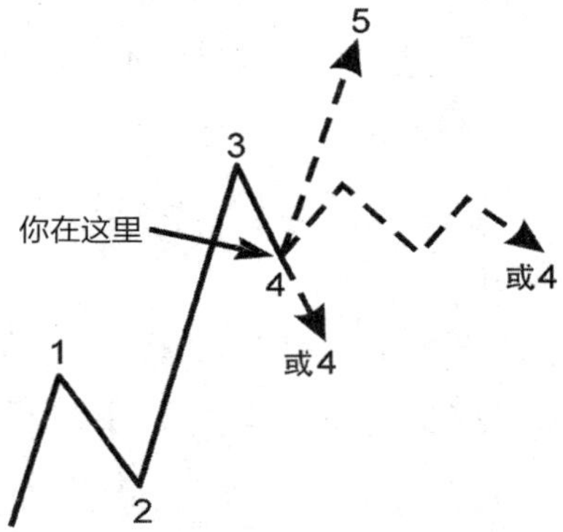

图 8.6　熊市梯式看涨期权

注：该图经允许后转载自彭博。Copyright 2013 彭博。版权所有。

我们遇到的困境是，浪 4 可能以扩散平台形的形态继续下跌，也可能以三角形的形态呈盘整型运动。浪 4 可能已经结束，市场正在沿着浪 5 上涨。如果你试图做多，你可能在扩散平台形的情形中止损出场，或者在三角形的情形中损失一笔钱。如果你因为害怕亏钱而什么也不做，你可能错失一次上涨的重大机会。如何解决这一困境？你可以使用完全适合这种情形的期权策略，它称为熊市梯式看涨期权。它也可以叫卖出梯式看涨期权。图 8.6 展示了不同的艾略特波浪情形和这种期权策略的结构。

在期权的相关文献中，人们将熊市梯式看涨期权归为模糊不清和令人困惑的一类。你看涨吗？你看跌吗？你在卖出 1 手平价看涨期权，但你同样买入 2 手不同的价外看涨期权。你到底在做什么？讽刺的是，从艾略特波浪的角度看，这种策略一点都不模糊。它使我们免受可能发生的备选数浪影响。让我们看看为什么这种策略能够起作用。

熊市梯式看涨期权基本上是看涨的。它是一种相对长期的策略，适用于持续 3 到 6 个月的交易。你卖出 1 手平价看涨期权，并用所得收入买入 1 手价外看涨期权和 1 手深度价外看涨期权。你应该试图创造一个贷方净额或者净现金流，最大化这种策略的效率。你的风险上限等于前两个执行价之差减去贷方净额。最大回报也有上限。

这种策略提供了两个盈亏平衡价格水平：一个是卖出的看涨期权的执行价加上贷方净额，另一个是买入的看涨期权中较高的执行价加上最大风险（在超过你的深度价外看涨期权的区域）。如果市场从现在到期权到期日之间下跌或者盘整型运动（在你卖出看涨期权的价位），你保留贷方净额，然后离开。如果市场从现在到期权到期日之间强势上涨，你的深度价外看涨期权的价值将会增加。如果市场轻微上涨，你会亏钱。

简而言之，你在赌市场会有一次大的上涨运动，你的偏向与主要趋势的走向一致。无论价格下跌还是盘整型运动，你都受到一些保护。仅仅当价格与主要趋势的走向一致但上涨幅度很小时，你才会遭受损失。

换句话说，你以小的上涨运动为代价，交换大的上涨运动、盘整型运动或者下跌运动。当你对市场看涨，但同样对市场下跌或者盘整型运动的预期感到担心时，这一策略就可以派上用场了。（在熊市，对应的策略是“牛市梯式看跌期权”，我们采用同样的方式构建它，只是要使用看跌期权。）让我们看看将这一策略运用于燃料油的情形。

图 8.7 展示了燃料油期货的日连续图中浪 4 的特写镜头。从浪 3 的终点开始的下跌可能是浪 4 的浪 [a]，之后的上涨可能是浪 [b]，这将通向浪 [c] 下跌。浪 4 也可能作为三角形、平台形或联合形而呈盘整型运动，或者价格可能在浪 5 中猛涨。

给定这一交易机会，构建熊市梯式看涨期权的时机到了。4 月 11 日，我以 31.40 点的期权价格卖出执行价为 300 点的 9 月看涨期权。9 月期权是建立在 9 月期货合约上的。4 月 11 日，

图 8.7　燃料油日连续图

注：该图经允许后转载自彭博。

9 月期货合约的最高价是 316.05 点，最低价是 311.60 点。在日连续图中，5 月的期货合约记录了 323.76 点的最高价和 315.57 点的最低价。因此，那时候 9 月期货的交易价格对 5 月期货的交易价格略微打了折扣。尽管我对 9 月的合约进行交易，但我在连续图上进行我的艾略特波浪分析。历史数据为我提供了观察波浪形态更好的图景。9 月期权的到期日是 2008 年 8 月 26 日，接近于 0.382 的时间关系（见图 8.5）。我们大约有 5 个月的时间，这是一个合适的时间范围，而不是一个短期策略。请记住，我们期望在相对较高的浪级有一次大的价格运动。

执行价为300点的看涨期权基本上是价内期权。9月期货的交易价格在312点到316点之间。我以18.11点的期权价格买入9月执行价为330点的价外看涨期权。如果价格只是略微上涨，我将放弃30点。我知道我不得不牺牲一个小幅度上涨来执行这个策略。

然后，我以12.68点的期权价格买入9月执行价为350点的深度价外看涨期权。为什么是350点？正如你可能看到的那样，如果浪5等于浪1到浪3净距离的0.382，那么它将上涨到352.47点（见图8.3）。我期望浪5至少上涨到352点，它有可能上涨得更高。贷方净额是0.61点。最大风险是29.39点。最大回报在技术上是有上限的，但正如之前推导出的那样（见图8.3），394.21点是一个很好的目标价格。将这一价位取整到395点，这将产生15.61点的回报。

市场至少将上涨到352点。下跌的盈亏平衡价格是300.61点。上涨时的盈亏平衡价格是379.39点。隐含波动性是35.85%。如果价格暴跌，我仍然还有贷方净额。

图8.8给出了结果。是的，燃料油价格猛涨。这张图最近的价格线是5月22日，它还代表了6月期货合约。它记录了401.53点的最高价和390.80点的最低价，价格确实达到（并且经过了）394点。9月期货合约记录了406.65点的高位和397.53点的低位，因此开始对5月合约进行溢价交易。

平仓的时候到了。我以102.45点的期权价格买回9月的执行价为300点的看涨期权，以74.74点的期权价格卖出执行价为330点的看涨期权，以58.14点的期权价格卖出执行价为350点的看涨期权。这笔交易挣得了30.43点的贷方净额，还有交易开始获得的0.61点的贷方净额。平价期权的隐含波动性是40.49%。然而，这有一些误导性。这个数字属于6月合约，离合约到期日只有两周时间了。整个交易

关键点

在到期日，盈亏平衡价格与期权价值一致。在到期之前，盈亏平衡价格提供了一个大致的估计，并随着离到期所剩时间和隐含波动性的变化而波动。

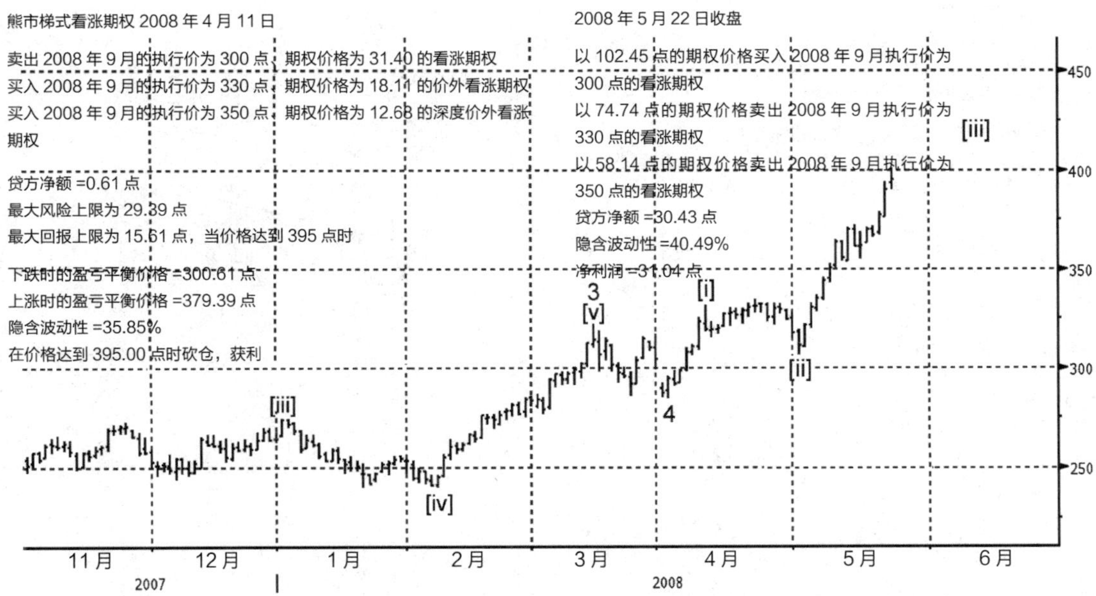

图 8.8　燃料油日连续图

注：该图经允许后转载自彭博。Copyright 2013 彭博。版权所有。

使用的波动性是 9 月合约的波动性，它在 34% 左右，所以波动性没有重大变化。最后，这笔交易产生了 31.04 点的净利润。

如图 8.9 所示，浪 5 结束于 415.86 点，接近于图 8.4 中标记的 424.48 点。在 424.48 点上，浪 4 的终点将整个价格范围划分为两个相等的部分，实现了我们的第一个目标估计。

回顾过去，我们很容易说，如果我直接做多的话，可能挣得更多。你会做多吗？你把止损点设定在哪？设定在浪 4 的低位？这样做的风险非常大。如果在一种情形下什么也不做会让你像直接做多或者做空那样感到紧张，期权策略是一个有用的选择。关键是在开始时创造一个贷方净额，这不是总能做到的，要随着当

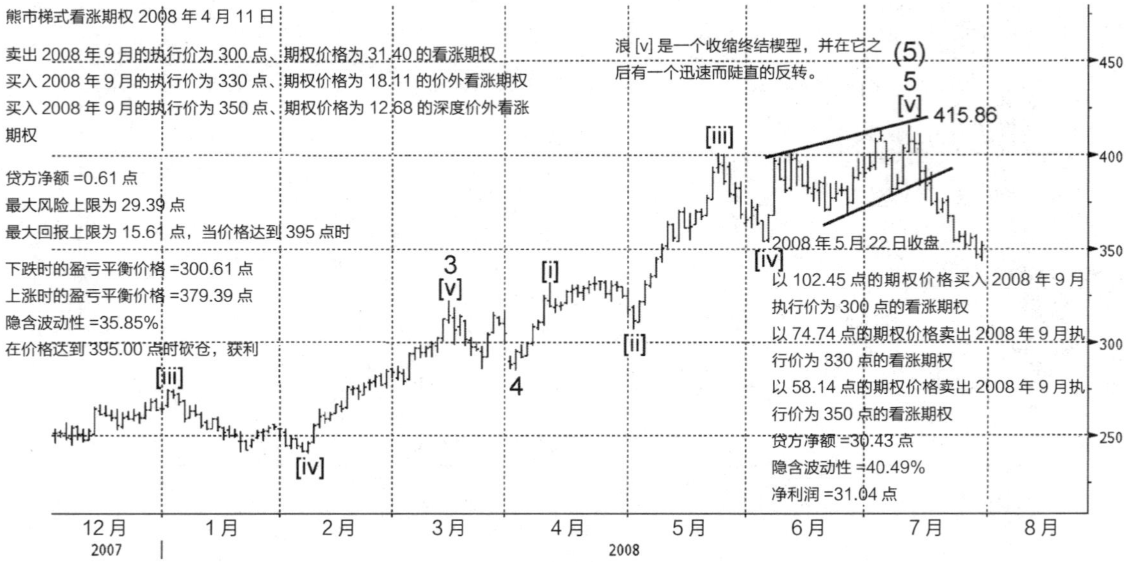

图 8.9　燃料油日连续图

注：该图经允许后转载自彭博。Copyright 2013 彭博。版权所有。

时市场条件的变化而变化。

多头跨式期权斩获浪 5 的泡沫头部

在前面的案例中，如果风险比之前高得多，你会做什么？换句话说，如果你的艾略特波浪分析告诉你，市场在一个相对短的时间内上涨或下跌的机会都是 10% ~ 15%，你会做什么？你会冷眼旁观什么也不做吗？接下来的案例将告诉我们怎么解决这一困境。

图 8.10 是 2008 年 5 月大豆期货合约截止到 2008 年 2 月 6 日的日走势图。大豆期货以

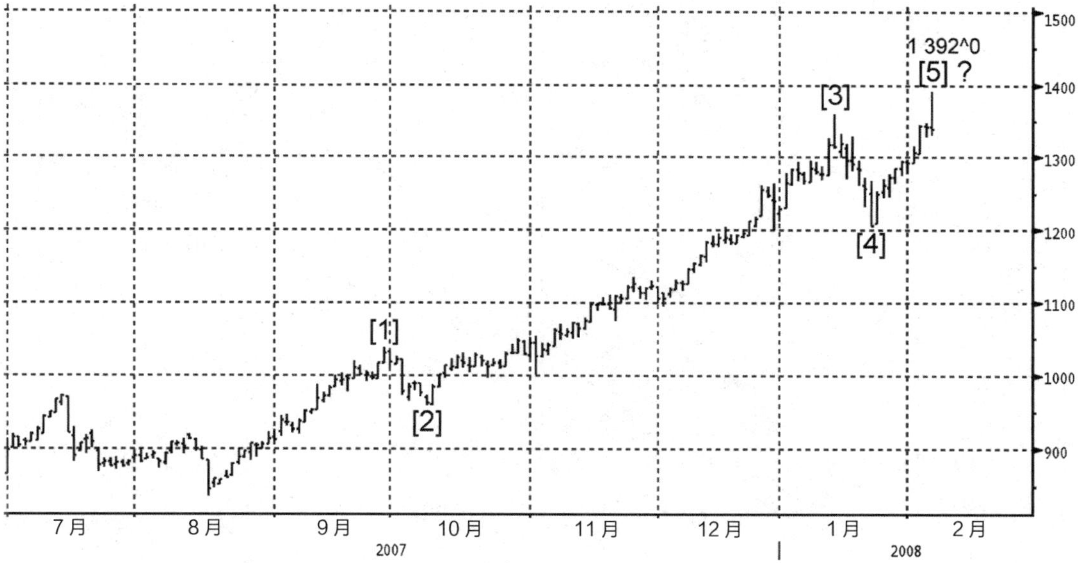

图 8.10　2008 年 5 月大豆日走势图

注：该图经允许后转载自彭博。Copyright 2013 彭博。版权所有。

美分 / 蒲式耳报价，最小的价格变动单位是 1/4 美分，以八分之几表示。例如，1 436^6 表示 1 436 和 6/8 美分，或者 1 436 和 3/4 美分。1 美分等于 1 点，价值 50 美元每手合约（1 手大豆合约是 5 000 蒲式耳。——译者注）。

从 2007 年 8 月 16 日的低位开始，我们可以数出 5 浪上涨到 1 392^0 点的高位，这形成了一个推动浪。但问题是浪 [5] 结束了吗，或者说接近结束了吗？如果是这样，那么会有一次大的下跌吗？如果浪 [5] 还没有结束，那么会有一次大的上涨吗？使用艾略特波浪分析，我将检查两种情形，并从试图构建一种即将发

图 8.11　2008 年 5 月大豆日走势图

注：该图经允许后转载自彭博。Copyright 2013 彭博。版权所有。

生的大的下跌开始。

图 8.11 中，我画出了 5 浪推动浪的趋势通道。浪 [5] 接近上趋势线，这证明浪 [5] 即将完成，反转下跌即将开始。让我们看看趋势通道上趋势线在 1 400 点到 1 450 点的区域是否存在斐波那契集束，这个区域是上趋势线下一个月所处的地方。如果存在，那么它将支持反转即将开始。

如图 8.12 所示，如果浪 [5] 结束于 1 435^6 点，浪 [4] 的终点将把整个推动浪划分成黄金分割。

如图 8.13 所示，如果浪 [5] 结束于 1 407^0 点，它将等于浪 [1] 到浪 [3] 的净距离的 0.382。对

图 8.12　2008 年 5 月大豆日走势图

注：该图经允许后转载自彭博。

浪 [5] 的终点，我们现在有两个估计数，它们彼此很接近，并且都略微超过目前的高位 1 392^0 点。如果浪 [5] 确实结束于两个估计水平附近，那就让我们看看市场将会有多大幅度的下跌。

稳健起见，我们先看看一个幅度较小的回撤将会运动多远（如图 8.14 所示）。如果浪 [5] 将达到 1 435^6 点的高位，浪 [1] 到浪 [5] 的净距离的 0.382 调整将达到 1 207^0 点，这一价位同样代表了黄金分割的一部分。这一价位与前面浪 [4] 的低位 1 207^0 点重合。为了达到这一价位，市场将经历大约 16%的下跌。如果浪 [5]

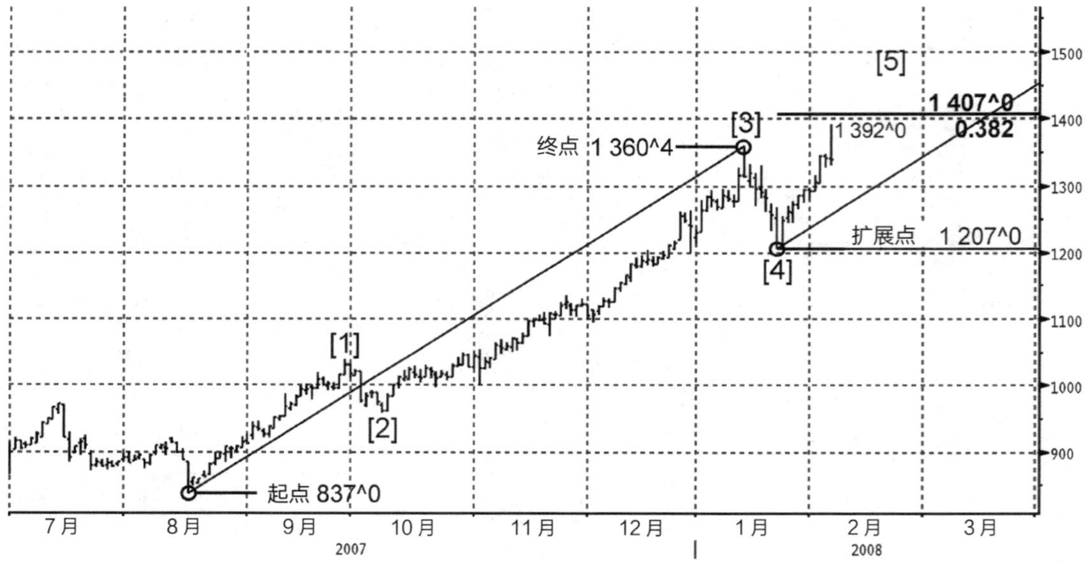

图 8.13　2008 年 5 月大豆日走势图

注：该图经允许后转载自彭博。Copyright 2013 彭博。版权所有。

达到目前的高位 1 392^0 点，0.382 的回撤将会运动到 1 180 点，市场大约下跌 15%。让我们观察放大图，看看市场是否可能下跌更多。

图 8.15 展示了大豆期货截止到 2008 年 2 月 6 日的周连续图。

从 2007 年 8 月低位开始的推动浪似乎是延伸的第 5 浪，这个第 5 浪处在开始于 2006 年 9 月低位 526^2 点的高一浪级的推动浪之中。如果浪 V 的浪 [5] 结束于 1 435^6 点，浪 I 到浪 V 的净距离的 0.382 回撤将到达 1 088^2 点，从而引发 24%的下跌。在第 5 浪延伸完成后，调整浪经常运动到延伸浪第 2 浪的范围，这样

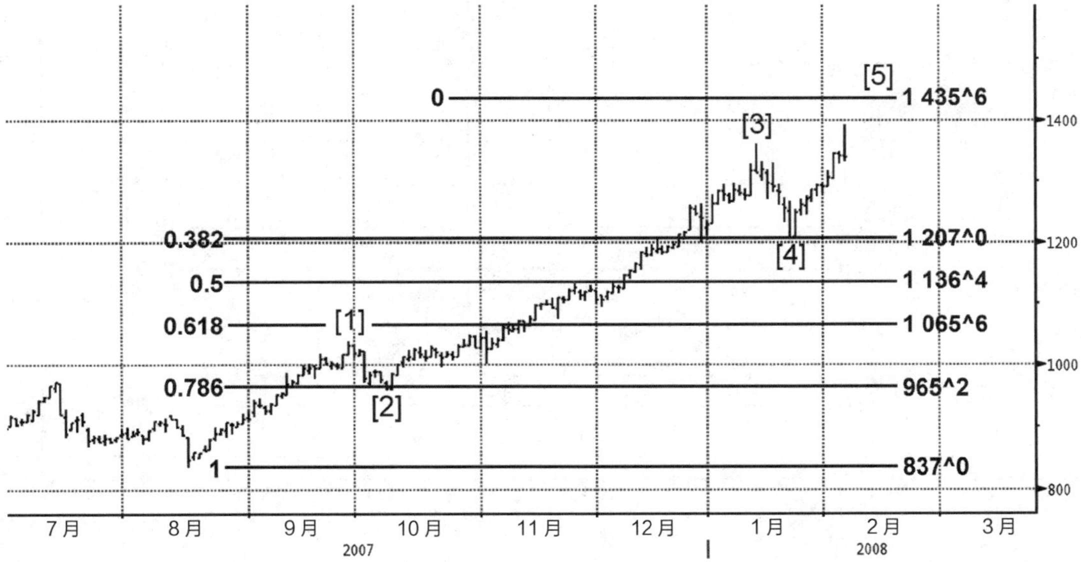

图 8.14　2008 年 5 月大豆日走势图

的运动将使价格下跌到大约 900 点的价位。观察周连续图，让我再补充一点，如果浪 V 的浪 [5] 结束于 1 418^0 点，浪 V 将等于浪 I 到浪Ⅲ净距离的 1.618 倍，这对延伸的第 5 浪来说是常见的斐波那契关系。因此，基于接近高位的观点，我们在低位 1 400 点的区域有一个斐波那契集束，并且价格可能有向下的大的调整。

让我们探究一下上涨的可能性。在商品市场中，对第 5 浪来说比较常见的是，它延伸并且以一个接近垂直的运动结束，这种运动称为泡沫头部。在浪 V 延伸中，同样可能的是浪 [5]

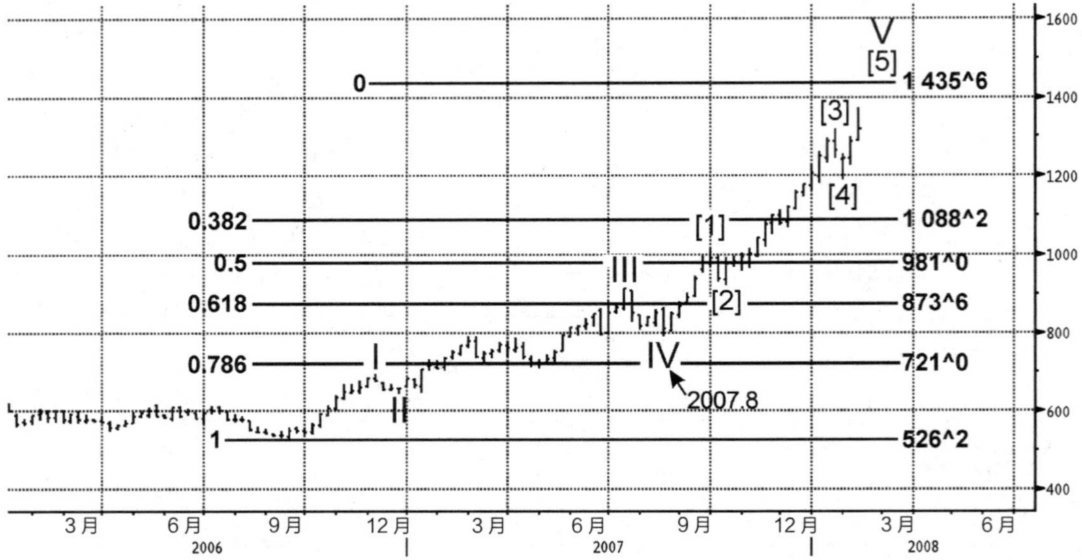

图 8.15　大豆周连续图

注：该图经允许后转载自彭博。Copyright 2013 彭博。版权所有。

将延伸并且记录比我们目前估计高得多的价格。

在上涨方面，让我们看看斐波那契指南为我们提供了怎样的价格水平。如图 8.16 所示的长期走势图中，如果浪 V 结束于 1 544^0 点，浪 IV 的起点将把整个开始于 2006 年 9 月低位的推动浪划分成黄金分割。在那一价位，浪 V 似乎将完全延伸。请注意，它的次级浪将与前面

关键点

泡沫头部是价格上陡直和迅速的上涨，它经常以恐慌性购买为特征。在它之后，价格将出现同样陡直和迅速的下跌。

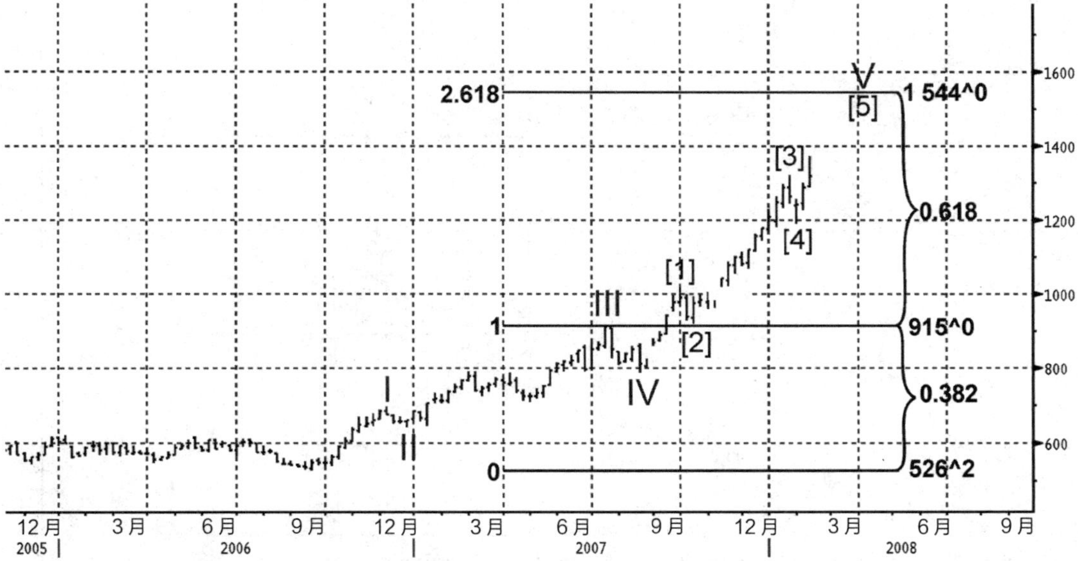

图 8.16 大豆周连续图

注：该图经允许后转载自彭博。Copyright 2013 彭博。版权所有。

未延伸的推动浪一样长（或者更长）。从当前高位开始的进一步上涨将产生接近 11%的收益。

如图 8.17 所示 2008 年 5 月期货合约的日走势图，如果浪 [5] 结束于 1 577^0, 点，浪 [4] 的终点将把整个推动浪划分为两个相等的部分。从目前的高位开始的进一步上涨将产生接近 13%的收益。

如图 8.18 所示，如果浪 [5] 结束于 1 530^4 点，它将等于浪 [1] 到浪 [3] 的净距离的 0.618。这将产生大约 10%的收益。因此，我们在 1 500 点的中间区域有一个斐波那契集束，价格可能在推动浪完成之前下跌。

如果我们被迫采取直接做多或者做空的策略，图 8.19 展示了我们的预测和困境。如果市

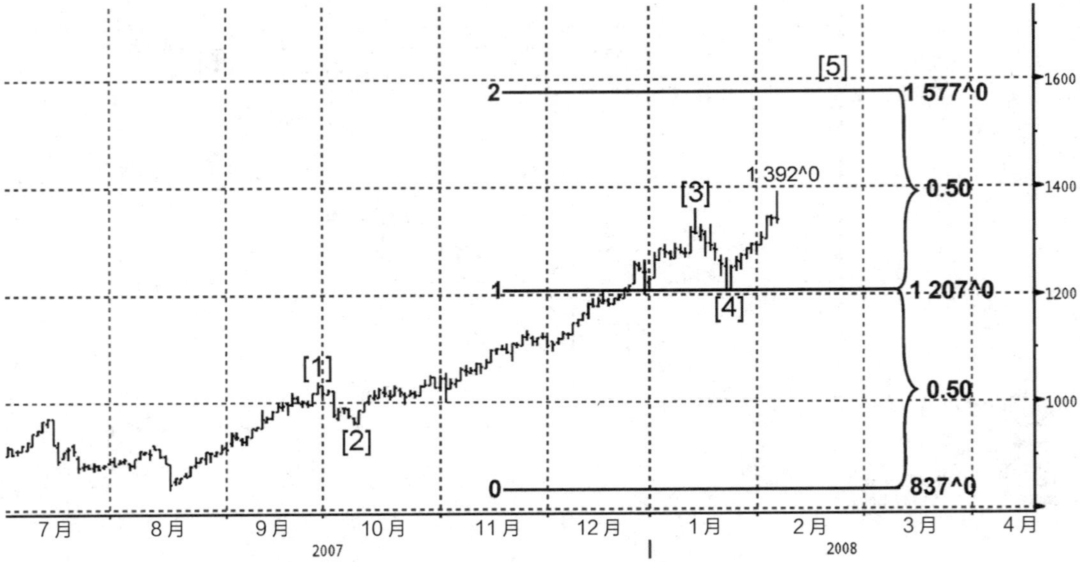

图 8.17　2008 年 5 月大豆日走势图

注：该图经允许后转载自彭博。Copyright 2013 彭博。版权所有。

场在上涨和下跌两种方向上似乎都是可能的情况下，你会做什么？这种情形的期权策略称为多头跨式期权。

图 8.20 从艾略特波浪的角度解释了多头跨式期权的理想情形，并且简述了期权的结构。

为了构建多头跨式期权，你买入 1 手平价看涨期权和 1 手平价看跌期权。按照这种方式，你处在一个同时为重大的上涨运动或下跌运动做准备的头寸。结果产生了借方净额或者净现金流出。两种期权都有相同的执行价和到期日。到期日通常是交易日之后的三个月。这种交易的经济性是很直接的。给定期权总

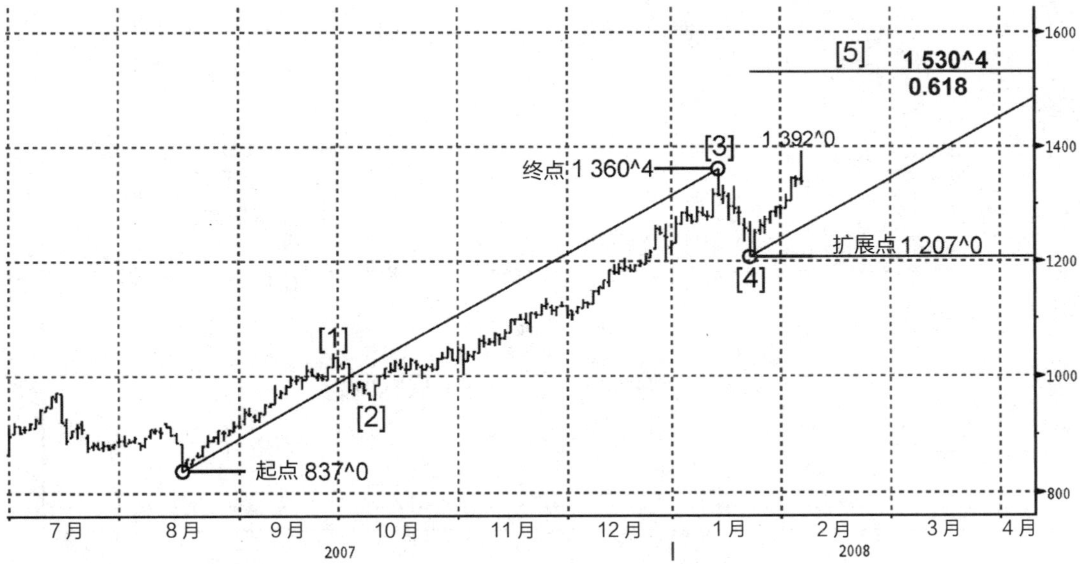

图 8.18　2008 年 5 月大豆日走势图

注：该图经允许后转载自彭博。Copyright 2013 彭博。版权所有。

成本的情况下，你需要确定市场能否在到期之前上涨或者下跌足够的幅度，以使你能够收回成本并获取利润。

使用艾略特波浪分析后，我们已经确定了上涨和下跌的可能性。现在我们必须将那些预测和购买期权的成本进行比较，然后对上涨和下跌运动计算出盈亏平衡价格。如果市场呈盘整型运动，你将亏钱。

在前面购买期权的成本中，一个关键的部分是平价期权的隐含波动性。图 8.21 展示了上一年以来大豆最近的有效期货合约平价期权的隐含波动性水平。

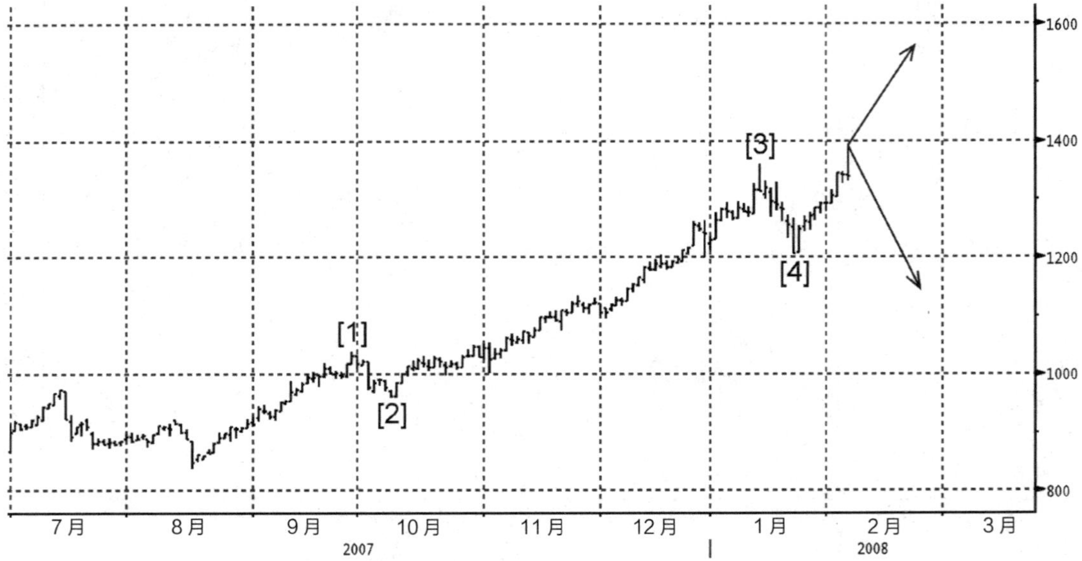

图 8.19　2008 年 5 月大豆日走势图

注：该图经允许后转载自彭博。Copyright 2013 彭博。版权所有。

有一个坏消息：如果你现在交易，你支付的波动性溢价几乎是市场过去 12 个月中最高的。然而，如果盈亏平衡价格落在预测范围内，你可以进行交易。另一种减少成本的方法是，留出足够的时间让波浪形态完成，尽可能地缩短到期日所剩的时间。

让我们看看这笔交易是否可行。

如果你买入 3 个月到期的期权，也就是 2008 年 5 月到期，那是非常昂贵的。如果你买入 2008 年 4 月期权，这种期权的到期日是 3 月 20 日，那么你还有机会。这给了你略少于两个月的时间，波浪形态将以这样或那样的方

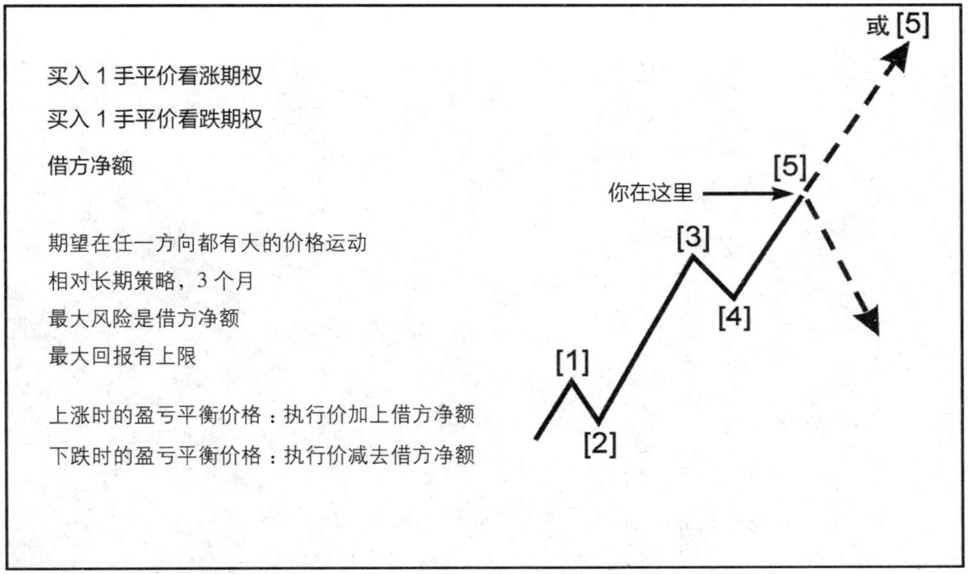

图 8.20　多头跨式期权

注：该图经允许后转载自彭博。Copyright 2013 彭博。版权所有。

关键点

另一种减少风险的策略是，使用多头跨式期权。在多头跨式期权中，你将购买 1 手看跌期权和 1 手看涨期权，它们略微处于价外水平。你需要计算你的上涨和下跌时的盈亏平衡价格，看看它们是否和你的预测一致。

式形成。4 月期权的标的期货合约是 2008 年 5 月期货合约。

使用斐波那契时间分析。如果浪 [5] 结束于 3 月 13 日，整个推动浪（从浪 [1] 到浪 [5]）将持续 144 天。下一步，如果浪 [5] 结束于 3 月 19 日，浪 [5] 的持续时间将等于浪 [1] 到浪 [3] 持续时间的 0.382。最后，在长期走势图上，如果浪 V 结束于 2 月 22 日，浪 V 的持续时间

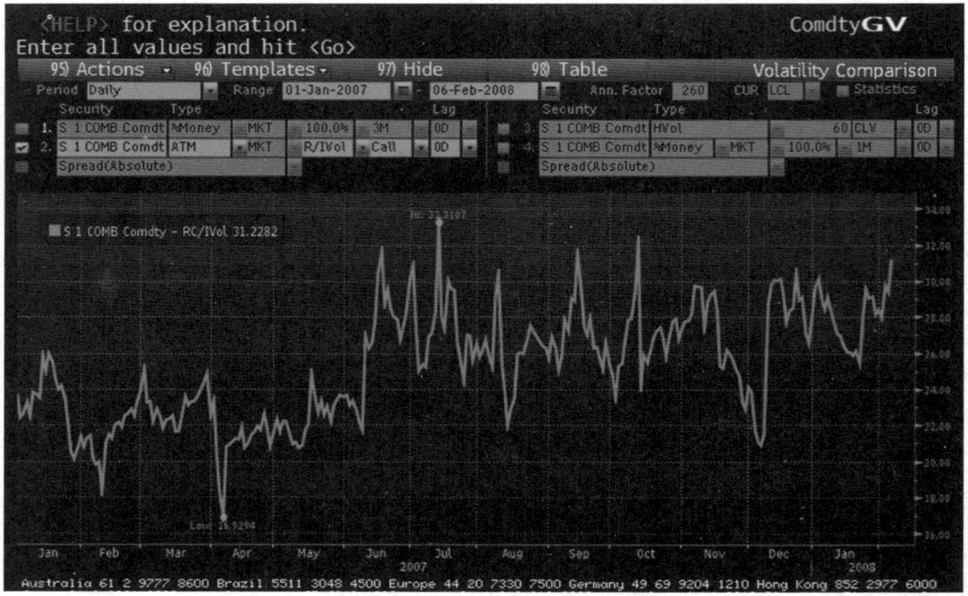

图 8.21　平价期权的隐含波动性

注：该图经允许后转载自彭博。Copyright 2013 彭博。版权所有。

将等于浪 I 到浪 III 持续时间的 0.618。对转向点来说，我们有一个相当紧凑的斐波那契时间范围，即从 2 月 22 日到 3 月 19 日。好消息是这一时间范围的最后一天比期权到期日早一天。所有的这些表明时间足够吗？快速回答：可能是的。

图 8.22 中，我已经构建了跨式期权。2 月 6 日，2008 年 5 月期货合约的交易价格在 1 392 点到 1 332 点之间，并且在收盘时接近 1 339 点。我买入 2008 年 4 月执行价为 1 340 点、期权价格为 60 点的看涨合约，以及执行价为 1 340 点、期权价格为 61 点的看跌合约。借方净

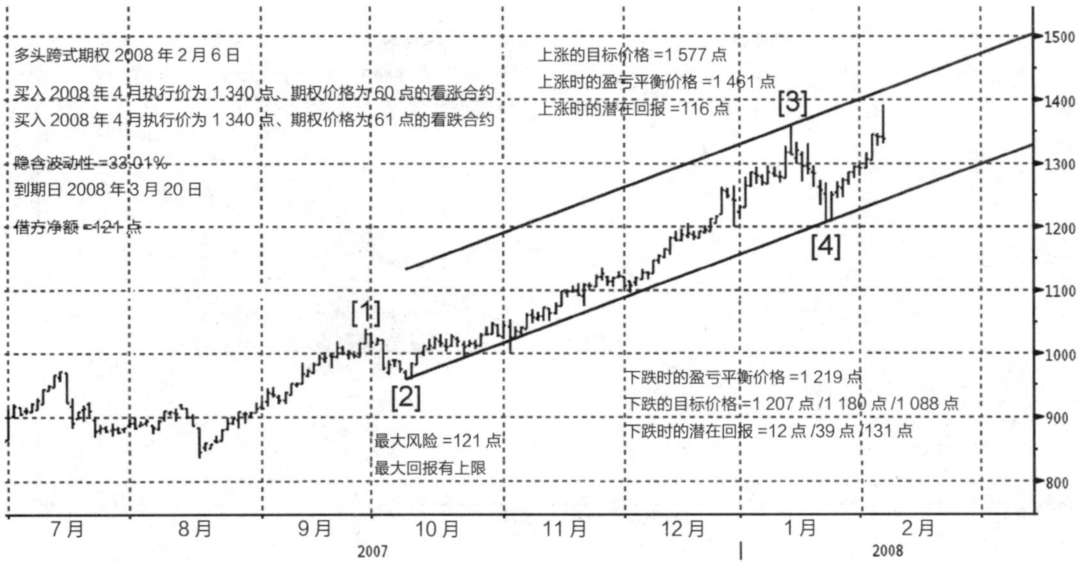

图 8.22　2008 年 5 月大豆日走势图

注：该图经允许后转载自彭博。Copyright 2013 彭博。版权所有。

额或者成本是 121 点。上涨时的盈亏平衡价格是 1 461 点，下跌时的盈亏平衡价格是 1 219 点。基于我们讨论的用以计算潜在回报的预测价格水平，这两个盈亏平衡价格都在可能的市场运动范围之内。让我们看看发生了什么。

图 8.23 中，时间已经到了 3 月 3 日，市场已经猛涨到 1 586^2 点的高位。价格在 3 月 3 日时达到我们的上涨目标价格 1 577 点。请注意浪 [5] 中的翻越。只有两个星期期权就要到期了，继续持有多头头寸已经没有大的优势了，我们在 3 月 3 日以 222^2 点的期权价格卖出了看涨期权（2008 年 5 月期货合约收

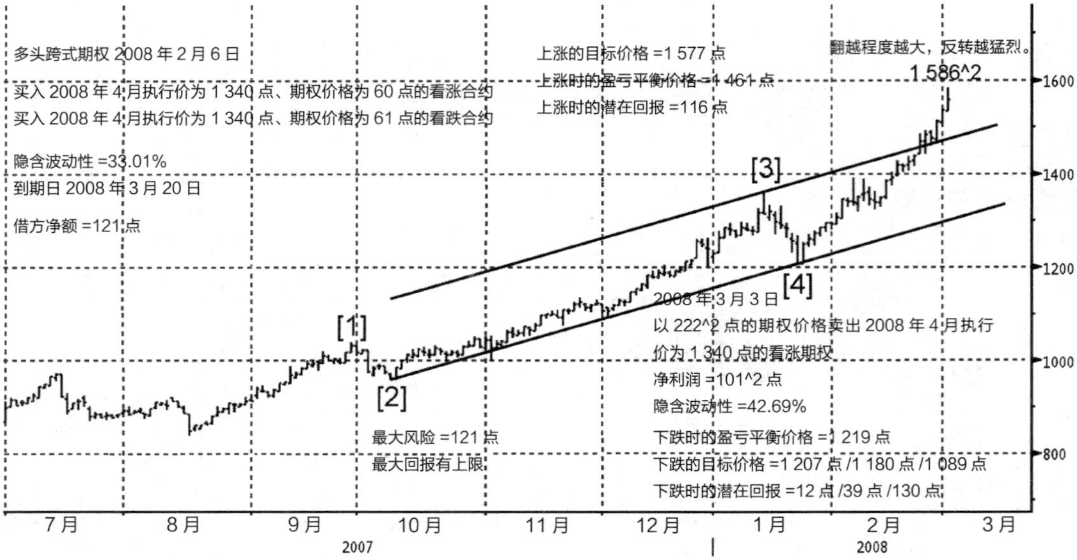

图 8.23　2008 年 5 月大豆日走势图

注：该图经允许后转载自彭博。Copyright 2013 彭博。版权所有。

于 1 559^4 点），这产生了 101^2 点的净利润。现在看跌期权已经没有价值了，因为它们已经成了如此深度的价外期权。最好的策略是继续持有它们。如果这是一个泡沫头部，那么将会有一个猛烈的反转，也许运气好的话，从那些看跌期权中可能还能榨出一些钱来。

在这一时刻，无论发生什么，这一交易都是成功的。让我们移到 3 月 20 日，这是那些看跌期权的到期日（如图 8.24 所示）。

像你猜到的那样，大豆价格暴跌，价格跌到了 1 207 点，收于 1 207 点。看跌期权到期时是价内期权，获利 133 点。这一跨式期权的总的净利润是 234^2 点。

图 8.25 展示了余波。大豆的交易价格下跌

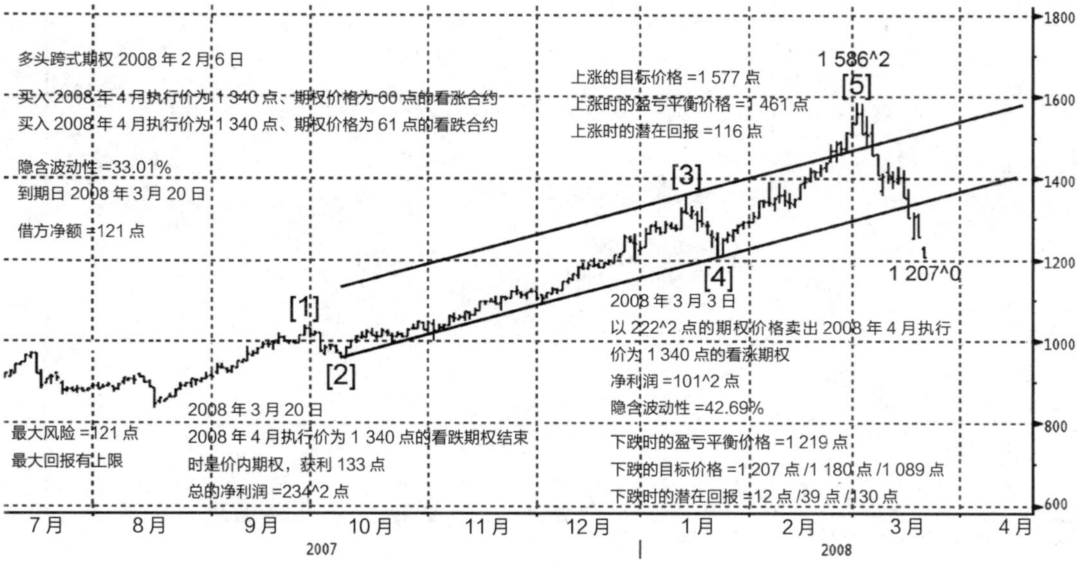

图 8.24　2008 年 5 月大豆日走势图

注：该图经允许后转载自彭博。Copyright 2013 彭博。版权所有。

到了 1 106^4 点的低位，然后开始反弹。请注意趋势通道下趋势线是怎样对任一上涨进行顽强抵抗的，这种情况经常发生。直到 2008 年 6 月 16 日，这一趋势线才被显著突破。即便如此，上涨也没有持续很长时间。

在这个案例中，艾略特波浪分析将我带到了十字路口。我可以通过选择一条路或者另外一条，再加上一个保护性止损点来处理这个情形。但我可能会损失一大笔钱。

那个被选择的期权策略给了我一个非常适合于这一数浪的可行的选择方案，它被证明是开启了一个全新的盈利世界。

将期权记在心中，使用艾略特波浪的重大优势不再限于确定市场的走势和程度，它还告

图 8.25　2008 年 5 月大豆日走势图

注：该图经允许后转载自彭博。Copyright 2013 彭博。版权所有。

诉我们市场是否即将开始盘整型运动。在大豆市场中，波浪形态提供了强有力的证据，泡沫头部即将来临。

你可以在专用的读者资源网站上学到更多。你会看到弗罗斯特和普莱切特撰写的《艾略特波浪理论》的免费网上版本，还有艾略特波浪分析方面的课程：当你在实战中应用波浪理论时，怎样利用具体的形态交易，以及怎样使用斐波那契和其他技术指标来增强你的信心。请访问：www.elliottwave.com/wave/ReaderResources。

本章测试题

1. 下面哪一个是延伸浪的正确论述？

（A）浪 1 通常延伸。

（B）在商品市场中，浪 4 通常延伸。

（C）对一个非常长的推动浪来说，通常有一个双重延伸。

（D）在商品市场中，浪 5 通常延伸。

2. 使用熊市梯式看涨期权的最佳时机是：

（A）你对数浪一头雾水。

（B）你预期市场将在浪 4 中呈盘整型运动或者下跌。

（C）你的偏向是上涨，但市场可能呈盘整型运动或者下跌。

（D）你预期市场将在浪 5 或者浪 C 中迅速移动。

3. 下列哪种情形经常导致双重损失？

（A）延伸的第 3 浪。 （B）锯齿形。

（C）扩散平台形和三角形。 （D）衰竭的第 5 浪。

4. 你预期延伸的第 5 浪有多长？

（A）等于浪 1 到浪 3 净距离的 1.618 倍。

（B）等于浪 1 加上浪 2 的长度。

（C）等于浪 3 长度的 0.618 倍。

（D）等于浪 1 长度的 2 倍。

答案：1.D 2.C 3.C 4.A

第 9 章 09

VISUAL GUIDE TO ELLIOTT WAVE TRADING

杰弗里与韦恩的祝福

杰弗里说：坚持交易计划，不追随大流

成为一个持续成功的交易员，需要具备什么条件？一个定义清晰的交易方法是，遵循这种方法的自律，资金管理规则，耐心和切合实际的期望。即便缺少其中一个要素，你不但不会在交易中取得成功，而且会损害你的本金。

让我举一个例子来证明自律的重要性。说到自律，我指的是坚持你的交易计划而不随大流的能力，随大流会使你在高位买入而在低位卖出，从而让你亏钱。2009 年底，《华尔街日报》做了一项研究，找出了 2000 年到 2009 年最成功的股票型基金。文章指出，十年来表现最好的共同基金是 CGM 精选基金，它每年上涨 18.2% [《十年最佳股票型基金 :CGM 精选》(*Best Stock Fund of the Decade: CGM Focus*)，埃莉诺 · 莱斯，2009 年 12 月 31 日]。

在如此显著的回报率下，投资者看到 100 000 美元在 10 年内可以增长到超过 500 000 美元。不幸的是，根据晨星公司的数据，投资于 CGM 精选的普通投资者每年损失 11%。换句话说，100 000 美元的初始投资平均会缩水到 30 000 美元多一点。

投资于十年最佳共同基金的普通投资者怎么会亏钱呢？罗伯特 · 普莱切特在其 2011 年

4 月发表的《艾略特波浪理论家》（*The Elliott Wave Theorist*）中将这种情形归咎于羊群效应。当 CGM 精选的回报率上涨时，投资者将大笔的钱投进基金。但当基金的回报率下跌时，投资者又不能足够快地止损出局。尽管投资者在牛市中亏钱可能令人震惊，但这是一个再熟悉不过的交易事实。

这就是为什么遵循基本的风险管理规则是明智的。许多成功的个人投资者在每一个头寸上将他们的风险限定在投资组合的 1%～3%。如果我们将这个规则运用到 5 000 美元的交易账户中，那么任一给定的交易的风险将限定在 50～100 美元。我们推荐在风险上使用的指南是，你的风险回报比至少要达到 3:1。也就是说，如果你在任一给定的交易机会上的风险是 500 美元，那么这笔交易的利润目标应该等于 1 500 美元或者更多。请记住，即使这个比率被称为风险回报比，它习惯上先列出回报数。这解释了为什么说 3:1 的投资回报比是令人满意的。这个比率实际上是回报风险比。

即使你拥有方法、自律和资金管理技术，急躁也能够摧毁你的交易。你怎样克服急躁倾向呢？理解急躁倾向的两个诱发因素：害怕和厌烦。克服急躁的第一步是，有意识地确定可接受交易机会的最低要求，并且誓言决不接受低于要求的交易机会。下一步是感到舒适，确信交易机会会在明天、下周、明年，甚至多年以后出现，从而有大量的时间等待理想的机会。请记住，交易不是赛跑，过度交易对提高你的利润没有任何好处。

如果有一种实践能够提高你的交易技能，那它就是耐心。耐心一点，并且将精力集中在教材上的波浪形态和本书中描述的高可信度的交易机会。要成为一个持续成功的交易者，关键在于交易质量，而不是交易次数。

持续交易成功并不容易，这是一项艰苦的工作。如果有人建议你这样做，那么你应该迅速换一个方向做。虽然这是一项艰苦的工作，但值得去做。超过平均回报率、满足感和打出本垒打后的感觉是无价的。但你必须现实地看待这些。请记住我在本书开始时写到的：对于交易员，他 / 她在第一年切合实际的期望应该是避免亏钱。如果你努力争取 0%的回报率并且实现了，那么你超越了普通人，正走向一条成为一个持续成功的交易员的道路。第二年，试着争取 5%～10%的回报率。

交易是个人的行为，关键在你：你能够处理多少焦虑（表现差的时候），满足和兴奋（表现好的时候）。作为一个交易员，知道你是谁，理解你在交易过程中扮演的角色，知道怎样控制你的情绪，最终将决定你的成功或失败。一旦你开始一笔交易而市场运动迅速，使用艾略特波浪分析能够帮助你保持头脑清醒；然而，它不能使你免受情绪的影响。在你用自己的钱进行交易时，你的情绪会成为你强大的敌人。请再次阅读本书中的一些交易案例，重新理解我为什么这样说。

为了更进一步地了解方法、自律、资金管理、耐心和切合实际的期望的重要性，我强烈推荐马克·道格拉斯的《自律的交易者》（*The Disciplined Trader*）和范·K. 撒普博士的《超级交易员》（*Super Trader*）。

韦恩说：你也可以改进波浪交易

每个交易员都有他的交易风格。例如，我偏向一种高风险的交易风格。当预期到一种趋势变化时，我倾向于尽可能早地使用艾略特波浪形态进行交易，而不是等待进一步的价格确认。换言之，我寻找可能的最佳价位和最严格的保护性止损点，而不是等待表明趋势确实已经变化的证据。

在预期市场的运动方向上，我愿意承担我可能会出错的风险。如果我做空，我宁愿在某一高位做空，并且将止损点设定在最近的高位，尽管我不确定趋势是否实际上已经开始走低。我不喜欢等待价格确认，然后在某一较低的价位做空，并将止损点设定在更大风险的价位，尽管这样做可能让我更确定趋势已经变化。

这种方法依赖于积累足够的证据，用以支持即将发生的趋势变化。其他不同交易风格的交易员可能会声称，最好的方法是等待一个相反方向的推动浪，这一推动浪显著突破趋势通道，或者突破前面波浪形态的重要趋势线。这也是一种有效的策略。在两种方法之间作出选择，仅仅是个人风险承受能力的问题，还是作出分析决定的问题？两个问题的回答都是“是”。让我们看一个例子。

图 9.1 中，我确定了一个斐波那契集束。这一集束在目前的市场价位上满足三种斐波那契关系。这种情形下，我将做空，并将止损点设定在比浪（1）起点高一个价格变动单位的

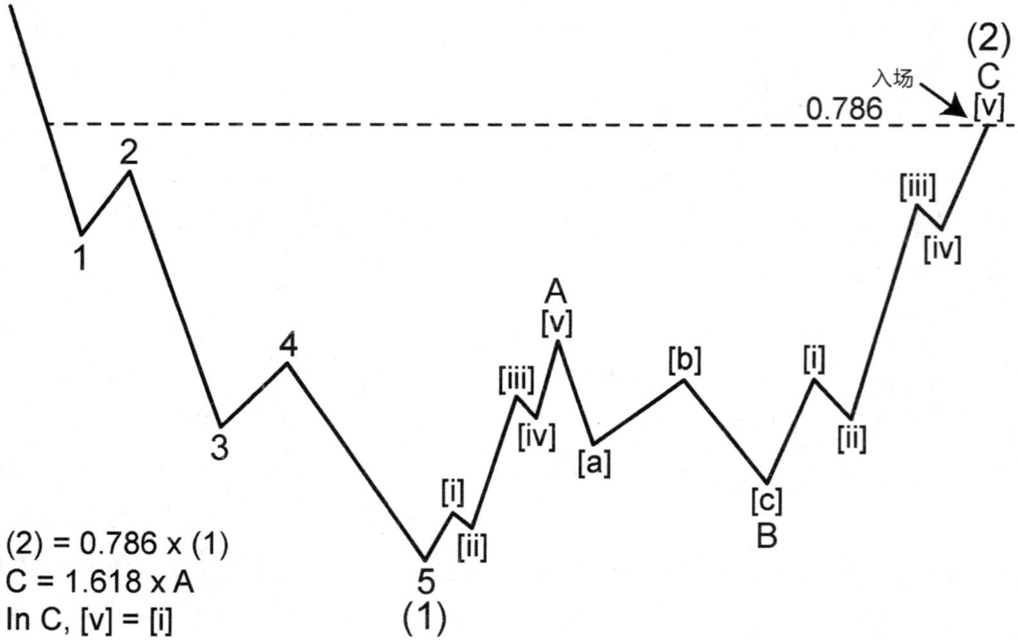

图 9.1 首选数浪和首选入场点

价位。为什么即便有证据，这种做法看上去还是高风险的？用法庭上的术语来说，这个证据是间接证据。没有确凿的证据表明趋势已经变化，尽管一些强有力的证据表明趋势将会变化。

我错了。如果趋势没有变化，那么正确的数浪可能是怎么样呢？图 9.2 中的低位可能是一个扩散平台形的浪（C）终点，因此浪（3）的浪 3 在市场中上涨。我已经多次看到这种情形上演。对于有点厌恶风险的交易员，图 9.3 提供了一种备选的策略。

你可以等待一个下跌的推动浪，它跌破浪（2）锯齿形的通道的下趋势线。然后，在价格

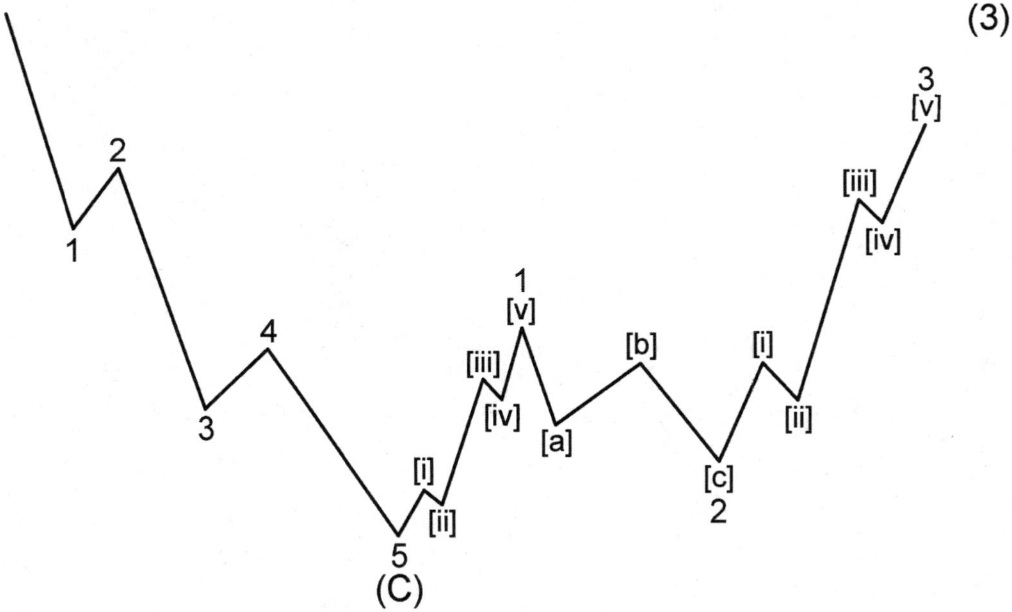

图 9.2 首选数浪和首选入场点

跌破浪 2 的趋势通道时，在浪(3)的浪 3 的浪 [i] 上做空。如果没有强有力的证据表明转折点已经临近，谨慎的做法是等待进一步的价格确认（如图 9.3 所示）。同理，你可以等待价格突破三角形的 B-D 趋势线，或者等待价格突破终结倾斜三角形的 2-4 趋势线时入场。

当我用自己的资本以交易为生时，人们经常问我："除艾略特波浪之外，你还使用什么工具？"我总是这样回答："我使用我能获得的所有合理的东西。"

使用其他技术指标能够帮助强化你的艾略特波浪分析，或者警示你某些地方出错了（见

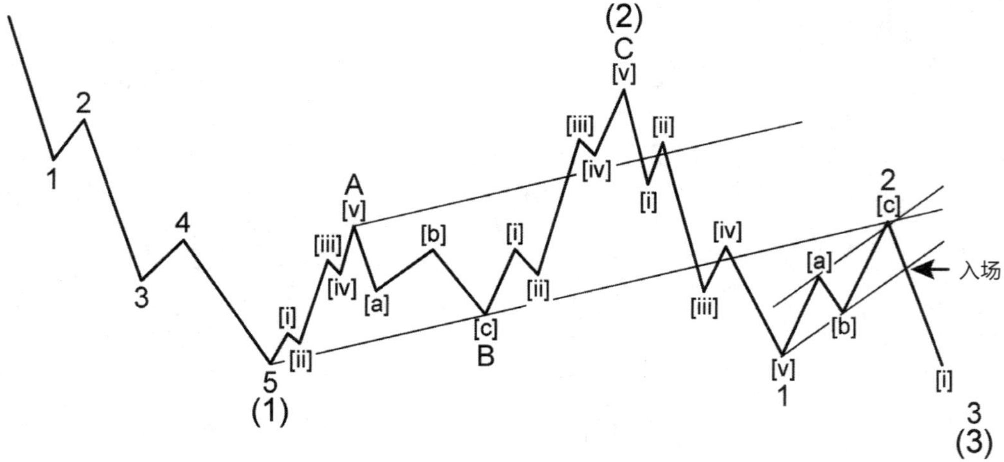

图 9.3 首选数浪和首选入场点

第 6 章)。技术指标有三种类型：情绪指标(投资者心理的测度)，动量指标（价格、交易区间和交易量的变化)，以及艾略特波浪形态之外的形态（例如时间周期和头肩形态)。保持简单，并且使用最适合你的东西。使用一大堆指标，更多的是阻碍，而不是帮助。

最后，请记住，我们艾略特波浪分析的知识仍然在增长。我们所知的波浪形态是吸引人的和有用的，但还有更多的东西需要我们发掘。你不必要等待其他人发掘。在你分析和交易时，看看你是否能够对我们的知识体系进行补充。

附录 A

波浪理论简介

20 世纪 30 年代，R.N. 艾略特发现市场价格的运动遵循着某种形态，这种形态由他所谓的“波浪”组成。他将这些形态的特征称为波浪理论。每一个浪都有价格和时间上的起点和终点。这种形态是连续的，因为一个浪的终点就是下一个浪的起点。基本的形态包括 5 个独立的浪，这 5 个浪连在一起，并随着市场价格的上涨或者下跌而向前推进（如图 A.1 所示）。

图 A.1 中，用数字 1 到 5 标记的 5 浪序列称为驱动浪，因为它推动市场向主要趋势前进。次级浪 1、次级浪 3 和次级浪 5 也称为驱动浪。次级浪 2 和次级浪 4 称为调整浪，因为它们妨碍了主要趋势的走向，并向相反的方向运动。

两条艾略特波浪规则适用于驱动浪：浪 2 回撤小于浪 1 的 100%；浪 3 绝不是最短的次级驱动浪，也不一定是最长的次级驱动浪。

5 浪序列完成后，调整浪就开始了。调整浪会部分地回撤驱动浪前进的幅度。它是一个 3 浪序列或者 3 浪结构特定的联合形。它的三个浪用字母标记，比如，A、B 和 C（如图 A.2 所示）。

所有浪都是高一浪级中其他浪的一部分。它们也可以细分成低一浪级的浪（如图 A.3 所示）。驱动浪和调整浪都既可能上涨，也可能下跌。

一些规则和指南适用于波浪的形成过程。

这些指引不同于那些固定不变的规则，因为它们描述最可能发生什么，尽管不总是会发生。

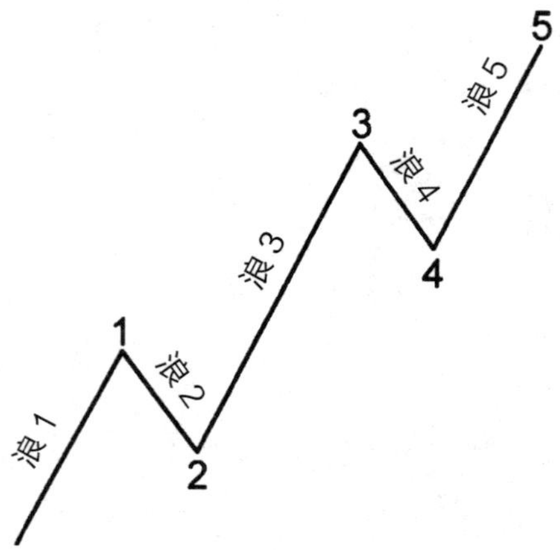

图 A.1 基本的形态结构

来源：《艾略特波浪理论》

图 A.1 中，用数字 1 到 5 标记的 5 浪序列称为驱动浪，因为它推动市场向主要趋势前进。次级浪 1、次级浪 3 和次级浪 5 也称为驱动浪。次级浪 2 和次级浪 4 称为调整浪，因为它们妨碍了主要趋势的走向，并向相反的方向运动。

两条艾略特波浪规则适用于驱动浪：浪 2 回撤小于浪 1 的 100%；浪 3 绝不是最短的次级驱动浪，也不一定是最长的次级驱动浪。

5 浪序列完成后，调整浪就开始了。调整浪会部分地回撤驱动浪前进的幅度。它是一个 3 浪序列或者 3 浪结构特定的联合形。它的三个浪用字母标记，比如，A、B 和 C（如图 A.2 所示）。

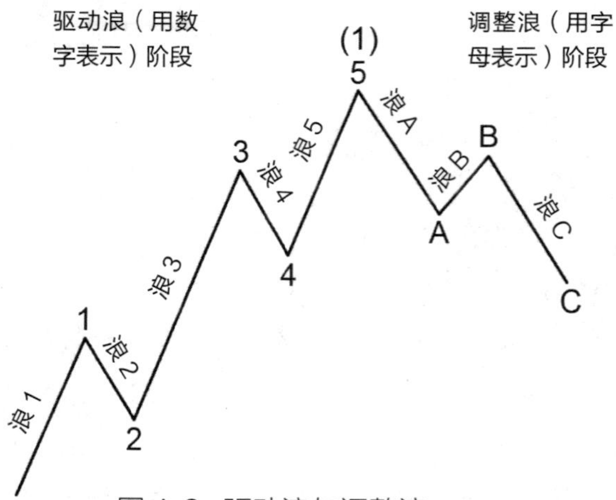

图 A.2 驱动浪与调整浪

来源：《艾略特波浪理论》

所有浪都是高一浪级中其他浪的一部分。它们也可以细分成低一浪级的浪（如图 A.3 所示）。驱动浪和调整浪都既可能上涨，也可能下跌。

一些规则和指南适用于波浪的形成过程。

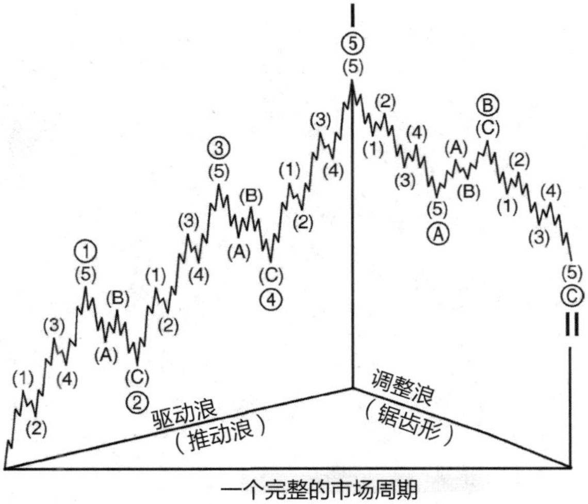

图 A.3　驱动浪与调整浪

来源：改编自《艾略特波浪理论》

这些指引不同于那些固定不变的规则，因为它们描述最可能发生什么，尽管不总是会发生。

驱动浪

驱动浪有两种类型：推动浪和倾斜三角形。

推动浪

推动浪是驱动浪最强的形态，一般遵循以下 3 条规则：

1. 浪 2 绝不会低于浪 1 的起点。换句话说，浪 2 回撤低于浪 1 的 100%。

2. 浪 3 不是最短的次级驱动浪，也不一定是最长的次级驱动浪。

3. 浪 4 绝不会进入浪 1 的价格范围。

还有一条很强的指南，浪 4 不应该进入浪 2 的价格范围。

在实际应用中，这些规则是非常重要的。图 A.4 中，第 1 个数浪是错误的，因为浪 4 的终点进入了浪 1 的价格范围。第 2 个数浪也是错误的，因为浪 3 是最短的驱动浪。第 3 个数浪正确地显示了浪 3 的前 3 个次级浪。第 4 个数浪也是正确的。尽管浪 3 不是最长的驱动浪，但它也不是最短的驱动浪。第 5 个数浪是错误的，因为浪 2 回撤高于浪 1 的 100%。

在推动浪中，浪 1 和浪 5 总是驱动浪（也就是说，它们是推动浪，或者是倾斜三角形），而浪 3 总是推动浪。浪 2 和浪 4 总是调整浪。因此，我们将推动浪称为 5-3-5-3-5 结构。

延伸

在推动浪中，通常是驱动浪浪 3 或者浪 5，

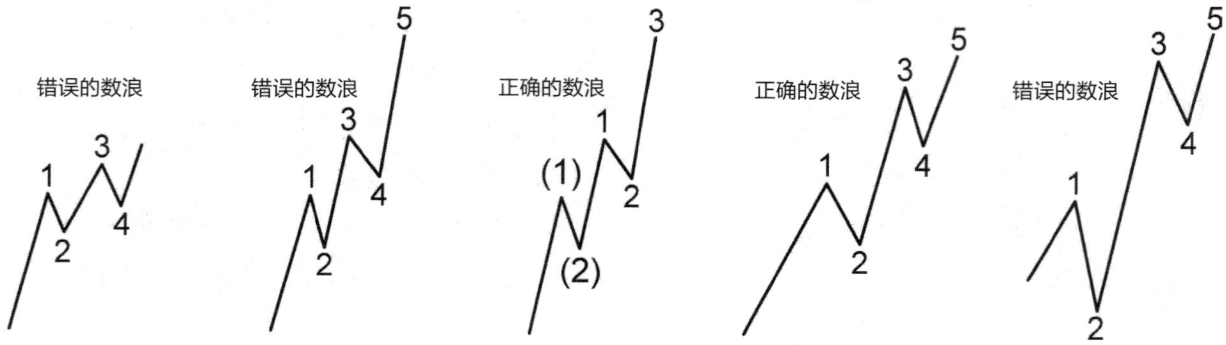

图 A.4　数浪

来源：改编自《艾略特波浪理论》

会出现延伸。延伸浪是一个延长的推动浪，低一浪级的次级驱动浪与高一浪级未延伸的驱动浪一样长，或者更长。

图 A.5 显示了浪 1、浪 3 和浪 5 的延伸。有时，推动浪的初始次级浪差不多一样长，因此很难确定哪个驱动浪延伸了。图 A.5 最下面的图解作了说明，延伸浪可能是浪 1、浪 3 或者浪 5。事实上，只要总计有 9 个浪，确定哪个浪延伸了并不重要。我们通常会在股票市场中看到第 3 浪延伸，而在商品市场中看到第 5 浪延伸。

如果浪 1 延伸了，可以预期浪 5 会和浪 3 差不多一样长。如果浪 3 延伸了，可以预期浪 5 会和浪 1 差不多一样长。如果浪 1 和浪 3 差不多一样长，可以预期浪 5 将会延伸。在第 5 浪延伸结束后，可以预期股价会迅速反转到延伸浪的第 2 个次级浪。2 个驱动浪同时延伸很少见，但如果这一现象确实发生了，那么通常是浪 3 和浪 5 同时延伸。我们称这一结构为双重延伸。

当延伸浪中出现延伸浪时，低一浪级的延伸浪所处的位置通常与高一浪级的延伸浪所处

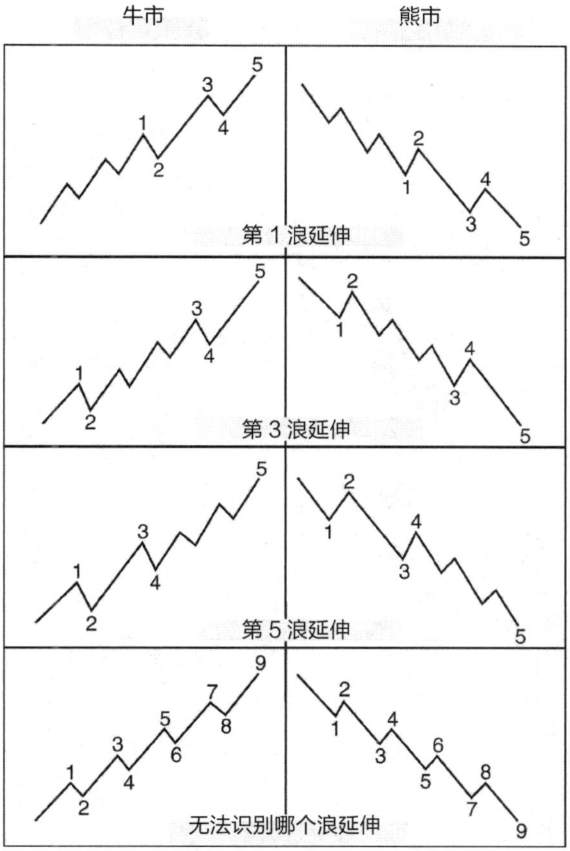

图 A.5 延伸

来源：《艾略特波浪理论》

的浪数相同。例如，在浪 3 延伸中，次级浪 3 通常延伸了（如图 A.6 所示）。

衰竭

在推动浪中，当浪 5 没有超过浪 3 的终点时，就出现了衰竭。衰竭的浪 5 还会呈现一个 5 浪结构（如图 A.7 所示）。衰竭的第 5 浪预示着高一浪级主要趋势的耗尽，与这个第 5 浪同一个浪级的第 3 浪经常是异常强劲的。衰竭的第 5 浪结束后，经常是一个迅速的反转。

倾斜三角形

尽管倾斜三角形和推动浪都是驱动浪，但倾斜三角形与驱动浪的差异明显。倾斜三角形遵循前 2 条规则，不遵循第 3 条规则：浪 4 绝不会进入浪 1 的价格范围。实际上，在倾斜三角形中，浪 4 几乎总是进入浪 1 的价格范围中。

倾斜三角形通常是收缩的，但在极少数情况下是扩散的。在收缩的形态下，浪 3 比浪 1 短，浪 5 比浪 3 短，浪 4 比浪 2 短。在扩散的形态下，浪 3 比浪 1 长，浪 5 比浪 3 长，浪 4 比浪 2 长。由于扩散的倾斜三角形非常少见，我们在后面的讨论中只讨论收缩的倾斜三角形。

倾斜三角形包括引导倾斜三角形和终结倾

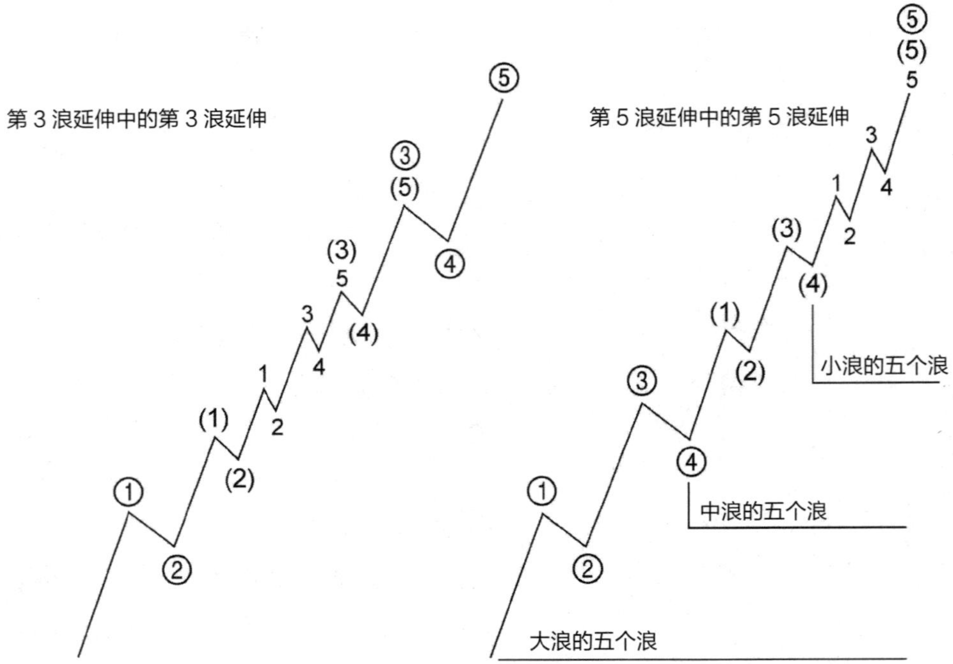

图 A.6 延伸

来源：《艾略特波浪理论》

斜三角形，其中，终结倾斜三角形更为常见。在终结倾斜三角形中，次级浪 1、次级浪 2、次级浪 3、次级浪 4 和次级浪 5 总是呈现调整浪的形态。具体地说，次级浪呈现单一锯齿形或者多重锯齿形的形态。终结倾斜三角形只能出现在推动浪的第 5 浪，以及锯齿形和平台形的第 C 浪。（我们将在调整浪中详述锯齿形和平台形）。

图 A.8 中，浪（5）是一个收缩终结倾斜三角形。它被两条收敛的趋势线包围，呈现出

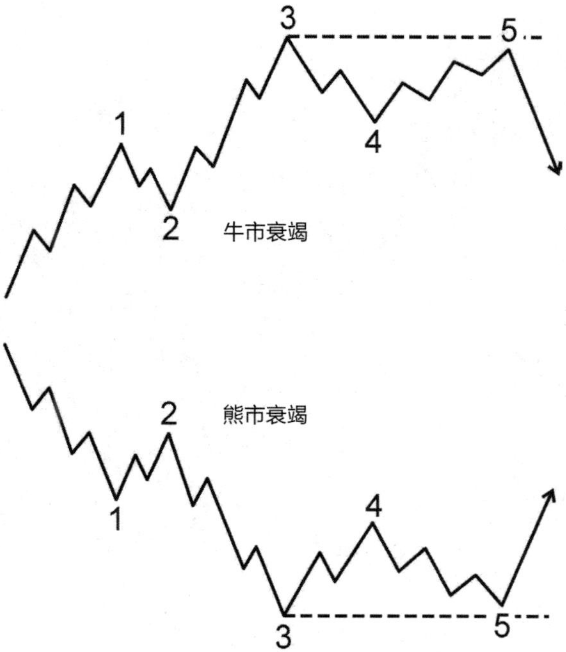

图 A.7 衰竭

来源：《艾略特波浪理论》

楔子的形态。一条趋势线连接浪 1 和浪 3 的终点，另一条趋势线连接浪 2 和浪 4 的终点。浪 5 的终点可能落在 1-3 趋势线上，也可能略高于或者略低于 1-3 趋势线。如果浪 5 超过了 1-3 趋势线，则称为翻越。迅速的反转通常会使价格至少回到终结倾斜三角形的起点，甚至更远。反转可发生在任何地方，占三角形形成时间的 1/3 到 1/2。

在引导倾斜三角形中，浪 1、浪 3 和浪 5 都是推动浪或者锯齿形调整浪。浪 2 和浪 4 总是锯齿形形态。引导倾斜三角形的浪 1 可能出现在推动浪的浪 1 和锯齿形的第 1 浪，我们称之为浪 A。这种形态极其少见。

图 A.9 中，浪（1）是收缩引导倾斜三角形，它和收缩终结倾斜三角形有相同的结构特征。在浪 1 引导倾斜三角形结束后，可以预期浪 2

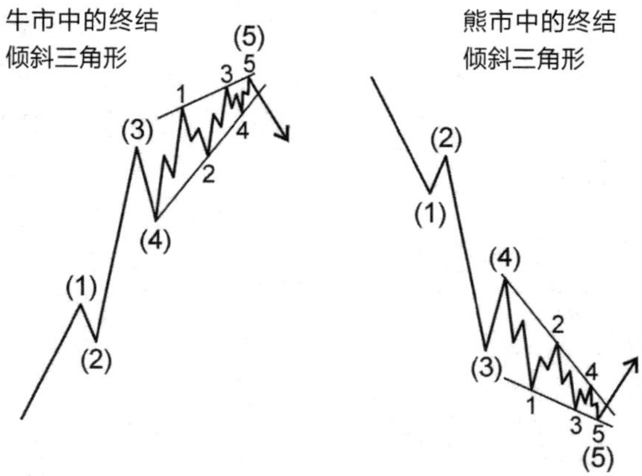

图 A.8 终结倾斜三角形

来源：改编自《艾略特波浪理论》

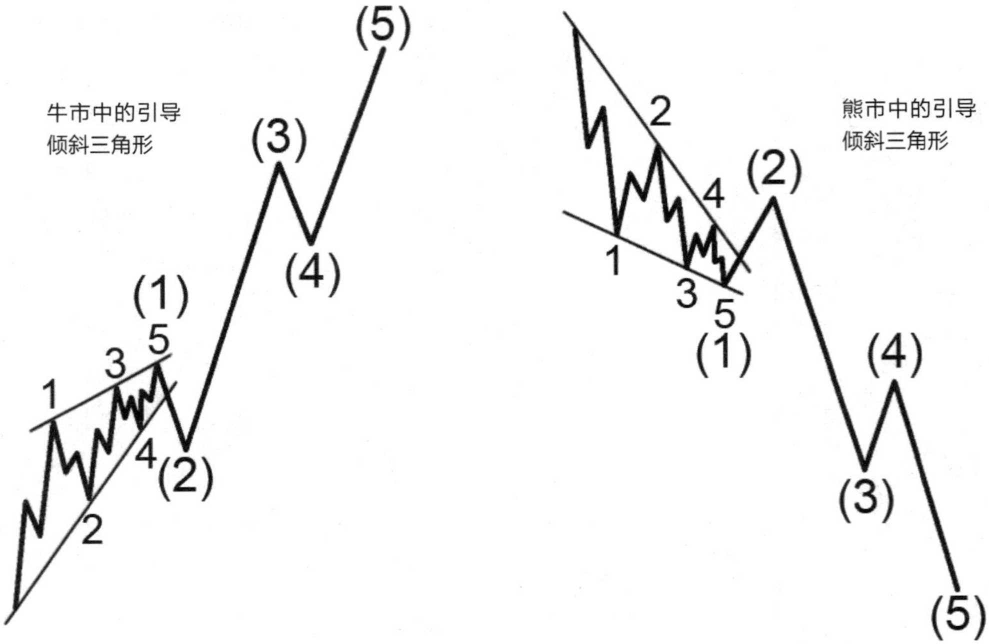

图 A.9　引导倾斜三角形

来源：《艾略特波浪理论》

将会从浪 1 的终点回撤相当大一部分。

调整浪

在市场上，我们都听说过一句古老的谚语："没有什么是一成不变的。"艾略特波浪模型体现了这句话的含义。市场趋势不可避免会遇到中断。从艾略特波浪理论来说，我们将这些中断称为调整浪。

调整浪或者是急剧的，或者是盘整的。急

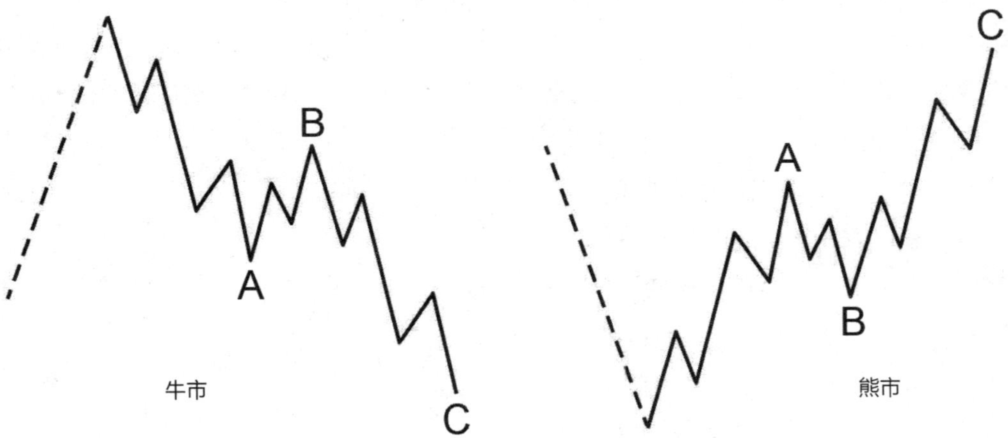

图 A.10　锯齿形

来源：改编自《艾略特波浪理论》

剧型调整浪通常有一个相对陡峭的角度，并且绝不会记录一个超过回撤前浪的价格极点。盘整型调整浪的边界接近于水平线，并且通常会在结束前记录一个超过回撤前浪的价格极点。所有调整浪都会部分地回撤同一浪级的前浪。由于调整浪有许多变体，及时识别并且知道它们什么时候完成是一个挑战。

三种基本的调整浪形态是锯齿形、平台形和三角形。艾略特主义者通常将“三”用作名词，用它表示调整浪形态。当两个或者更多的这种形态连在一起组成一个盘整型调整浪时，它们就称为联合形。

锯齿形

锯齿形是一种陡峭的 3 浪调整浪形态，标记为 A-B-C。浪 A 总是推动浪或者引导倾斜三角形，浪 C 总是推动浪或者终结倾斜三角形，而浪 B 总是调整浪，即为锯齿形、平台形、三角形或者联合形。因此，我们将锯齿形称为5-3-5结构（如图A.10所示）。

在锯齿形中，浪B绝不会超过浪A的起点，浪C几乎总是超过浪A的终点。如果浪C没有超过浪A的终点，那么它是衰竭的浪C。

锯齿形调整浪有1个、2个或者3个锯齿形，3个锯齿形似乎是极限。当锯齿形的个数超过1时，为了连接这几个锯齿形，另一种调整浪就会形成。在双锯齿形中，第1个锯齿形标记为浪W，第2个锯齿形标记为浪Y，而连接这两个锯齿形的调整浪标记为浪X。在三锯齿形中，第3个锯齿形标记为Z。浪X可以形成任意一种调整浪结构，但通常是锯齿形。它通常与浪W的运动方向相反（如图A.11所示）。

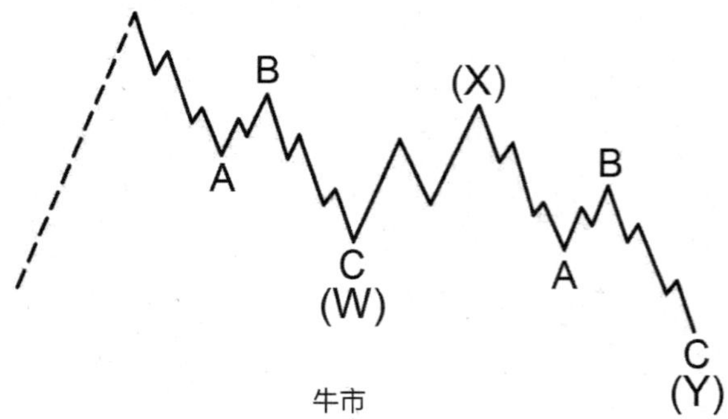

图A.11 双锯齿形

来源：改编自《艾略特波浪理论》

平台形

平台形是一种盘整型的3浪调整浪形态，也标记为A-B-C。浪A和浪B总是调整浪，浪C总是驱动浪。因此，我们将平台形称为3-3-5结构。在平台形中，浪A和浪B绝不会是三角形，也很少是平台形。浪B通常至少回撤浪A的90%。平台形有三种形式：普通平台形、扩散平台形和奔走平台形。最常见的平台形是扩散平台形，奔走平台形很少见。

在普通平台形中，浪B差不多会在浪A的起点结束，浪C会略微超过浪A的终点（如图A.12所示）。

在扩散平台形中，浪B会超过浪A的起点，浪C会显著超过浪A的终点(如图A.13所示)。

在奔走平台形中，浪B会超过浪A的起点，浪C到不了浪A的终点（如图A.14所示）。

三角形

三角形是一种盘整型调整浪，它的次级浪

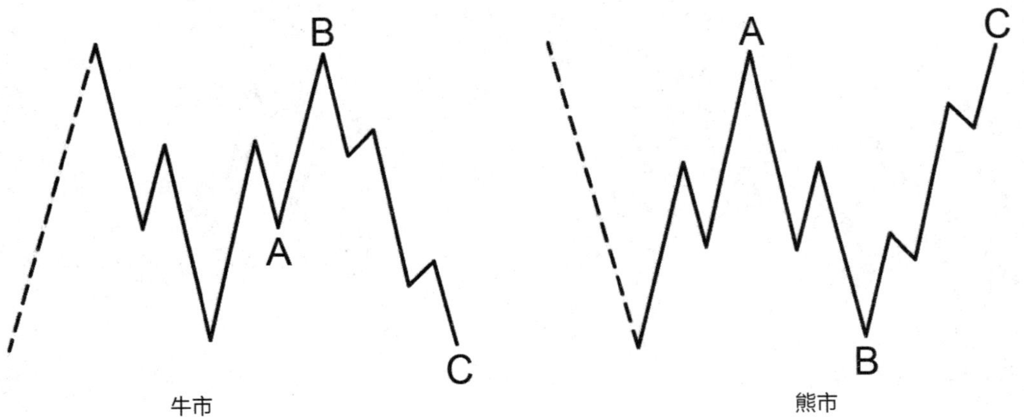

图 A.12　锯齿形普通平台形

来源：改编自《艾略特波浪理论》

标记为 A-B-C-D-E。大多数情况下，三角形次级浪都是锯齿形或者多重锯齿形。因此，我们将三角形称为 3-3-3-3-3 结构。有时，其中一个次级浪会以三角形的形式出现，这个次级浪通常是浪 E。只有一个次级浪是复杂的，即随着时间的推移而延伸，这个次级浪在正常情况下是浪 C、浪 D 或者浪 E。图 A.15 给出了 3 种形式的三角形：收缩三角形、水平三角形和扩散三角形。

在三角形中，连接浪 A 和浪 C 终点的线称为 A-C 趋势线，连接浪 B 和浪 D 终点的线称为 B-D 趋势线。浪 E 的终点可能落在 A-C 趋势线上，也可能低于或者高于 A-C 趋势线。

在收缩三角形和水平三角形中，A-C 趋势线和 B-D 趋势线会收敛。在水平三角形中，B-D 趋势线是水平的，A-C 趋势线指向高一浪级的主要趋势。在扩散三角形中，A-C 趋势线和 B-D 趋势线会发散。

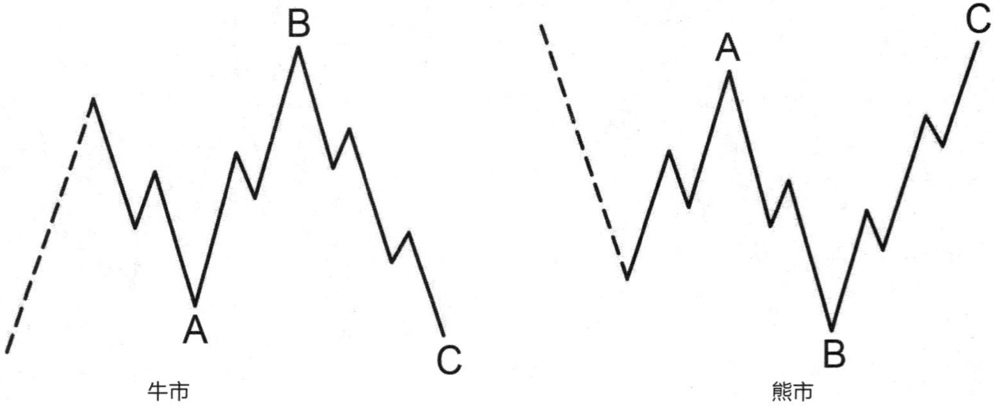

图 A.13　扩散平台形

来源：改编自《艾略特波浪理论》

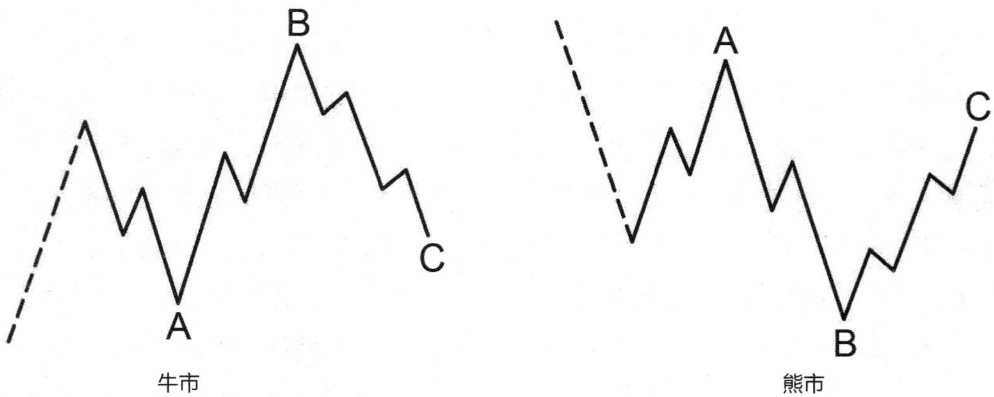

图 A.14　奔走平台形

来源：改编自《艾略特波浪理论》

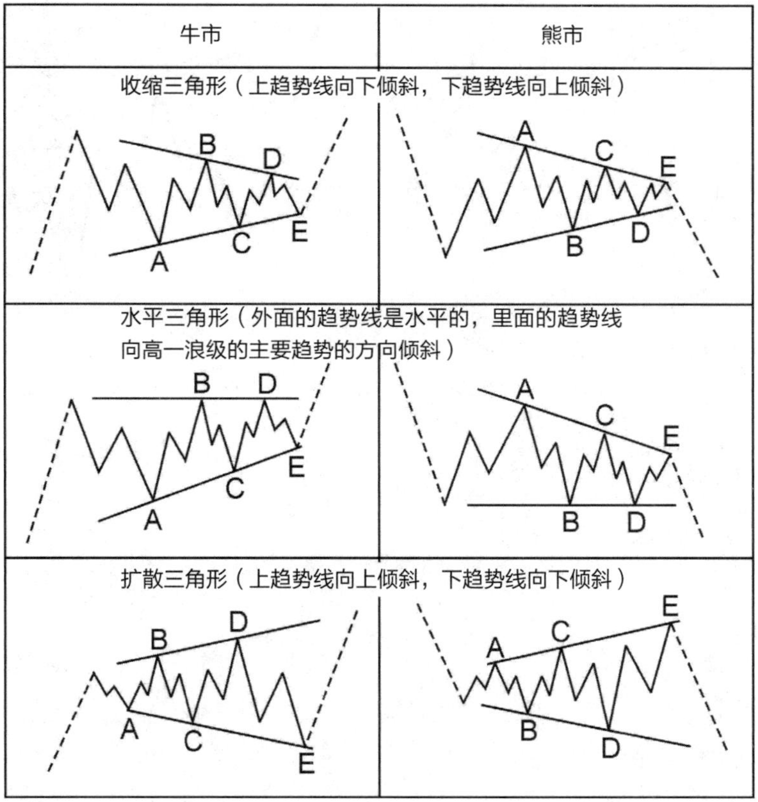

图 A.15　艾略特波浪三角形的变体

来源：改编自《艾略特波浪理论》

在收缩三角形中，浪 C 绝不会超过浪 A 的终点，浪 D 绝不会超过浪 B 的终点，浪 E 绝不会超过浪 C 的终点。浪 B 可能会超过浪 A 的起点，也可能不会超过。如图 A.16 所示，

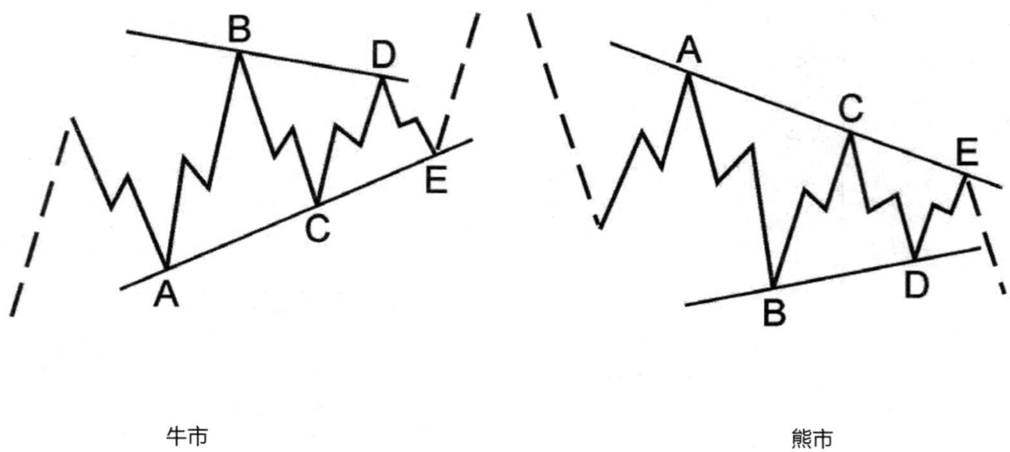

图 A.16　奔走三角形

来源：《艾略特波浪理论》

如果浪 B 超过了浪 A 的起点，则该三角形被称为奔走收缩三角形。奔走三角形很常见。

水平三角形与收缩三角形有相同的特征，也有一些差异。在水平三角形中，浪 D 的终点与浪 B 的终点几乎相同。在扩散三角形中，浪 A 形成后，每一个新的次级浪都会超过上一个次级浪的起点。

三角形总是发生在高一浪级的主要趋势的最后一个驱动浪之前。最后的驱动浪通常会急剧运动，我们称之为后三角形冲击（如图 A.17 所示）。

对于收缩三角形和水平三角形，通过将 A-C 趋势线和 B-D 趋势线向后延长至浪 A 的起点，然后在浪 A 的起点处作一条连接这两条趋势线的垂直线，我们可以估计冲击的最小终点。这条垂直线的长度界定了三角形的“宽度”。我们将三角形的宽度应用于浪 E 的终点，估计高一浪级主要趋势中的下一次运动。

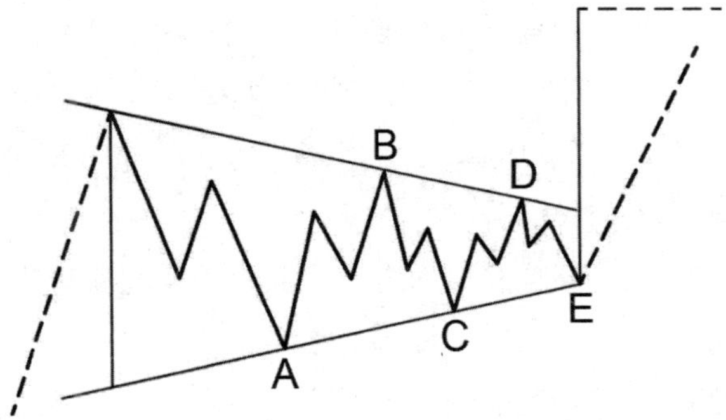

图 A.17 后三角形冲击度量

来源：《艾略特波浪理论》

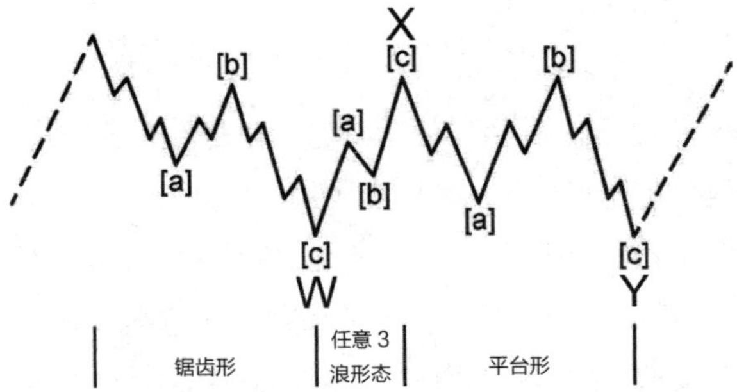

图 A.18 双重三浪

来源：《艾略特波浪理论》

在推动浪中，后三角形冲击度量估计了浪 5 的最小长度。如果浪 5 超过估计出的终点，则可以预期浪 5 会延伸。

联合形

联合形是一种盘整型调整浪，它包含 2 个或者更多的调整浪结构。3 个调整浪结构似乎是极限。

每 2 个调整浪结构之间都由浪 X 连接。浪 X 有 3 个特征：它可以是任意一种调整浪形态；它总是与前一种调整浪形态的运动方向相反；它通常是锯齿形。在联合形中，似乎从不会超过一个三角形。如果联合形中出现了一个三角形，它似乎总是最后一个调整浪结构。联合形有两种类型：双重三浪和三重三浪。

双重三浪包含两个调整浪形态：第一个标记为浪 W，第二个标记为浪 Y，并由浪 X 连接。图 A.18 是双重三浪调整浪的一个变体。

三重三浪包含 3 个调整浪形态，标记为浪 W、浪 Y 和浪 Z，每两个都由浪 X 连接。三重三浪很少见。在双重三浪和三重三浪中，浪 X 通常是锯齿形，而不是三角形。

斐波那契关系

波浪形态的价格和时间经常会反映出斐波那契比率。在波浪的构造中，重要的斐波那契比率是 0.618，这是众所周知的黄金分割数。它用希腊字母 ϕ 表示。它的倒数是 1.618。ϕ 是唯一一个将其加上 1 的值等于其倒数的数。如果我们将 ϕ 平方或者用 1 减去 ϕ，得到的值为 0.382，这是另一个斐波那契比率。

表 A.1 展示了一些斐波那契比率。

每个比率都可以表述为 ϕ、倒数 1/ϕ 或者 ϕ^N。其他与波浪相关的重要斐波那契比率是 0.5（1/2）、0.786（0.618 的平方根）、1.0（1/1）和 2.0（2/1）。

在艾略特波浪形态中，关键的斐波那契关系是回撤、倍数和分割。尽管这些关系更常用于估计某种波浪价格方面的长度，但它们也能够用来估计波浪时间方面的长度。

表 A.1　斐波那契比率和斐波那契倍数

比率	倒数	ϕ^N
0.618	1.618	$(1.618)^1$
0.382	2.618	$(1.618)^2$
0.236	4.236	$(1.618)^3$
0.146	6.854	$(1.618)^4$
0.090	11.089	$(1.618)^5$

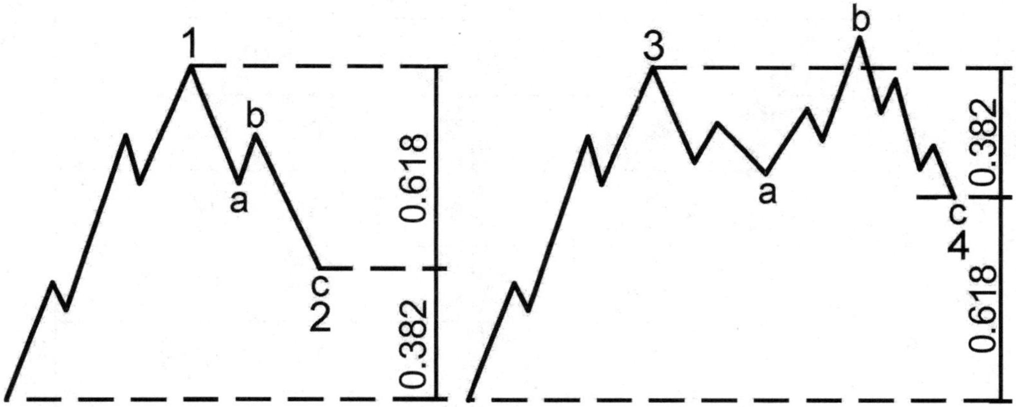

图 A.19 斐波那契回撤

来源：《艾略特波浪理论》

回撤

在推动浪中，浪 2 通常较大幅度地回撤浪 1 长度的 0.618，浪 4 通常较小幅度地回撤浪 3 长度的 0.382 左右（如图 A.19 所示）。

在锯齿形中，浪 B 对浪 A 的回调取决于浪 B 的结构。

如表 A.2 所示，如果浪 B 是锯齿形，它将回撤浪 A 的 0.5 到 0.786；如果浪 B 是三角形，它将回撤浪 A 的 0.382 到 0.5。

倍数

在推动浪中，浪 5 经常等于浪 1 至浪 3 净幅度的 0.618 或者 0.382（如图 A.20 所示）。

当浪 3 延伸时，可以预期浪 5 将等于浪 1，或者浪 1 的 0.618。当浪 5 延伸时，可以预期浪 5 在价格上的运动幅度将是浪 1 至浪 3 的 1.618 倍；如果超过了这个幅度，可以从图 A.20 中寻找更大的倍数。

当浪 1 延伸时，可以预期浪 3 至浪 5 的净

表 A.2　锯齿形中典型的浪 B 回撤浪 A 的法则

浪 B	净回撤
锯齿形	50% ~ 79%
三角形	38% ~ 35%
奔走三角形	10% ~ 40%
平台形	38% ~ 79%
联合形	38% ~ 50%

幅度将等于浪 1 长度的 0.618(如图 A.21 所示)。

单一锯齿形和多重锯齿形结构中最常见的斐波那契关系是等长。例如，单一锯齿形中的浪 C 等于浪 A，双重锯齿形中的浪 Y 等于浪 W（如图 A.22 所示)。

当等长不存在时，可以从表 A.3 中寻找其他斐波那契关系。

多重锯齿形中的斐波那契关系与单一锯齿形的类似。

在普通平台形中，浪 A、浪 B 和浪 C 通常是相等的（如图 A.23 所示)。

在扩散平台形中，可以预期浪 C 或者等于浪 A 长度的 1.618 倍，或者超过浪 A 的长度等于浪 A 的长度的 0.618 倍。可以预期浪 B 将等于浪 A 长度的 1.236 倍或者 1.382 倍(如图 A.24 所示)。

收缩三角形的次级浪之间经常通过斐波那契比率 0.618 相联系（如图 A.25 所示)。

表 A.3　斐波那契关系

单一锯齿形
浪 C= 浪 A
浪 C=0.618 浪 A
浪 C=1.618 浪 A
浪 C 超过浪 A 的长度等于浪 A 的长度的 0.618 倍
双重锯齿形
浪 Y= 浪 W
浪 Y=0.618 浪 W
浪 Y=1.618 浪 W
浪 Y 超过浪 W 的长度等于浪 W 的长度的 0.618 倍
三重锯齿形
浪 W= 浪 Y= 浪 Z
0.618 的比率，例如，浪 Z= 浪 Y 的 0.618 倍

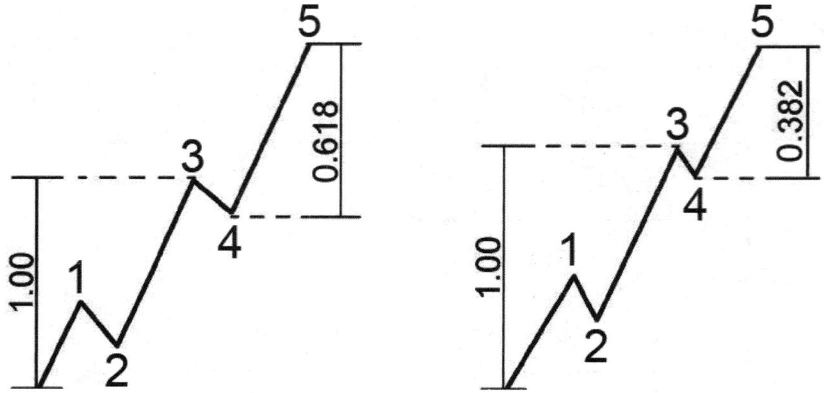

图 A.20　推动浪中的斐波那契倍数

来源：《艾略特波浪理论》

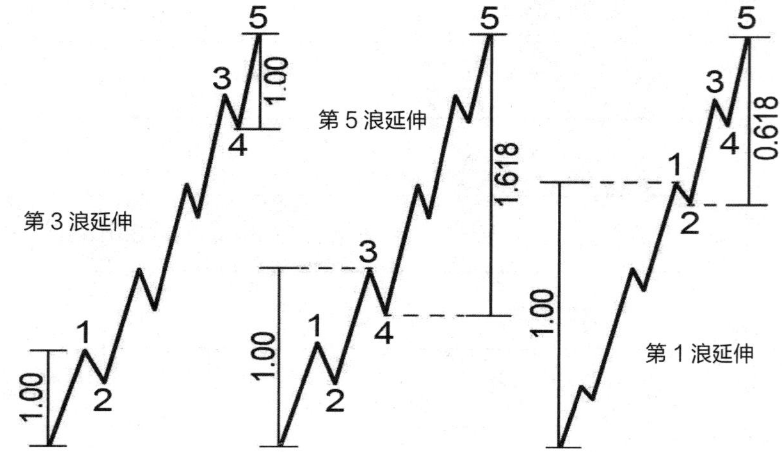

图 A.21　推动浪中的斐波那契倍数

来源：改编自《艾略特波浪理论》

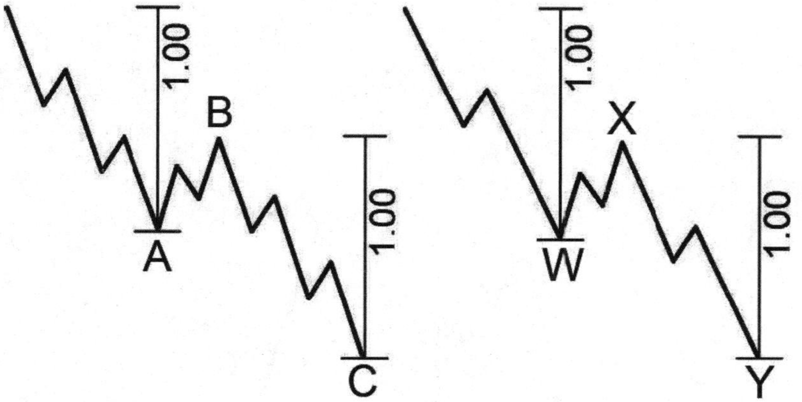

图 A.22　锯齿形调整浪中的斐波那契倍数

来源：改编自《艾略特波浪理论》

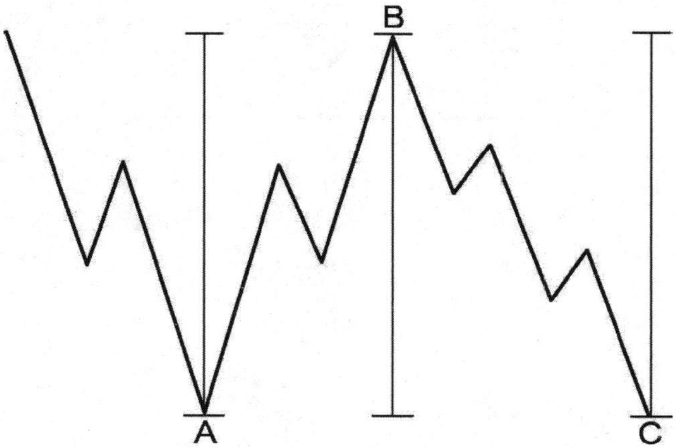

图 A.23　平台形中的斐波那契倍数

来源：改编自《艾略特波浪理论》

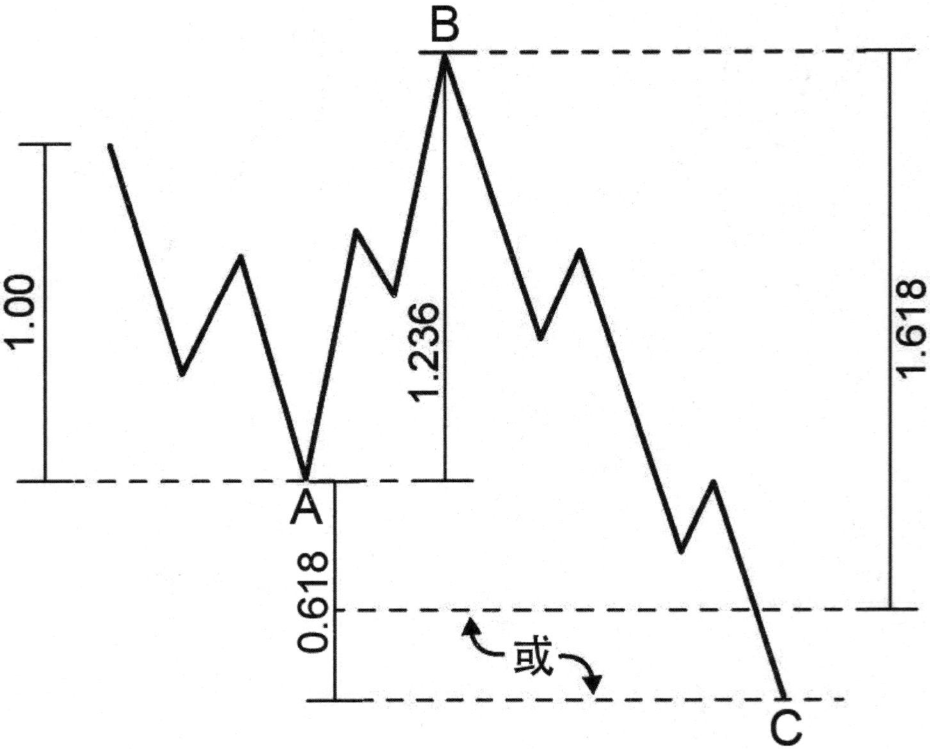

图 A.24　扩散平台形中的斐波那契倍数

来源：改编自《艾略特波浪理论》

对于扩散三角形来说，适用的斐波那契比率是 1.618。

分割

如果我们用这样一种方式分割任一长度，即较小部分与较大部分的比率等于较大部分与

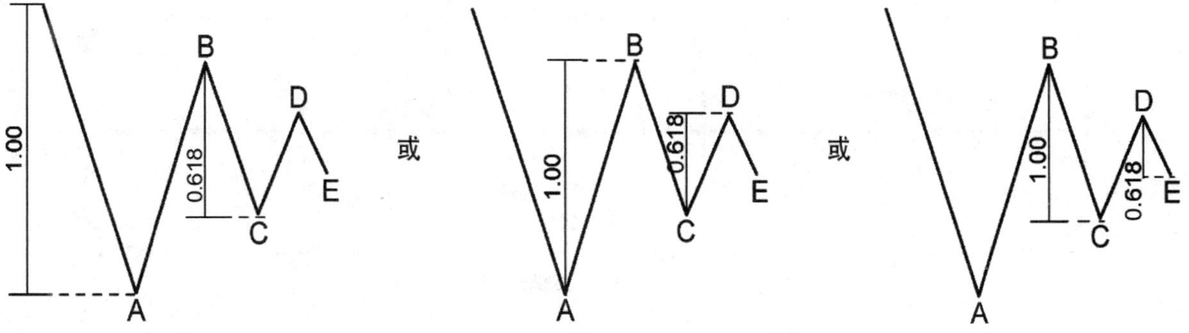

图 A.25　三角形中的斐波那契倍数

来源：改编自《艾略特波浪理论》

整体的比率，那么这一比率将总是 0.618（如图 A.26 所示）。

这就是所谓的黄金分割，它将产生一个 0.382/0.618 的分割。某种浪的终点经常按照黄金分割或者有时按照 0.5/0.5 分割将波浪形态分成两部分。

在推动浪中，浪 4（通常是它的起点或者终点）经常将整个波浪划分成黄金分割或者两个相等的部分（如图 A.27 所示）。

集束

只要有可能，我们都不想仅仅依靠一种斐波那契关系预测市场走势。斐波那契分析的最强有力的应用是识别斐波那契集束。

当两种或者更多的斐波那契价格关系都预测出几乎相同的价格水平时，斐波那契价格集束就出现了。

既然波浪形态可以在所有时间范围内同时出现，那么我们经常有机会发现斐波那契集束。图 A.28 阐明了一个斐波那契价格集束。

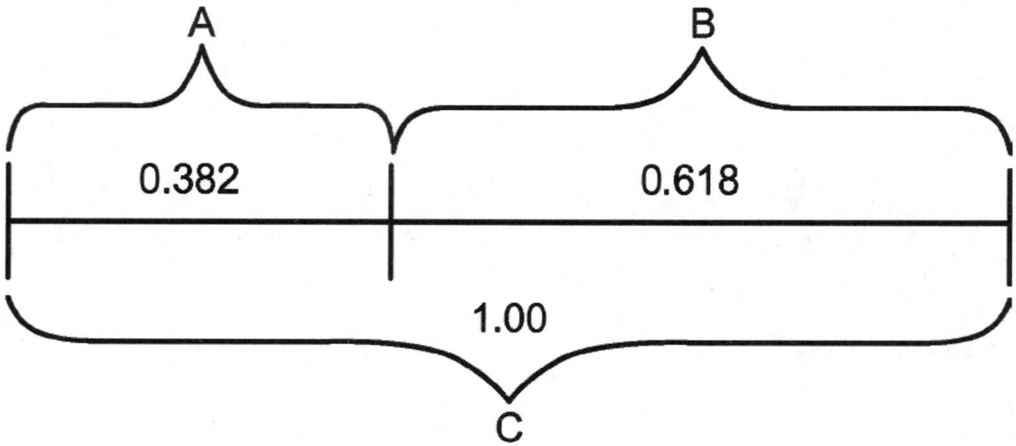

$$\frac{A}{B}=\frac{B}{C}=0.618$$

图 A.26　黄金分割

来源：改编自《艾略特波浪理论》

在同一价格水平上，图 A.28 识别出了以下三种斐波那契关系：

1. 大浪 [2] 回撤大浪 [1] 的 0.618。

2. 在扩散平台形中，中浪（C）等于中浪（A）的长度的 1.618 倍。

3. 在中浪（C）推动浪中，小浪 5 等于小浪 1。

你可以在专用的读者资源网站上学到更多。你会看到弗罗斯特和普莱切特撰写的《艾略特波浪理论》的免费网上版本，还有艾略特波浪分析方面的课程：当你在实战中应用波浪理论时，怎样利用具体的形态交易，以及怎样使用斐波那契和其他技术指标来增强你的信心。请访问：www.elliottwave.com/wave/ReaderResources。

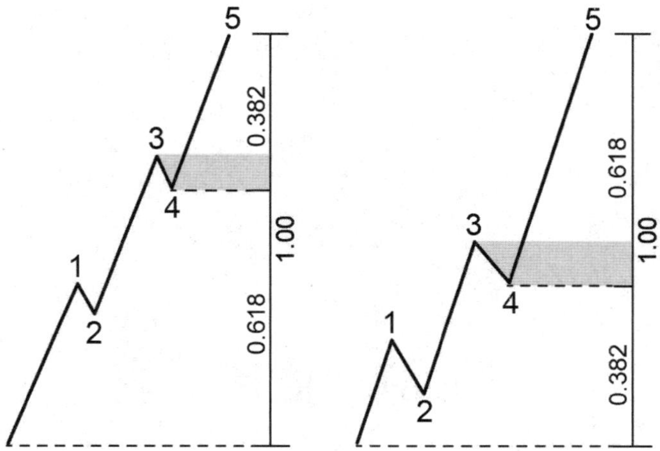

图 A.27 推动浪中的斐波那契倍数

来源：改编自《艾略特波浪理论》

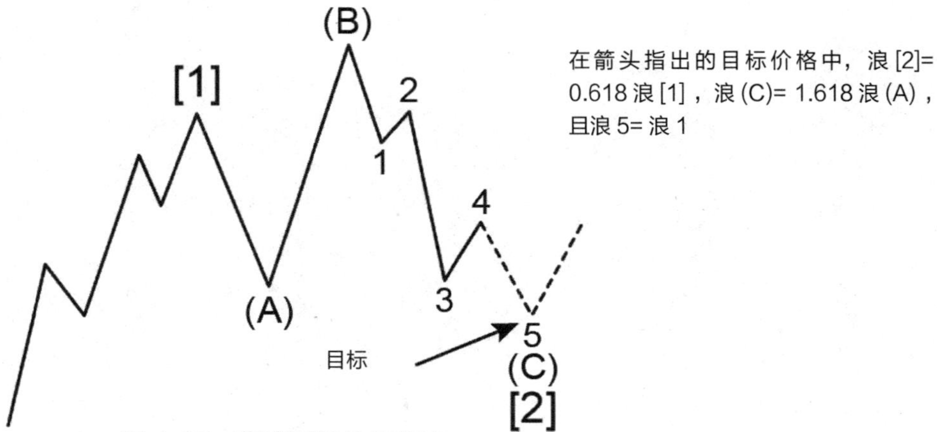

图 A.28 斐波那契价格集束

来源：改编自《艾略特波浪理论》

附录 B

彭博功能速查表

贯穿全书，我们使用了彭博专业的一些功能。对于每一个彭博功能，输入列在彭博终端的助记符，然后按 <GO> 键来执行。

彭博助记符	技术分析
ECUR	CTRB：艾略特波浪国际公司货币研究展望
ECOM	CTRB：艾略特波浪国际公司世界商品研究展望
ESTK	CTRB：艾略特波浪国际公司世界股票市场研究展望
TFMW	CTRB：汇策金融市场公司艾略特波浪分析
EINT	CTRB：艾略特波浪国际公司利率研究展望
EENR	CTRB：艾略特波浪国际公司全球能源研究展望
EMET	CTRB：艾略特波浪国际公司金属研究展望
ENAF	CTRB：艾略特波浪国际公司北美研究展望
WEB ELLIOTT WAVE	艾略特波浪国际公司
GPC EWAVE	价格走势图
OMON	期权监控器
OSA	期权情景分析
OV	期权定价
MOSO	最活跃期权
OVM	期权波动率矩阵
CNDL	K 线形态
RSI	相对强弱指标
MACD	指数平滑移动平均线

附录 C

艾略特波浪术语表

交替 alternation 在推动浪中，如果浪 2 是急剧型调整，那么浪 4 通常是盘整型调整，反之亦然。

端点 apex 收缩三角形或者收缩终结三角形的两条边界线的交叉点。

水平三角形 barrier triangle 一种三角形形态，在这里，B-D 趋势线是水平的，并且 A-C 趋势线指向高一浪级的主要趋势。

通道 channeling 推动浪、锯齿形和多重锯齿形形态经常在一个趋势通道内运动，这种趋势通道的边界线被定义为上下两条平行的价格趋势线。

联合形 combination 一种盘整型形态，它由两个或者三个调整形态构成，并通过 X 浪连接。

收缩三角形 contracting triangle 一种三角形形态，它的 A-C 趋势线和 B-D 趋势线收敛。

调整浪 corrective wave 一种 3 浪形态或者 3 浪形态的联合形。

调整浪的深度 depth of corrective wave 在推动浪中，调整浪，尤其是第 4 浪，经常结束于前面低一浪级的第 4 浪的价格范围，并在第 4 浪的终点结束。

倾斜三角形 diagonal 一种驱动浪，它几乎从不在平行的趋势通道中运动，它的浪 4 几乎总是结束于浪 1 的价格范围。四种倾斜三角形浪分别是：

终结收缩倾斜三角形 ending contracting 它的边界线形成楔子的形态。它只能出现在推动浪的第 5 浪，以及平台形和锯齿形的浪 C。它细分为 3-3-3-3-3 结构，每个浪都是锯齿形或者多重锯齿形。

引导收缩倾斜三角形 leading contracting 它的边界线形成了楔子的形态。它只能出现在推动浪的第 1 浪和锯齿形的浪 A。它细分为 3-3-3-3-3 结构，每个浪都是锯齿形或者多重锯齿形；它或者细分为 5-3-5-3-5 结构。

终结扩散倾斜三角形 ending expanding 它的边界线是发散的（很少出现）。

引导扩散倾斜三角形 leading expanding 它的边界线是发散的（很少出现）。

双重三浪 double three 一种联合形，它由两个调整浪形态构成。这两个调整浪标记为浪 W 和浪 Y，并由标记为浪 X 的调整浪连接。

双锯齿形 double zigzag 一种急剧型调整浪形态，它由两个锯齿形构成。这两个锯齿形标记为浪 W 和浪 Y，并由标记为浪 X 的调整浪连接。

等长 equality 在推动浪中，两个奇数浪倾向于在时间和大小方面相同。

扩散平台形 expanded flat 一种平台形波浪形态，浪 B 超过浪 A 的起点，浪 C 超过浪 A 的终点。

扩散三角形 expanding triangle 一种三角形波浪形态，它的 A-C 趋势线和 B-D 趋势线发散。

延伸 extension 一种延长的推动浪，它的次级浪，尤其是奇数浪，通常和高一浪级的其他浪一样长，或者更长。

失败 failure（见衰竭）

平台形 flat 一种盘整型调整波浪形态，标记为 A-B-C，细分为 3-3-5 结构。

斐波那契关系 Fibonacci relationship 描述各个波浪在价格和时间方面的长度，是怎样通过斐波那契比率 0.618 或者其他斐波那契数字建立联系的。

黄金分割 Golden Section 浪 4 的起点或者终点经常将推动浪划分成黄金分割（0.618 和 0.382）或者两个相等的部分。这种关系称为斐波那契价格分割。

指南 guidelines 波浪构造的特征通常会发生，但不总是发生。

推动浪 impulse wave 一种驱动浪形态，它细分为 5-3-5-3-5 结构。它通常在一个平行的趋势通道内运动，并且它的浪 4 绝不会进入浪 1 的价格范围。

不规则平台形 irregula flat（见扩散平台形）

驱动浪 motive wave 一种 5 浪形态。它按照主要趋势的方向运动，它的浪 2 通常回撤小于浪 1 的 100%并且浪 3 绝不是最短的浪。驱动浪的两种类型分别是推动浪和倾斜三角形。

正统的顶部（或底部）orthodox top(or bottom) 代表波浪形态终点的价格水平。

后三角形冲击度量 post-triangle thrust measurement 三角形结束后，下一个陡直而迅速的波浪称为冲击。后三角形冲击度量通过将三角形的宽度运用到浪 E 的终点上计算出来，它估计了冲击的最低预期运动幅度。

普通平台形 regular flat 一种平台形波浪形态，浪 B 结束于浪 A 的起点附近，并且浪 C 的终点略微超过浪 A 的终点。

正确的外表 right look 当波浪形态符合一定的形状、比例和趋势线时，我们就称其有“正确的外表”。

规则 rules 波浪构造总是会发生的特征。

奔走平台形 running flat 一种平台形波浪形态，浪 B 的终点远远超过浪 A 的起点，浪 C 在浪 A 的终点之前结束。

奔走三角形 running triangle 一种收缩三角形，浪 B 的终点超过浪 A 的起点。

急剧型调整浪 sharp correction wave 一种调整浪形态，它通常会形成一个相对陡峭的角度，并且绝不会记录一个超过回撤的前一浪的价格极点。

盘整型调整浪 sideways corrective wave 一种调整浪形态，它通常呈现一种相对水平的形态，并且在结束前通常会记录一个超过回折的前一浪的价格极点。

第 3 浪的第 3 推动浪 third-of-a third impulse wave 通常是推动浪的最强有力的部分，因为它是一个 5 浪形态的第 3 浪，而这个 5 浪形态构成了这个推动浪的第 3 浪。

三 three 经常作为调整浪的同义词，因为几乎所有的调整浪都由三个浪组成。

翻越 throw-over 推动浪的浪 5 超过了水平趋势通道的相应的趋势线，或者收缩倾斜三角形的浪 5 超过了 1-3 趋势线。

三角形 triangle 一种盘整型调整浪形态，标记为 A-B-C-D-E。它细分为 3-3-3-3-3 结构，初始的次级浪全是锯齿形或者多重锯齿形。

三重三浪 triple three 一种联合形形态，它由三个调整浪形态构成。这三个调整浪标记为浪 W、浪 Y 和浪 Z，并由标记为浪 X 的调整浪连接（很少发生）。

三锯齿形 triple zigzag 一种急剧型调整浪形态，它由三个锯齿形构成。这三个锯齿形标记为浪 W、浪 Y 和浪 Z，并由标记为浪 X 的调整浪连接。

衰竭 truncation 驱动浪的浪 5 没有超过浪 3 的终点，或者锯齿形的浪 C 没有超过浪 A 的终点。

收缩三角形或者障碍三角形的宽度 width of a contracting or barrier triangle 指在三角形浪 A 的起点处连接 A-C 和 B-D 趋势线的垂直长度。

扩散三角形的宽度 width of an expanding triangle 指在三角形浪 E 的终点处连接 A-C 和 B-D 趋势线的垂直长度。

锯齿形 zigzag 一种急剧型调整浪形态，标记为 A-B-C，细分为 5-3-5 结构。

致　谢

我们想对在我们编写这一手册时为我们提供宝贵帮助的同事表示感谢：萨莉·韦伯、保拉·罗伯森、苏珊·沃克、卡里·多宾斯、大卫·奥尔曼、黛比·霍奇金斯、鲍勃·普莱切特、威尔·雷蒂格、迈克尔·麦克内利和帕姆·格林伍德。

"iHappy 投资者"系列图书专家委员会名单

（排名不分先后）

英大证券首席经济学家　李大霄

深圳东方港湾投资管理股份有限公司董事长
但　斌

《中国证券报》金牛基金周刊副主编　杨　光

高樟资本创始人、CEO　范卫锋

《新金融观察》报副主编、《新领军者》杂志主编
刘宏伟

牛熊交易室创始人、CEO 兼首席研究员
艾经纬

《理财》杂志社社长兼总编　解鹏里

《理财》杂志执行总编　王再峰

《金钱与命运》作者、中国著名个人理财专家
毛丹平

中阅资本创始人、原银河证券首席策略分析师
孙建波

新浪财经博客点击过 10 亿、中国十大财经自媒体
凯恩斯

和讯网总编辑　王正鹏

价值中国新经济智库 CEO　林永青

深圳市前海金融创新促进会秘书长、《新金融》杂志总编　徐景权

香港新经济研究院副院长、宝新金融首席经济学家
郑磊博士

深圳久久益资产管理有限公司董事总经理
宋三江

新浪博客点击量第一、知名财经博主　徐小明

上海天钧资产管理合伙人　刘乃达

知名财富管理专家、财经评论员　周　昊

财女峰问主理人、财富管理与高净值人群研究员
姜　峰